批判的談話研究をはじめる

名嶋義直

ひつじ書房

目　次

序章　日本において批判的談話研究はいかに成立しうるか　　1

1. 批判的談話研究とは何か　　1
   1.1　歴史的な展開　　1
   1.2　批判的談話研究とはどういうものか　　1
   1.3　批判的談話研究は何を目指すか　　5
2. 批判的談話研究と欧州という社会的なコンテクスト　　6
   2.1　CDS と民主的シティズンシップ　　7
   2.2　「批判」という言語行動の位置づけ　　10
3. 批判的談話研究を日本に位置づけ実践していくために　　12
   3.1　日本で批判的談話研究は成立するか　　12
   3.2　批判的談話研究を日本に位置づけ実践していくための
   　　3 つの視点　　14
4. 本書の構成　　17
5. 批判的談話研究へのいざない　　19

1章　憲法改正をめぐる安倍首相ビデオメッセージの
　　マクロ分析　　25

1. 改憲をめぐる言説はメディアを通して「わたしたち」に届く　　25
2. 新聞記事を批判的談話研究の姿勢で分析する　　26
   2.1　分析する新聞記事について　　26
   2.2　批判的談話研究について　　27
   2.3　テクストのマクロ的分析を行う　　30
3. 分析を通して見えてきたこと　　30
   3.1　産経新聞の一般的な特徴づけと全体的な概観　　30

	3.2 当該記事の制度的な枠組みについての分析	32
	3.3 著者について	34
	3.4 民間憲法臨調について	35
4.	誰と誰とがどういう関係で何をしていたのか	37
	4.1 諸団体間の関連について	37
	4.2 産経新聞の報道姿勢について	38
	4.3 相互依存の互恵関係について	41
5.	批判的談話研究が明らかにしたこと	42

2章 憲法改正をめぐる安倍首相ビデオメッセージの ミクロ分析   47

1.	「生きる力」としての批判的リテラシー	47
2.	新聞記事を批判的談話研究の姿勢で分析する	48
	2.1 批判的談話研究について	48
	2.2 分析する新聞記事について	51
	2.3 テクストのミクロ的分析を行う	52
3.	分析を通して見えてきたこと	53
	3.1 視覚的レイアウトが伝えるもの	53
	3.2 見出しが伝えるもの	53
	3.3 内容単位に沿った記事の構成	54
4.	記事に介在するイデオロギー	68
5.	言語教育に何ができるか	70

3章 辺野古新基地建設をめぐる社説の批判的談話研究 ―日本語教育への展開を視野に   75

1.	「読む」という情報受容行動に求められる批判的リテラシー	75
2.	何をどのような姿勢で分析するか	76
	2.1 批判的談話研究について	76
	2.2 分析するメディアとデータについて	77
3.	マクロ的視点での分析	78

3.1	全体的な分析のためのガイドライン	78
3.2	ガイドラインの全体 1 と全体 2 に沿った分析	79
4.	ミクロ的視点での分析の枠組み	82
4.1	詳細な分析のためのガイドライン	82
4.2	分析する社説について	83
5.	ミクロ的視点での分析を通して見えてきたこと	84
5.1	ガイドラインの詳細 1 に沿った分析	84
5.2	ガイドラインの詳細 2 に沿った分析	85
5.3	ガイドラインの詳細 3 に沿った分析	88
5.4	ガイドラインの詳細 4 について	95
6.	批判的談話研究がつなげる未来	96

4章　宜野湾市長選をめぐる新聞記事の批判的談話研究　103

1.	これからの日本語教育は何を目指すか	103
1.1	言語教育の目標は何か	103
1.2	言語教育における政治性について	106
1.3	言語教育における政治的中立性について	107
1.4	日本語教育が目指すもの	109
2.	日本語教育を視野に入れた批判的談話研究	110
3.	マクロ的視点での分析と考察	111
3.1	記事の数について	111
3.2	中心的主題か周辺的主題かについて	112
3.3	どのような視点で、何に焦点を当てるかについて	114
3.4	マクロ的分析から見えてきたこと	117
4.	ミクロ的な分析と考察	118
4.1	争点外しについて	118
4.2	代理戦争について	121
4.3	誘導について	122
4.4	選挙結果の利用について	124
5.	批判的談話研究の可能性と今後の課題	127

5章　萌えキャラのポリティクス1
―その支配性　131

1. 萌えキャラをめぐる新聞報道を読んで感じたこと　131
2. 萌えキャラの支配性・権力性について考える　132
   - 2.1　萌えキャラの支配性・権力性について考えることの意義　132
   - 2.2　批判的談話研究という分析姿勢　133
3. 萌えキャラが作り出す関係性　135
   - 3.1　ゆるやかなつながりについて　135
   - 3.2　ゆるやかなつながりから帰属性へ　139
   - 3.3　帰属性から支配性へ　142
   - 3.4　萌えキャラが作り出す関係性についてのまとめ　147
4. 萌えキャラが作り出す経済性・商業性　147
   - 4.1　自治体および関連サービスの利用を促す例　148
   - 4.2　地元産業・地元特産品の利用を促す例　150
   - 4.3　観光を促す例　152
   - 4.4　社会的活動を促す例　155
5. 萌えキャラのポリティクスを考える　158
   - 5.1　萌えキャラとは何者か　158
   - 5.2　萌えキャラによる支配の内実　159
6. 萌えキャラに組み込まれている支配性・権力性についてのまとめ　161

6章　萌えキャラのポリティクス2
―その多様性と拡張性　169

1. 支配されていることを意識させずに支配できるのはなぜか　169
2. キャラクターの多様性・拡張性　170
   - 2.1　キャラクター設定の差別化による多様性について　170
   - 2.2　キャラクター社会における多様性について　174
   - 2.3　キャラクター社会における拡張性について　176
3. 商品としての多様性・拡張性　177
   - 3.1　仮想世界と現実世界とをつなぎ消費者を誘導する　177

3.2　キャラクターを派遣し幅広い市場に消費者を誘導する　　181
　　4.　支配性を生み出すもの　　182

7章　萌えキャラのポリティクス3
　　—そのジェンダー性　　189

　　1.　萌えキャラのジェンダー性が問題となっている　　189
　　　　1.1　人工知能学会の学会誌『人工知能』の表紙をめぐる論争　189
　　　　1.2　碧志摩メグの志摩市公認撤回事件報道を分析する　　192
　　2.　誰がどのような批判的な声を上げたか　　193
　　　　2.1　誰が声を上げたか　　193
　　　　2.2　どのような批判的な声を上げたか　　195
　　3.　誰がどのようにして批判的な声に返答したか　　197
　　　　3.1　誰が批判的な声に対応したか　　197
　　　　3.2　誰がどのような返答をしたか　　199
　　4.　問題解決に向けて　　204
　　　　4.1　ジェンダー性をめぐる問題の根源について　　204
　　　　4.2　ジェンダー性をめぐる問題の解決のために　　206
　　5.　碧志摩メグをめぐる事件から見えてくること　　209
　　6.　萌えキャラを通して学ぶ批判的リテラシー　　213
　　　　6.1　萌えキャラと言語文化教育との関係　　213
　　　　6.2　批判的思考や批判的リテラシーの教育へ　　214

8章　社説に見る「反・脱原発」の
　　イデオロギーとヘゲモニー　　221

　　1.　原子力発電と「わたしたち」との関係はどうなるのか　　221
　　　　1.1　原発をめぐるヘゲモニー　　221
　　　　1.2　「わたしたち」は原発のヘゲモニーに抗えるか　　222
　　　　1.3　原発再稼働に対抗する姿勢　　223
　　2.　原発再稼働を主張する新聞記事を批判的に分析する　　224
　　　　2.1　読売新聞と産経新聞の社説を分析する　　224

viii

	2.2 批判的談話研究の姿勢で分析する	226
3.	言語形式に着目した分析と考察	228
	3.1 段落数と文字数の比較	228
	3.2 話題展開と談話の連鎖構造の比較	229
	3.3 肯定的／否定的という叙述態度の比較	232
	3.4 2つの話題間の叙述量の偏り	233
	3.5 ここまでの分析から主題を取り出す	234
	3.6 それぞれの社説が前提視しているもの	234
	3.7 論理の破綻	235
	3.8 興味深い表現	236
4.	イデオロギー性に着目した分析と考察	240
	4.1 依拠するものと無視するもの	240
	4.2 イデオロギーとヘゲモニー	241
5.	「反・脱原発」の談話行動	242
6.	「反・脱原発」の姿勢にどう対抗するか	243
	6.1 「印象操作」から自由になる	243
	6.2 「対抗する談話」を有機的に結びつけていく	244

9章 考えることを無効化する言説と対抗ヘゲモニー　251

1.	原発事故が風化していくのはなぜか	251
	1.1 確実に風化が進んでいる	251
	1.2 メディアの報道も風化している	252
	1.3 「考えることを無効化する言説」にどう対抗するか	252
2.	風化のメカニズム	253
	2.1 名嶋（2015a）—心理的分断と風化との関係	253
	2.2 風化のメカニズムは今も機能しているのか	255
3.	新聞記事見出しを分析する	257
	3.1 事態を見せ存在を容認する方向での実践	257
	3.2 事態を見せず存在を容認しない方向での実践	262
	3.3 風化のメカニズムは今も機能し、かつ強化されている	267
4.	「あからさまに」という意図と実践	267

目次　ix

5.　風化はメデイアの報道と「わたしたち」との相互作用の産物　　270
6.　「考えることを無効化する」支配　　271
　　6.1　2 つの支配のタイプ　　271
　　6.2　「考えることを無効化する言説」に対抗するために　　274
7.　「考えることを無効化する言説」に向き合う　　277
　　7.1　民主的なコミュニケーションと批判的リテラシーの重要性　277
　　7.2　2017 年の「考えることを無効化する言説」　　277
　　7.3　「考えることを無効化する言説」に対抗し続けるために　　280

あとがき　　285
索引　　287

序章　日本において批判的談話研究は
いかに成立しうるか

1.　批判的談話研究とは何か

1.1　歴史的な展開

　批判的談話研究[1]がどのようにして生まれ、どのようにして展開してきた
かについては、ヴォダック／マイヤー(2010)に詳しい。その記述を簡単に
まとめて歴史的な展開を確認しておきたい。まず1970年代に「社会におけ
る権力関係の形成に果たす言語の役割を認識した談話およびテクスト分析の
一つの形態が出現した」(p.15)という。それがやがて批判的言語学(Critical
Linguistics、以下、CL)と呼ばれるようになった。1980年代末になると、
CLはより厳密で専門的な分析や記述ができるようになり、それと同時に
CLそのものの理念や特徴も整理され、包括的な理論体系へと発展を続けて
いった。そして、1990年代には批判的談話分析(Critical Discourse
Analysis、以下、CDA)と呼ばれるようになる。1991年1月にはアムステル
ダムで小さなシンポジウムが開催され、それをきっかけにして研究者のネッ
トワークができ、研究者の交換プログラムや共同研究なども行われるように
なり、雑誌や概説書も刊行された。最近では言語学における1つのパラダ
イムとして確立されていると述べている。

　批判的談話分析というその名称から談話分析の中の1つの分析方法であ
ると誤解されることも多いため、近年は「批判的談話研究(Critical Discourse
Studies、以下、CDS)と呼ぶことも増えている。本書でもその流れに沿って
「批判的談話研究(Critical Discourse Studies; CDS)」という呼び方を使用す
る[2]。

1.2　批判的談話研究とはどういうものか

　ではその「談話分析の中の1つの分析方法ではない」CDSとは簡単に言
うとどういうものなのだろうか。ヴァン・デイク(2010)はCDS(CDA)につ

いて以下のように述べている。

> CDAというのは、一定のアプローチ等を指すのではなく、学問を行う上での一つの—批判的な—見解なのである。すなわち、いわば「姿勢を伴った」談話分析だと言える。その焦点は社会問題にあり、特に権力の濫用や支配の再生産および再生産における談話の役割にある。可能な限り、CDAは被支配グループにとって最も利益となるような観点から、その談話の役割に焦点を当てるのである。CDAはこの被支配グループの人々の経験と意見を真剣に受け止め、彼らが不平等と戦うのを支持する。すなわち、CDAは、かつて、「抑圧された人々との連帯」とやや大げさに呼ばれたものと、テクストやトークを悪用して、自分たちが濫用する権力を確立し、強固にし、または正当化する人たちに対する抵抗と不同意の態度とを結びつける。他の多くの学問とは違い、CDAは、それ自身が持つ社会的政治的な立場を否定せず、逆に、明確に定義し、主張している。つまり、CDAはバイアスがかかっているのであり、そしてそれを誇りにしているのである。(p.134)

CDSに対する意見によくみられる誤解に「ただ自分の立場から批判するだけ」で「言いっ放し」であるというものがある。たしかにCDSでは自分の立場を明示して批判を行う。しかしそれは根拠もなく言いたいことを言うということではない。ヴァン・デイク(2010)は次のように述べている。

> CDAは、まさにこのように学問上の責任と社会的責務とが結合しているが故に、厳密な学問領域でなければならないのである。その学際的な理論によって、談話構造と社会構造間の関係の複雑さが説明されなければならない。明示的かつ体系的な方法論なしには、社会的に有益で、かつ学問的に信頼できる観察や記述は生まれることはない。CDAにおいては、理論形成、記述、問題の定式化そして応用が、密接に絡み合い相互に影響を与え合っている。すなわち、CDAにおいては、理論と分析が、経験的データに基づいているということに加えて、洗練された精巧なものでなければならないのだが、それだけでなく、全てが関連しているかどうかという、何よりも厳しいテストに耐えなければならない。理

序章　日本において批判的談話研究はいかに成立しうるか　3

論と分析が実際にうまく機能しなければならないのである。(p.135)

　CDS が「言いたいことを無責任に言っているだけである」と誤解される
理由の１つには「批判」という日本語が持つ付随的意味の存在があろう。
端的に言えば「相手の意見を否定している」という意味である。そこで本書
ではそのような誤解を避けるため、まず CDS の言う「批判」を定義してお
きたい。ヴォダック(2010)は「批判」を以下のように定義している。

　　基本的に「批判」という概念は、データと距離を持つ、データを社会的
　　なものに組み込む、政治的なスタンスをはっきり示す、研究を行う者と
　　して内省に焦点を合わせる、ということを意味する。(p.21)

　ヴォダック(2010)は「データを社会的なものに組み込む」についてそれ
以上の説明を行っていないが、社会的なコンテクストの中で解釈をする必要
を述べていると考えてよいであろう。CDS のいう「批判」とは、データに
謙虚に向き合い、そのデータを社会的なコンテクストの中で、さまざまな視
点で分析し、自分なりの解釈と自分の姿勢を構築することである。批判イ
コール否定ではなく、批判的に検討した結果、批判対象だったものに賛成す
るということもありうるのである。
　コンテクストを広く利用する CDS の分析方法について批判がないわけで
はない。野呂(2009)は、会話分析の研究者が、CDS のややもすると強引に
なりがちなコンテクストの扱い方や分析者の先入観に基づく論の展開に対し
て異議を唱え、CDS に会話分析の手法を導入することを提案していると述
べている (p.29)。しかしこれは「批判すること」自体を批判しているのでは
なく、批判のための「手法」に対する批判を行っているのである。野呂によ
ると CDS 側も自分たちの従前からの理論やアプローチに満足しているので
はなく、さまざまな反省や試みを行っているとのことである。
　ヴァン・デイク(2010)も「批判的学問ほど、その方法論が不十分であり
不完全だと、猛烈に攻撃される学問はないからである」(p.134)と述べ、
CDS に批判があることを前提視している。しかし続けて次のようにも述べ
ている。

CDA は、学術的な談話の批判（そして自己批判）分析を専門に行っているので、このような非難の戦略的本質を、支配の複雑なメカニズムの一部、すなわち、反対意見を主流から排斥し問題視するという試みとして当然認識している。（pp.134–135）

　研究への批判を受け止めつつ、それを CDS の批判性を排除したり弱化させたりしようとする何者かによる支配の一形態とみなし、それに対して批判的に向き合うことの大切さを述べているのである。批判を装った支配に対する批判的姿勢である。ここからも CDS の重視する「批判」が決して「否定」ではないことがわかるであろう。
　もう 1 つの批判、「CDS は学者の言いっ放しである」という点に関しては、むしろ CDS ではない言語研究の方が、多くの場合、社会問題の解決と変革につながらないという意味で、限られた学問世界の中での言いっ放しではないかと反論できる[3]。CDS の研究者は論文を書くだけではなく、その成果を社会に還元し、社会の課題を解決しようと、自ら主体的に活動する。種々の制約もあって思い通りにいかないこともあるが、少なくともそうしようとする。研究者の世界では論文を公表して「社会に研究成果を還元した」と考えることが多いが、CDS の研究者はもう一歩踏み込む。たとえば、日本における CDS の第一人者とも言える野呂香代子氏は、野呂（2009）の中でCDS の実践性について以下のような具体例を挙げている（p.20、引用者が箇条書きに変更）。

　　・言語活動への批判的関心を教育現場に呼びかける。
　　・ノンセクシストの言葉使用のガイドラインを示す。
　　・新聞紙上で意見公開をする。
　　・分析結果を公表しセミナーを開く。

　その上で、野呂（2009）はもう 1 つの「重要、かつ、基本的な実践」として以下のように述べている。

公的談話の発信に断然有利なアクセスを持つ政治家、企業家、ジャーナリスト、学者、教育者等々のエリート層の談話を批判的に分析するとと

もに、その談話に惑わされない批判的な読みの可能性を呈示することで読者にパワーをつける術を提供しようとする。さらには、それにより談話の発信者に批判的な聞き手の存在を意識するよう働きかけようとする。こうした実践は支配関係が再生産される過程とちょうど逆方向の過程をねらったものといえる。(p.20)

　ちなみに、私の理解では、野呂 (2009) の言うところの「重要、かつ、基本的な実践」は本質であり、それより先に述べている具体的な実践例はその本質を伝達すべく取られた手法であって、両者は「基本と派生」というような関係ではなく「抽象と具象」または「理念とその実現形」というような一体化したものと捉えるべきであろうと思われる。いずれにせよ、CDS を実践する研究者は、しばしば象牙の塔と揶揄される学問世界の中に閉じこもって発言をしているのではなく、学問世界の外、つまり社会に出て行動をしているのである。決して「学者の無責任な言いっ放し」なのではない。むしろ逆で、覚悟を決めて発言をしている研究者も多いと言えよう。

1.3　批判的談話研究は何を目指すか

　CDS が言説の分析を通して批判する対象は、相対的に力を持っていて、その力で力を持っていない人たちを支配し、自分たちの力を強化したり温存したり再生産したりしようと意図する人たちである。それを本書では「権力」と呼ぶ。ここで言う「権力」は決して国家権力のようなものだけを指しているのではない点に注意が必要である。たとえば、親は子供に対して権力側に位置し、教員は学生に対して権力側に位置する。医者と患者の関係もわかりやすい権力関係の例である。ボランティアの日本語教師と外国にルーツを持つボランティア講座受講生の場合もそこに権力関係が発生しうる[4]。そしてそれらの権力構造は相対的な力関係であり、社会的なコンテクスト次第で、A との関係では権力側にある「わたし」が、B との関係においては被支配側になることもある。先の例で言えば、親は子供に対して権力側に立つが、その子供の通う学校や担任教師に対しては被支配側に立つことがしばしば起こる。学校や先生の言動に問題があって苦情を言いたいけれど自分の子供が不利益を被るかもしれないと思って泣き寝入りする場合を考えれば、その支配・被支配関係の変化がわかりやすいであろう。

一般に、人々に一定の影響を与える人や一定の集団や制度などの「権力」は、他者を支配しようとする「意図」を持ち、その意図を行動に移し、その「実践としての言説」を作り出し、それらを通して「自らが持つ価値観や理念、思考構造、行動様式など」を発信し、時として強制的に私たちを従わせようとし、時には私たちを納得させて自ら被支配を受け入れるような行動を取らせようとする。それを本書では「イデオロギー」と呼ぶことにする。ここで言うイデオロギーとは、右とか左とか資本主義とか社会主義とかいう狭い意味での政治的なものだけを指しているのではない。イデオロギーとは、一言で言えば、「自分を支配している世界の見方」「他者を支配する世界の見方」である。1つの社会であっても異なる世界の見方をとれば、異なる別の世界がそこに出現し存在することになる。もし私が自分のイデオロギーを他者に受け入れさせることができれば、その他者はそれまで持っていたその人固有の世界の見方を放棄し、私と同じ世界の見方を受け入れることになる。あるイデオロギーを受け入れさせることができれば、意図的に世界を変えたり別の世界を作り出したりして他者を支配していくことも可能になるわけである。そして権力が持つそのイデオロギーがさまざまな言説を通して社会の中で流通しているのが今の社会なのである。「わたしたち」はその言説を通して権力のイデオロギーに絡めとられて支配されていく。

このように見てくると、CDS が「批判」の対象にするのは「権力」の持つ「イデオロギー」であり、それによる「支配」であると言えることがわかる[5]。支配しようとする「意図」も、支配を目的とした「実践」も批判の対象である。CDS はそれらを可視化することで、その支配に向き合い、それから逃れる術を提示しているということが理解できるはずである。

そのような特徴を持つ CDS は日本でも広く受け入れられる学問的な普遍性を有しているのであろうか。

2. 批判的談話研究と欧州という社会的なコンテクスト

1.1 節で見たように、批判的談話研究 (CDS) は欧州で生まれ発展してきたという学史的展開がある。もちろん本書の存在が示すように、いまや CDS は欧州の中に留まっているものではない。しかし日本にしっかりと根づいていると言えるかというと、上で言及した「談話分析の手法」や「学者の言

いっ放し」という 2 つの誤解があるように、残念ながらまだ充分に理解されているとは言えない段階である。したがって、次のような疑問が出てくるのも当然である[6]。

> 疑問 1：CDS が欧州で盛んで、その姿勢や主張が社会で受け入れられ評価されるのは、その社会において、ある程度、階級性、あるいは階級対立が政治化していることが要因としてあるのではないか。社会党や共産党などといった、広い意味での資本主義批判の政党がある程度支持されているからなのではないか。

　この問題について考えるため、まず 2 節では欧州の社会的なコンテクストに CDS を発展させるような特性の存在が確認できるかということを見てみたい。

2.1　CDS と民主的シティズンシップ

　CDS が盛んな欧州において、CDS の主張が研究として、そして研究者の姿勢や実践、つまり生き方そのものとして社会的に認められている要因としては、少なくとも 3 つの背景があり、その 3 つが相互に関連し合っていると考えられる。

　まず、1 つには、「批判」という理念や実践が、「社会において当然のこと」であること、言い換えれば、「市民として兼ね備えていることが望ましい特性であり、実践すべきことが推奨されている」と広く考えられていて、社会における前提となっているという背景が重要であろう。これは欧州評議会が提唱する「民主的シティズンシップ」において、批判的リテラシーが重要な要素の 1 つとして挙げられていることからも確かめられる。

　ここで鍵となる概念の整理をしておく。まず「民主的」という修飾語が付されていない、従前からある「シティズンシップ（市民権）」の定義である。シティズンシップという概念の定義は定まっておらず、かつ、社会の形とともに変容するものであると言われているが、ここではシティズンシップに関する先行研究をわかりやすくまとめている福島（2011: 1–2）に倣い、シティズンシップを「国籍」・「市民という地位、資格に結びついた諸権利」・「人々の行為、アイデンティティ」という 3 つの要素が「複合的に交差した次元

8

であり、この要素が社会状況によって解釈される事象である」とする。福島はこの 3 要素の関係を以下のように捉えている。

「Ⅰ国籍」と「Ⅲ　アイデンティティ」を「民族」という物語で固定し、その条件の下で「Ⅱ　諸権利」を認めるという「(国民＝民族)→市民」制度であると考えられる。(p.2)

ではそのシティズンシップを育てる教育とはどのようなものであろうか。クリック (2011: 20–21) は「効果的なシティズンシップ教育」として以下の 3 つの特徴を挙げている。

「第一に、生徒は最初から、教室の内外で、権威ある立場の者に対しても対等なものに対しても、社会的・道徳的に責任ある行動をとるように学ぶ」
「第二に、生徒は、自分が属する地域社会の暮らしや営みを学び、貢献できるような関わりを持つ」。地域社会への関与や奉仕を通じて学ぶことも含めてである。
「第三に、生徒は、知識・技能・価値のいずれの面からも公的生活を学び、公的生活に影響を与えるにはどうしたらよいのかも学ぶ。そうした知識・技能・価値は〈政治リテラシー〉と呼ばれ」ている。

つまり「社会的・道徳的責任」・「地域社会への関与」・「政治リテラシー」の育成が目標となっていると言える。
しかし冷戦の終結、その後の国家の再編、EU に代表される国家を超えた共同体の成立、昨今のグローバル化の進展などにより、物や資本だけではなく人も流動化が進み、移民や外国人労働者が社会の中で一定の割合を占めるようになり、「国家(国籍・国民)」と「アイデンティティ(民族)」との固定的・安定的な関係は揺らいでいる。自分と同じ民族・自分と同じ国民という位置づけを与えることができれば他者であっても自己と重ねて「わたし」として位置づけることもできたが、いまや自分とは異なる「絶対的な他者」の存在を認めざるをえなくなり、福島 (2011) が整理しているような従来のシティズンシップの概念ではカバーできなくなってきている。

そこで新たな発展的概念として「民主的シティズンシップ」が導入される
ようになった。「わたし」と「他者」との関係性を再定義する必要にせまら
れている状況を反映し、欧州評議会は「ヨーロッパ市民」を「社会において
共存する人」と位置づけている。それにより、「民主的シティズンシップ」
は、「その社会（コミュニティー）において」「相互の違いに寛容になり」「多
様性を受け入れ」「自由と人権と正義を尊重し」「社会に関わりながら」「共
に生きていく」ためのモデルとして位置づけられる（Starkey2002、特に
pp.7–8 を参照）。

その当然の帰結として、「民主的シティズンシップ教育」は上で述べたよ
うな形で「共に生きていく」ために必要な能力を伸ばすことが目標となる。
「民主的シティズンシップのための中核的能力と技能」について Starkey
（2002: 16–17）は以下のように整理をしている（翻訳は引用者）[7]。単純化して
言えば、考える能力・感じる能力・行動する能力になろう。

●認知能力
　　法律的・政治的資質に関する能力
　　歴史的・文化的次元も含んだ現代社会に関する知識
　　意見を述べたり議論したり反省したりするような手続き的能力
　　人権と民主的シティズンシップの原理と価値に関する知識
●情動的能力と価値の選択
　　シティズンシップは単なる権利と義務のカタログではない。
　　それは集団内や集団間の問題である。したがって個人的かつ集合的
　　な情動的次元を要求する。
●行動力、社会的能力
　　他者と共に生き、協働し、共同作業を構築・実践し、責任を負う能
　　力
　　民主的な法律の原則に合わせて対立を解決する能力
　　公的な議論に参加し、現実の生活状況において議論し選択する能力

これらの「民主的シティズンシップのための中核的能力と技能」は、福島
（2011: 4）も指摘しているように、その多くが言語能力に裏づけられ、言語
運用を通して獲得され、具体化され、実践されるものである。Starkey（2002:

13–14) はこの「民主的シティズンシップ」を育てていくために CDS や異文化理解教育が重要であると指摘している。社会の問題を受け止め、言葉と思考を駆使して批判し、社会変革のために行動していく、それが民主的シティズンシップであるということであろう。

2.2 「批判」という言語行動の位置づけ

　CDS で言う「批判」というのは、1.2 節で定義したように、日本語としてよく言われる「相手を否定すること」や「相手の失敗を指摘すること」などではない。言うならば、相手の主張や意見に対し賛否を決める前に、「本当にそうだろうか」「なぜそういうことが言えるのだろうか」といった視点で「一歩立ち止まって考える」ことである。それを取り上げ、それについてよく考える、という 2 つの行動が「批判的であること」の実態である。したがって、批判的に検討した上で賛成するということもありうる。決してあるモノや意見に反対することだけが批判的な態度なのではない。

　この「批判すること」という言語的実践には、論理学や修辞学、文芸批評などの学際的な学問の伝統が流れ込んできている。たとえば、いかに論理立てて意見を述べるか、いかに説得力のある根拠を示すか、いかなるレトリックで聞く人を惹きつけるか、などである。この点からも批判が単なる反対でなく、異なる意見や考え方を持つ者どうしのコミュニケーションであると考えられていることがうかがえる。

　もし「批判的精神」や「批判的行動」が社会の中で、市民のとるべき当然の姿勢として前提となっているとしたら、「論理的に批判する」という言動や言説は当然のこととして否定されないのはもちろんであるが、とりたてて肯定もされないのではないかと思われる。私は 2017 年 3 月にドイツの小中高一貫教育の学校やギムナジウムと呼ばれる中高一貫教育校を訪問し、ホームルームの授業や政治の授業、および生徒会の会議を見学したことがある。そこでは皆がそれぞれに定められた議論の作法を守りながら自由闊達に意見を述べ合っていた。しかし教師は誰一人に対しても「意見を言ったこと」に対して褒めたり肯定的なフィードバックを送ったりはしていなかった。問題は発言の内容であって、批判的な意見を述べるために手を上げて自主的に発言することそのものは当たり前のことなのであろう。このような背景を考えると、確かに欧州の学問研究分野や教育の世界には、ひいては欧州の社会に

は、「批判」が重要な意味を持つCDSを当然のこととして受け入れる素地があったと言えるであろう。

　2つ目の背景として考えられるのは、階級社会と階級闘争である。社会には、相対的な区別として「持つ者」と「持たざる者」とが存在する。権力を持つ者と持たない者、金融資本を持つ者と持たない者、生産手段のような社会資本を持つ者と持たない者、土地を持つ者と持たない者、知識を持つ者と持たない者、といったようにである。その違いは、たとえば、政治家と市民、資本家と労働者、地主と小作、知識人と一般市民、といった社会階層の構築につながる。そしてその階級間で起こる対立が階級闘争である。歴史的に見て、フランス革命やロシア革命は階級闘争であると位置づけられるであろう。階級闘争は武力で行われるとは限らない。ことばによる議論も階級闘争において重要な役割を果たすことがある。たとえば、労使間の交渉においてストライキを行うのは実力行使による闘争と言えるであろうが、団体交渉を通して好条件を勝ち取るために議論を重ねるのはことばによる階級闘争とも言えるであろう。

　また階級闘争に限らず、争いの中で相手よりも優位に立つためには相手を効果的に批判することが時には効果的である。そのため「批判」することは階級闘争を含む広い意味での社会闘争における1つの重要なリテラシーとなる。ここにも批判的談話研究を当然のこととして受け入れる素地が、学問研究に関わる知識人階級だけに留まらず、広く社会とその構成員にあったと言えるであろう。

　3つ目の背景は政治闘争である。上で述べた階級闘争は容易に政治闘争へと転換する。どの国にも名称や程度こそ異なれ、右翼政党・中道政党・左翼政党が存在し、日々論争を繰り広げている。保守勢力と革新勢力とのせめぎあいと言ってもよいであろう。そのせめぎあいの本質は、資本主義と社会主義・共産主義という狭義のイデオロギー対立であるため、当然のこととして「異なるイデオロギーに対する批判」という言動がそこに関わってくる。知識階級・権力階級内における階級闘争ということを考えると、そこで求められる「批判」には一般人の社会生活において求められるものよりもさらに高度な批判的リテラシーが求められるであろう。日常生活において、市民がごく普通に政治を語る社会がある。そこにもまた、「批判」という言語行動が重要な意味を持つCDSを当然のこととして受け入れる素地が存在する。

以上から、疑問 1 に対しては「そういう面がある」という答えになろう。

3. 批判的談話研究を日本に位置づけ実践していくために

3.1 日本で批判的談話研究は成立するか

　2 節でみたように、CDS の展開が欧州という社会的コンテクストに支えられていたとすれば、異なる社会的コンテクストを持つ日本において批判的談話研究は成立するのかという疑問が当然のこととして生じるであろう。ここで疑問 2 が設定されることになる。

> 疑問 2：左翼的政党が極度に弱体化している日本で、批判的談話研究が受け入れられることは可能なのか。批判的談話研究の主張は重要だが、社会で受け入れられるには困難があると思う。主張を受け入れてくれる人々を増やすためには、人々を説得する論理が必要になると思う。それは可能なのか。

　ここまで見たように、欧州で批判的談話研究が一定程度受け入れられているのには、それなりの理由があったと考えられる。批判的に考えることが当然のこととして社会において前提視されていたこと、階級社会であるがゆえの階級闘争・政治闘争の中で批判するということが重要視され、それによって社会が変化してきた歴史があることなどである。では日本においてはどうだろうか。

　私がこれまで生きてきた経験から言うと、欧州ほど「批判」という言動があたりまえのこととして社会に根づいているとは思えないと言わざるをえない。たとえば、「批判」という言葉に直感的に否定的な意味合いを感じ取る日本語母語話者は多いであろう。このことは「批判」という言語行動が社会において否定的に位置づけられていることを示唆する。また読者の皆さんは子供の時に「親に口ごたえするな」とか「先生の言うことは黙って聞け」とか、意見を言うだけで「反抗的な態度だ」などと言われたことはないだろうか。または今そういう言い方で子供や児童生徒と接していないだろうか。中高生の時のクラブ活動では先輩の言うことは絶対的な権威を持っていなかっ

ただろうか。私もそうであったように、日本で生まれ育った人なら、時代の違いや程度の差こそあれ、似たような経験があるのではないだろうか。これらも、「批判」、特に目上に対する「批判」という言動が社会において好ましく思われていないことを示している。しかし、少し考えて見ればわかるが、親や先生や先輩が常に正しいことを言うとは限らない。むしろ間違ったことを言うことも多いのではないだろうか。だからこそ反面教師というような語句も存在するのであろう。「批判」が大切であるということも、また広く理解可能なことであるとも言える。

ここで目を狭義の政治的な世界に向けてみよう。長い目でみれば、戦後、自民党の単独政権がずっと続いてきたわけではなく、過去には、回数こそ少ないものの野党連立政権や自民党以外の政党による単独政権が存在した。また近年では2011年の福島第一原子力発電所事故をきっかけに、これまで政治的な活動をしてこなかった人たちがデモや集会に参加したり自分たちで市民運動を組織したりということが起こった。その流れは規模こそ縮小したように見えるが今も綿々と続いている。いや、むしろ当たり前のこととして前提視されるようになったと言えるのかもしれない。特定秘密保護法やいわゆる安保法制、改憲、共謀法といった非常に政治的な内容について国会前でデモや集会を開くということが日常的に行われている。

しかし、相対的に見たときに保守政党の勢いは増大し、革新政党の弱体化は甚だしい。全体でみると、国政選挙のたびに議席を減らし、衆議院でも参議院でも保守勢力が多数を占めている。したがって、野党側の批判は、どんな正論で的を射ている批判であっても、数の論理を後ろ盾にされた場合、最終的な意思決定段階で否定されてしまう。そのような経験を繰り返せば、誰でも皆「批判」に対する期待を持てなくなり、「批判」することの意味を見失い、政治に希望を見出せなくなっていくであろう。それが今の時代ではないだろうか。何かがおかしい、黙っていては賛成するのと同じだ、だから声をあげよう、と思っても、批判してどうなる、声をあげて何が変わる、何も意味はない、と諦めてしまうのではないだろうか。

理念として建設的な「批判」が大切だということはわかっていても、その「批判」に現実世界への影響力を認めることができない社会において、誤解を恐れず言えば、「批判」が問題解決や変化に結びつかないのであれば、人々は「批判」に希望も意義も見出せないであろう。そのような状況で、果

たして批判的談話研究は存在する意味があるだろうか。その実践の意義を、その「批判」を人々に認めて受け止めてもらうにはどうすればいいのだろうか。そこには確かにかなりの困難が存在するように思われる。

このように考えてくると、疑問 2 に対する回答は否定的なものにならざるをえない。確かに現実を見れば見るほど暗い気持ちになる。

3.2　批判的談話研究を日本に位置づけ実践していくための 3 つの視点

それでも私は、今の、そしてこれからの社会にとって批判的談話研究が必要だと考える。なぜなら、健全な「批判」なしに、社会の発展はないと思うからである。批判しないということは疑問を見出そうとしない、疑問を見出しても封印して黙ってしまうということである。そのような社会に未来はあるだろうかと問い直したい。グラムシの言う「知のペシミズム、意思のオプティミズム」である。片桐 (2006) によるとグラムシは「現状を変えようと望むならば、ありのままの現状に強く注意を集中しなければならない」と獄中で語ったという。そこには「現実の諸事態に背を向けることなく真っ正面で受け止めながら、精神的主体性でもって逆に押し返していくというグラムシの強靭な人間主義をうかがうことができる」と片桐は述べている (pp.148–149)。現実に問題があるならその問題を直視し、批判的に検討していくことが重要である。批判的談話研究が有益であるにもかかわらず日本に根づいていないということに思いが至ったなら、その原因を把握し、根づかせる方法を考え、それを実践していくことが私の仕事である。

童話の例を引いて言えば、裸の王様に誰一人として「王様は裸だ」と批判的な意見が言えない社会は健全な民主的社会とは呼べないだろう。多様性を寛容に受け止めない、硬直した専制社会や全体主義社会を目指すのではなく、また問題はあっても一応は民主主義社会であると思っていた社会が非民主主義的な社会に変わっていく動きを目の当たりにして、それをなんとか止めたい、もう一度今までのような民主的な社会を目指したいと思うのであれば、市民は批判的なリテラシーを持ち、自分の置かれた状況をしっかりと把握し、必要に応じてその能力を行使し、「批判」を行うべきである。「批判」を行えばそこに「議論」が生まれる可能性がある。「議論」を「熟議」に発展させていけば、すぐに社会や制度が変わらなくても、いわゆる市民の考え方に「変化」を生じさせることは可能になろう[8]。考え方が「変化」すれば

「調整」も行いやすくなる。

そこに民主主義の芽があると私は考える。だから私は私として、自分自身の実践として批判的談話研究を行う必要があると考える。またその基礎的なリテラシーを育てていくためにも、研究者・教育者は批判的談話研究を実践し、発信していくことが絶対に必要である。そこで最後に疑問3に向き合わなければならない。

疑問3：どうすれば批判的談話研究を日本に位置づけ実践していくことができるのか。

CDSのような「批判」的実践が必要だというだけで上で述べた種々の困難を克服できるわけではない。ではどうすればいいだろうか。大切なのはCDSが取り上げているテーマや内容に「興味を持ってもらうこと」である。そこで私は3つの工夫を提案したい。

それらの工夫は、ドイツの政治教育(それは対外的には「民主的シティズンシップ教育」と呼ばれている)、その教育における重要な指針の1つである「ボイテルスバッハ・コンセンサス」に示唆を得たものである。歴史的反省から民主主義を守るために政治教育が重要であると考えたドイツにおいても保革対立の影響もあり、政治教育の現場が混乱し国民からの信頼を失いそうになった時期があったという。そこで1976年にドイツの著名な政治学者たちが集まり、政治教育の理念に関する最低限の合意をめざして協議をし、発表されたものが「ボイテルスバッハ・コンセンサス」である。今では「ドイツの政治教育の基本的原則として広く受け入れられている」(近藤2015:13)という。ボイテルスバッハ・コンセンサスは一般的に3つの原則に要約される[9]。その3番目にあるように、「個々の生徒の利害関心の重視」は重要である。

ボイテルスバッハ・コンセンサス
　(1)圧倒の禁止
　　　　生徒を期待される見解をもって圧倒し、自らの判断の獲得を妨げることがあってはならない。これが正に政治教育と教化の違いである。教化は、民主主義社会における教師の役割規定、そして広

範に受け入れられた生徒の政治的成熟という目標規定と矛盾する。

（2）論争のある問題は論争のあるものとして扱う

学問と政治において議論のあることは、授業においても議論のあるものとして扱わなければならない。多様な視点が取り上げられず、別の選択肢が隠されているところでは教化が始まる。

（3）個々の生徒の利害関心の重視

生徒は、政治的状況と自らの利害関係を分析し、自らの利害関心にもとづいて所与の政治的状況に影響を与える手段と方法を追求できるようにならなければならない。

（以上、近藤 2009: 12）

　あるテーマに興味関心を持ってもらうための工夫には少なくとも３つある。１つはその人の日々の生活に関係したテーマを取り上げることである。そうすれば批判する対象は「知っていただけから自分に関係のあること」に変わり、興味を持ちやすくなる。もう１つは「斬新で今まで気づかなかったテーマを取り上げること」である。人々は新しく知ったものや意外性のあるものに興味を示すことがある。ただ斬新といってもおもしろいだけではだめである。そこに「批判」という行動が関わってくるものを選ばなければならない。最後は「言われてみたら重要なこと」を取り上げることである。普段は気に留めていなかったことが大きな社会問題であるということに気づいた時、人は興味を持ち始めるだろう。

　この３つの提案は決して私の思いつきによる荒唐無稽な提案ではなく、スペルベルとウィルソンによって構築された関連性理論という語用論の理論からもその効果が裏づけできるものである。詳しい解説は差し控えるが、関連性理論では、ある発話がその人にとって意味を持つのはどういう時かについて論じている。それは、その発話が既存の知識と結びついて「今までの考えをより強固なものにする場合」、「今までに持っていなかった新しい考えが新しく生じる場合」、「今までの考えを打ち消して新しい考えに書き換わる場合」、の３つであるとされている。それぞれ上で述べた、「知っていただけから自分のことへ」、「斬新で今まで気づかなかったテーマを取り上げる」、「言われてみたら重要なこと」に対応する。

もちろん、批判的に物事を検討することができればそれでよい、ということではなく、社会の問題を「共に生きる人」と一緒に考え解決していくためには、「相手の考えを受け止める」、「相手と対話する」、「相手と議論する」、「相手と調整する」、などの種々のコミュニケーション行動が必要である。それらなしに民主的なやりとりは実現しない。しかし、それらのコミュニケーション行動を下支えするものが批判的リテラシーであることもまた事実である。それゆえに私は、社会に批判的談話研究が必要であり、難しくてもそれを実践し、その姿勢と取り組みに対する理解と受け入れを広めていく必要があると考える。次章以降では上で述べた 3 つの工夫を自分なりに実践してみたい。

4.　本書の構成

　上で挙げた視点で本書に収録した論文を位置づけてみる。この序章に続く 1 章と 2 章は「憲法改正をめぐる新聞記事の分析」である。改憲というテーマを見て多くの読者はすぐそこに典型的な政治の匂いを感じるであろう。その政治は永田町や国会議事堂のような別世界に存在し、自分の生活範囲からは遠いところにあるものであって、自分と密接に関わるものではないと感じている人も多いであろう。拒絶感を抱く人もいるかもしれない。しかし CDS の実践を経て可視化されたイデオロギー性は想像以上に私たちに作用しているのものであり、改憲というものはこの今の社会を生きる自分の問題でもあることがわかるのではないかと期待している。つまりこの 1 章と 2 章は「知っていただけの政治から自分のこととしての政治」という転回を感じてもらうことを意図した取り組みである。多少格好良く言えば「政治を取り戻す」アジテーション的試みである。

　3 章と 4 章は沖縄の辺野古新基地建設と 2016 年に行われた宜野湾市長選挙をめぐる新聞記事の分析を行ったものである。私は 2016 年 4 月から沖縄に生活の拠点を移したが、それ以前からなんどか沖縄に足を運んでいた。これらの論文は「自分に関わること」に向き合ったものである。ボイテルスバッハ・コンセンサスの 3 番目に「個々の生徒の利害関心の重視」という理念があり、また 2 番目には「論争のある問題は論争のあるものとして扱う」という方針がある。沖縄の基地の問題は自分にとって利害関心のあるも

のであり、一方で「論争のある問題」である。それを「論争のあるものとして扱う」姿勢で分析をした時に何が見えてくるかを知りたくて執筆した。その見えてくるものを知った上で沖縄に異動しなければならないと考えた面もあった。そういうやや個人的な動機もあるが、よく言われるように沖縄の基地の問題は決して沖縄だけの問題ではなく、安全保障の問題として日本全体の問題である。これらの2論文は紀要論文としてすでに公表ずみであるが、1章・2章に続き、「知っていただけの政治から自分のこととしての政治」ということに気づいてもらえるであろうことを期待して本書に加筆・修正の上で再収録した。これを機に、沖縄を支配しようとする言説の存在とその権力の意図と実践をより多くの人に知っていただきたいと思う。

　5章・6章・7章は、いわゆる「萌えキャラ」の支配性について考察したものである。あの可愛く愛らしい萌えキャラにイデオロギー性が組み込まれているとは、普通の読者にとっては考えてみたこともないであろう。しかし読んだ後には驚きとともに納得する部分があるのではないだろうか。萌えキャラを1つの言説として論じたのがこの5章・6章・7章である。

　3つの章のうちの5章・6章は「斬新で今まで気づかなかったテーマを取り上げる」試みである。言わば「隠された権力性・政治性の発掘」である。同じように隠された政治性は「わたしたち」の周囲にいくらでもある。5章・6章を読んだ後に自分の身の回りを見つめ直せば、フランスの哲学者・思想家フーコーの言う「権力が網の目のように張り巡らされた世界」やグラムシの言う「知的文化的ヘゲモニー」が少し可視化できるのではないだろうか。

　7章はある萌えキャラをめぐるちょっとした事件に関する報道を批判的談話研究として分析考察したものである。萌えキャラをジェンダーの問題として論じることはしばしば行われているが、それはキャラクターそのものを論じる場合が多い。しかし7章では萌えキャラをめぐる新聞記事の中に潜んでいるイデオロギー性を明らかにしようと試みた。そのイデオロギー性は社会の中にあるのであって萌えキャラの本質としてあるわけではない。萌えキャラはあくまで記号として談話主体の意図やメッセージを媒介するのであって、萌えキャラだけを論じても表層的な議論になってしまう。ジェンダー的イデオロギーは社会の中にある。それを媒介させるのは誰なのか、その意図とメッセージは何なのか、そこを見抜くことが大切である。

8章は原発再稼働推進を歓迎し日本社会がさらに原発を活用するよう主張する社説を分析したものである。おそらく本書を手にとっている読者の多くは、3章・4章の沖縄の基地問題と同じように、原発の問題について、「重要な社会問題である」と感じながらも「具体的な行動をとったり意見表明をしたりしていない」人が多いのではないだろうか。「自分は被曝していないし、東北からも離れて住んでいるので直接の当事者ではない」と考えている部分もあるのではないだろうか。しかし8章を読んだ後は多少はその考えも変わるのではないだろうかと期待している。原発推進の意図が日本全体の問題という位置づけの中でメディアを通して拡散している現実を見たとき、日々電気を使うというだけの関わり方でも、もはや「自分は当事者ではない」とは言えないはずだからである。この8章は「言われてみたら重要なこと」を取り上げ、「政治への主体的な関わり意識を高める」という試みである。

最後の9章は、原発事故をめぐる新聞記事を分析し、「考えることを無効化する言説」に向き合っていくためにどうすればいいかを論じている。本書のまとめとも言えるような内容であるとともに、CDSの本質的で重要な目的である「批判的な読みの可能性を呈示することを通して、読者に向けて、権力に惑わされない術を提示しようとする」ものである。考えることをあきらめないことを通して「政治への主体的な参加を促す」章である。

5. 批判的談話研究へのいざない

以上からわかるように、この序章は「日本において批判的談話研究はいかに成立しうるか」「どうすれば批判的談話研究を日本に位置づけ実践していくことができるのか」という課題に対する私なりの答えであり、また本書全体がその実践となっている。その実践が、読者の皆さんの情意面に働きかけ、心を動かし、また知識を増やし、論理を刺激し、どこかで何かの行動につながることを願っている。本書で取り上げたテーマはいずれも現在進行中のものばかりである。読者それぞれが、そのテーマを自分のこととして考え、主体的に関わっていくことが可能である。その意味で本書は市民性を、市民における広義での政治性を高める挑戦的な試みでもある。

CDSの実践が狭い意味での研究の分野に留まらず、外の社会の変化に資

することを目指すものであることを踏まえ、いくつかの章は、その分析・考察結果をどう活用するかという視点も取り入れて執筆した。たとえば、2章・3章は、日本語教育の読解授業にCDSの視点を取り入れることの有益性を主張し、4章ではドイツなどで重要視されている民主的シティズンシップ教育へ発展させる可能性を主張している。5章・6章・7章はポップカルチャー論やジェンダー論におけるCDS的視点の重要性を示唆する。1章や8章の論考も、メディア・リテラシー教育などに応用できるであろう。

　なお、それぞれの章は異なる時期に独立して書かれている。そのためそれぞれの章にCDSについての概説や枠組みについての説明、また権力やイデオロギーといったものに関する定義などがあり、各章でそれらが重複している部分もある。本書収録の際に調整することも考えたが、本書は最初から順番に読まなければならないわけではない。むしろ、興味関心のある章を自由に選んで読むという読み方を想定している。そう考えると、各章にCDSや権力・イデオロギーといったものについて若干の説明があったほうが理解に資するだろうと考えて、重複を容認した形となっている。各章の概説部分が不要であれば、適宜読み飛ばしていただければ幸いである。

　CDSは1つの確固とした「姿勢」である。それは研究者や教育者の生き方として表現しうるものである。その意味で、本書は、私が研究者として社会と向き合ってきた軌跡でもある。本書に収録された論考は、2014年から2017年前半までの間に構想・執筆されたものであるが、主題自体は、2011年3月の原発事故や戦後公布されて70年になる日本国憲法、沖縄の米軍基地など、それよりもさらに遡るものもある。また私は2014年当時は宮城県に住んでいたが、今は沖縄県に居を移している。その期間中、特定秘密保護法やいわゆる安保法制問題、解釈改憲など政治面でも大きな動きがあった。福島第一原発事故の問題はいまだほとんど何も解決していないに等しい。ヘイトスピーチのような排外的・排他的な主張も増えている。政治の劣化も指摘され、個人的には、社会全体の空気も良くない方向へと変わりつつあると感じる。すでに歴史は1つの曲がり角を通過したのかもしれない。そこでこのタイミングで、今まで執筆したものの中から口頭発表などはしているが論文として未発表のものを中心にまとめて位置づけておきたいと考えた。沖縄関連の論考は大学の紀要等に既発表のものに加筆をして再収録したが、それも沖縄に移ってきたタイミングで出版することの意味を考えてのことであ

る。その意味で本書は時間と空間とを超えて編まれている。

　繰り返しになるが、CDS の最終目的は社会の変革である。一人一人がよりよい社会の実現を目指して、自分の興味関心に即して実践することを試みてほしい。私も CDS の旗を掲げ、自分の実践を続けていく。本書は、過去から現在までという時間の流れで言えば、私の CDS の実践の記録でもあり、現在から未来へという視点で言えば、これからの自分の生き方についての宣言でもある。CDS の研究者は自分の立場を明確に表明する。本書に通底する姿勢は 2017 年から 2018 年にかけての私自身の姿勢なのである。

注

1　すぐ後で述べるように、かつては批判的談話分析（Critical Discourse Analysis）と称することが一般的であったが、近年は同じものを指して批判的談話研究（Critical Discourse Studies）と呼ぶことが増えてきている。

2　直接引用の部分などで CDA という略称が出てきた場合は CDS と読み替えていただきたい。

3　それがその研究の価値や意義を下げていると言っているわけではない。

4　森本郁代（2009）「地域日本語教育の批判的再検討─ボランティアの語りに見られるカテゴリー化を通して」が明らかにしている。

5　ここで言う「支配」には「力による支配」だけでなく、「説得」や「教化」なども含む。別の言い方をすれば、グラムシの言う「政治的ヘゲモニー」と「知的文化的ヘゲモニー」の両方を含んでいるということである。私たちが自ら納得して相手の言うことを受け入れて積極的に支配「されていく」ことも「権力による支配」とみなすということである。

6　以下の 3 つの疑問は本書の企画段階においてひつじ書房編集長の松本功氏から私に投げかけられたものである。考えるきっかけを与えてくださったことに改めて御礼申し上げる。

7　近藤（2009: 11）では「市民性教育（引用者注：本書で言うシティズンシップ教育）が社会的諸問題の予防・解決という問題意識から出発するのに対し、政治教育（引用者注：本章で言う民主的シティズンシップ教育）はいかに民主主義を守るのかを第一に考えるところに、強調点あるいは目標設定の仕方の違いを見ることができよう」と述べている。

8　いわゆる「熟議民主主義」については、田村・松元・乙部・山崎（2017）や田辺（2009）などを参照のこと。

9　原典がドイツ語で書かれているため、近藤（2009）、近藤（2015）を参照した。

参考文献

アントニオ・グラムシ（著）、松田博（編訳）(2013)『グラムシ『獄中ノート』著作集Ⅲ　知識人とヘゲモニー「知識人論ノート」注解』、明石書店

片桐薫(2006)『グラムシ「獄中ノート」解読』、こぶし書房

黒沢惟昭(2007)『現代に生きるグラムシ　市民的ヘゲモニーの思想と現実』、大月書店

近藤孝弘(2009)「ドイツにおける若者の政治教育」、『学術の動向』14–10、公益財団法人　日本学術協力財団、pp.10–21.
　　〈https://www.jstage.jst.go.jp/browse/tits/14/10/_contents/-char/ja/〉(2017.6.12 リンク確認)

近藤孝弘(2015)「ドイツの政治教育における中立性の考え方」、『考える主権者をめざす情報誌 Voters』26、公益財団法人　明るい選挙推進協会、pp.12–13.
　　〈http://www.akaruisenkyo.or.jp/wp/wp-content/uploads/2015/05/26%E5%8F%B7.pdf〉(2017.6.12 リンク確認)

Starkey, Hugh (2002) "Democratic Citizenship, Language Diversity and Human Rights: Guide for the development of Language Education Policies in Europe, From Linguistic Diversity to Plurilingual Education, Reference Study". Language Policy Division, Council of Europe: Strasbourg.
　　〈https://www.coe.int/t/dg4/linguistic/Source/StarkeyEN.pdf〉(2017.6.12 リンク確認)

田村哲樹・松元雅和・乙部延剛・山崎望(2017)『ここから始める政治理論』有斐閣

田辺哲樹(2009)『熟議の理由　民主主義の政治理論』勁草書房

テウン・A・ヴァン・デイク(2010)「学際的な CDA—多様性を求めて」、ルート・ヴォダック、ミヒャエル・マイヤー（編著）、野呂香代子（監訳）(2010)『批判的談話分析入門—クリティカル・ディスコース・アナリシスの方法』第 5 章、三元社、pp.133–165.

日本社会学会社会学事典刊行委員会（編）(2010)『社会学事典』、丸善

野呂香代子(2009)「クリティカル・ディスコース・アナリシス」、野呂香代子・山下仁（編）(2009)『新装版「正しさ」への問い　批判的社会言語学の試み』、三元社、pp.13–49.

バーナード・クリック（著）、関口正司（監訳）、大河原伸夫・岡崎晴輝・施光恒・竹島博之・大賀哲（訳）(2011)『シティズンシップ教育論　政治哲学と市民』、法政大学出版局

福島青史(2011)「『共に生きる』社会のための言語教育　欧州評議会の活動を例として」、『リテラシーズ』8、くろしお出版、pp.1–9.
　　〈http://literacies.9640.jp/vol08.html〉(2017.6.12 リンク確認)

松田博(2007)『グラムシ思想の探求　ヘゲモニー・陣地戦・サバルタン』、新泉社

見田宗介（顧問）、大澤真幸・吉見俊哉・鷲田清一（編）(2012)『現代社会学事典』、弘文堂

森本郁代(2009)「地域日本語教育の批判的再検討—ボランティアの語りに見られるカ

テゴリー化を通して」、野呂香代子・山下仁 (編) (2009)『新装版「正しさ」への問い　批判的社会言語学の試み』、三元社、pp.215-247.

ルート・ヴォダック (2010)「談話の歴史的アプローチ」、ルート・ヴォダック、ミヒャエル・マイヤー (編著)、野呂香代子 (監訳) (2010)『批判的談話分析入門—クリティカル・ディスコース・アナリシスの方法』第4章、三元社、pp.93-131.

ルート・ヴォダック、ミヒャエル・マイヤー (編著)、野呂香代子 (監訳) (2010)『批判的談話分析入門—クリティカル・ディスコース・アナリシスの方法』、三元社

Sperber, Dan. and Wilson, Deirdre (1995) *Relevance: Communication and Cognition* second edition. Oxford: Blackwell.

Wodak, Ruth and Michael Meyer (eds.) (2001) *Methods of Critical Discourse Analysis*. London: Sage.

1章　憲法改正をめぐる安倍首相ビデオメッセージのマクロ分析

1. 改憲をめぐる言説はメディアを通して「わたしたち」に届く

　2016年7月の参議院選挙でいわゆる改憲勢力が総議席数の3分の2を占め、改憲をめぐる動きが活発化することが予想されていた。しかし、政府与党は参議院選挙時に改憲を積極的には争点としなかったため、誰が憲法をどう変えようと考えているのかについては、いくつもの観点が取りざたされてはっきりしなかった。ところが2017年5月3日に、安倍首相は「第19回公開憲法フォーラム」(民間憲法臨調・美しい日本の憲法をつくる国民の会共催)に寄せたビデオメッセージの中で「9条1項、2項を残しつつ、自衛隊を明文で書き込む」という考え方を突如公表した。

　その発言を契機として改憲をめぐる議論は加速しはじめ、その展開は複数のメディアを通して広く発信されている。いつのまにか、改憲することはもはや前提となり、改憲するかしないかではなく、またどこを改めるのかでもなく、9条をどうするのか、いつ改憲するのかが焦点になったように感じられる。「わたしたち」がそのような感覚を持つに至ったのは、いうまでもなく首相の発言やその後の動きを報じたメディアの影響である。「わたしたち」は改憲をめぐる状況をメディアからの情報で把握しているからである。

　ということは、メディアの報道を丹念に読み解けば、誰がなぜどのようにして改憲を行おうとしているのか、それをどのようにして国民に納得させようとしているのかが見えてきて、メディアを通した「誘導」の実態もあきらかになるのではないかと思われる[1]。憲法改正をめぐるテーマは最も政治的な内容であると言える。ということは、そこには発言した政治家やその政治家の所属する政党、それが与党であれば政権の意図や実践が存在するはずである。大きく世論が分かれるテーマであるので、発言も改憲派へのアピールを意識しつつも、護憲派からの批判を招かないよう充分に配慮を行うことが

予想される。つまり改憲をめぐる談話には改憲の意図や実践が「自然を装って」組み込まれている可能性が高い。また憲法は国の最高法規であるので、実感は薄いが「わたしたち」の生活に密接に関連するテーマでもある。批判的談話研究に適した談話であると言えよう。

2.　新聞記事を批判的談話研究の姿勢で分析する

2.1　分析する新聞記事について

　私は 2013 年 2 月より読売新聞・朝日新聞・毎日新聞・産経新聞・東京新聞の Web ページ新着記事欄を 1 日に数回閲覧し、研究のための基礎データとしていろいろな新聞記事を継続的に集めている。例をあげれば原発関連・沖縄関連・教育関連・安保関連などである。新着記事欄に限定して収集しているのは、Web ページの最も表層に位置するため、多くの人にとって閲覧時に最初に目にすることが多いページであること、よって読者の認知構造に作用する可能性の高い記事が収集できること、どの新聞社 HP にも新着記事欄に類するページがあり、新聞社間で収集範囲に偏りが生じないこと、等を考慮してである。批判的談話研究としてどのような言説を分析するかには研究者それぞれ考え方があるであろう。私が特に留意していることは、なによりも一般人が容易にアクセスできる談話であること、影響力の大きい談話やメディアであることである。その上で、分析資料としての扱いやすさも考慮すると、新聞記事を分析することが妥当であると判断し、これまで新聞記事を中心に分析を行っている。

　2016 年 5 月 3 日に興味深い記事を発見した。首相が改憲を主張する民間団体のフォーラムにビデオメッセージを寄せたという新聞記事で、メッセージの全文が掲載されているものであった。それを取り上げた経緯は 3.2 節でも述べるが、非常に重要なテクストであると考えたので、早速分析を行い、2016 年 9 月に韓国日本語学会で口頭発表を行った。首相がビデオメッセージを寄せた主催団体は「『二十一世紀の日本と憲法』有識者懇談会」(通称、民間憲法臨調)であった。その団体は 1 節で述べた 2017 年 5 月 3 日に開催された「第 19 回公開憲法フォーラム」の共催団体でもある[2]。一部の登壇者にも重なりがある。

　つまり、2016 年 5 月 3 日にも 2017 年 5 月 3 日にも同じようなフォーラム

が開催されていて、両年とも首相がそれらのフォーラムに対しビデオメッセージを寄せているということである。大変興味深い事象である。そこで2017年の改憲をめぐる動きにおける歴史側面を把握するためにも、2016年の改憲をめぐるビデオメッセージをさらに詳しく分析し、首相や主催団体やマスコミの持つ意図の可視化を試みることにした[3]。分析する記事は産経新聞が2016年5月3日に配信した「【憲法記念日】安倍晋三首相　民間憲法臨調フォーラムにメッセージ（全文）「新しい時代にふさわしい憲法を」」である[4]。この記事を選んだ理由については後述する。

2.2　批判的談話研究について

　分析の枠組みは批判的談話研究（Critical Discourse Studies; 以下 CDS）である。CDS とは、談話研究の一手法や方法論でなく、研究に対する姿勢である。CDS は、社会の問題に目を向け、何かに支配されている弱者側に立ち、支配しようとする人々（権力）の言説をさまざまな観点から分析し、そこに自然を装って隠されている権力の意図と実践とを可視化して明るみに出す。それによって支配と向き合う方法を考え、最終的には社会変革のために行動することを目標としている。序章で述べたように、決して「研究者の自己満足としての批判」で終わるのではなく、研究者自らも社会の問題解決に主体的に関わっていく学問的姿勢である。CDS はことばや視覚情報を批判的に分析することを通して、暗示的なものを顕在化させることができ、本研究の目的にも合致する。

　ヴァン・デイク（2010）は CDS について「一定のアプローチ等を指すのではなく、学問を行う上での一つの―批判的な―見解なのである。すなわち、いわば『姿勢を伴った』談話分析だと言える。その焦点は社会問題にあり、特に権力の濫用や支配の再生産および再生産における談話の役割にある」（p.134）と述べている。CDS の姿勢について野呂（2014: 134–139）は以下のようにまとめている。

　　1）研究目的：最終的な目的は分析者が問題視する社会状況の変革。
　　2）学問の客観性・中立性：批判的なまなざしを向ける。
　　3）真理、真実：真理や真実を述べる談話行為は政治的な意味付与の闘
　　　争。

4）分析者の立場：中立はあり得ない。立場を明らかにして分析に臨む。

5）内容か形式か：両方。言語学的側面も社会学的側面も両方分析する。

6）言語外のコンテクスト：幅広い歴史的、社会的コンテクストも分析する。

7）談話に対する考え方：表現し伝えることで社会的な何かを実践している。

8）談話と権力：談話は権力の安定と崩壊に関わる「せめぎあいの場」。権力の再生産の場でもあり、権力との競合や挑戦の場でもある。

9）多元的研究：学際的な研究手法で、多元的に談話を分析する。

　CDS の枠組みには、弁証法的関係のアプローチ・社会認知学的アプローチ・談話の歴史的アプローチ・デュースブルグ学派のアプローチ等がある。どれかに依拠しなければ CDS が実践できないということではない。分析する言説の特徴や研究者の問題意識等に応じて、取捨選択したり組み合わせたりすることも多い。本章では CDS の枠組みの中でも、着目すべき項目が体系的に整理されていて比較的理解しやすく、かつ応用しやすいと思われる、デュースブルグ学派の提唱するガイドラインを例示する。

　イェーガー（2010: 82–83）は新聞の分析を例に、複数の談話が絡み合った談話の束のようなものを全体的に分析する際の項目や着目点などをまとめて

表 1　全体的に分析する際の項目や着目点などのリスト

	分析項目	具体的な着目点や分析の方向性など
全体 1	新聞の一般的な特徴づけ	政治的な位置づけ、読者層、発売部数など
全体 2	そのテーマに関連する（たとえば）その年度発行全体の概観	取り扱う記事のリスト、書誌学的データ、テーマに関するキーワード、報道テクストの種類に関する特徴、その他の特別情報
		書かれていたテーマをまとめた概要、質的な評価、他の年度では取り扱われていた特定のテーマの欠如の有無、特定のテーマがいつ取り上げられたか、またその頻度
		関連する個別テーマの分類
全体 3	全体 1 と全体 2 のまとめ	それぞれの扱うテーマに関する新聞の談話の位置づけの特定化

いる。イェーガー（2010）のガイドラインを用いて分析を行っている野呂（2015）も参照し、まず全体的に分析する際の項目や着目点などのリストを表1として示す。

　次に、詳細に分析していく際の項目や着目点などのリストを表2として掲載する（表1・2共に紙幅の都合上、意味の変わらない程度で加筆や省略がある）。野呂（2015）も先行研究を踏まえ、表2の詳細1から詳細3に対応する「テクストの制度的側面の分析」、「テクストの構成の分析」、「テクストの言語的・修辞的分析」という3つの観点を提唱している。

　「テクストの制度的側面」は、「当該テクスト内では言われていないこと」

表2　個別談話を詳細に分析する際の項目や着目点などのリスト

	分析項目	具体的な着目点や分析の方向性など
詳細1	制度的な枠組み：コンテクスト	・その記事を選択した根拠 ・著者（新聞社における役職、重要性、専門とする分野など） ・記事が書かれたきっかけ、原因 ・新聞、雑誌のどの欄に記されていたか
詳細2	テクストの「表面」	・写真、挿絵や図表も含めた視覚的レイアウト ・大見出し、中見出し、小見出し ・内容単位にしたがった記事の構成 ・取り上げられたテーマ、その他のテーマに触れられているか、重なりが見られるか
詳細3	言語的、修辞的な手段	・論証、あるいは論証ストラテジーに用いられている形態 ・論理と構成 ・含意、ほのめかし ・集団的シンボルもしくは「比喩性」 ・慣用句、ことわざ、きまり文句 ・語彙と文体 ・登場人物（人物、代名詞の使われかた） ・引用。学問への依拠、情報源の記載など
詳細4	イデオロギー的な内容の発言	・記事が前提としている、伝えている人間像 ・記事が前提としている、伝えている社会観 ・記事が前提としている、伝えている科学技術観 ・記事が描いている未来像
詳細5	まとめ	・論拠、記事全体における核となる発言、伝えたい内容、メッセージ

をテクスト外に根拠を求めて分析を積み重ねながら実証していくものである。CDS の基本でもあり、また要でもあると言える大切な作業である。それに対し、「テクストの構成の分析」と「テクストの言語的・修辞的分析」はテクストそのものの分析である。「テクストの構成の分析」は表 2 でいう「テクストの表面」の分析であり、いわばマクロ的な観点からの考察である。それに対し、「テクストの言語的・修辞分析」はテクスト内部の語や表現の分析であり、ミクロ的な観点からの考察であると言えよう。CDS が単なる談話分析ではないのはこれらの 3 つの分析と考察が有機的に結びついている点である。目に見えている談話の分析だけを行うのではなく、談話が生まれてきた背景や現在の状況を踏まえ、談話主体や談話の中に登場する人物や団体についても分析を行い[5]、目に見えているテクストについてもマクロ的特徴とミクロ的特徴を分析する。そしてそれらを総合的に考察し、テクストに内在しているイデオロギー性を可視化していくのである。

2.3　テクストのマクロ的分析を行う

　本章では上に挙げた観点の中から、まず表 1 の「全体 1」「全体 2」に該当する分析と、表 2 の中の 1 つである「テクストの制度的側面」の分析を行う。この分析は、「当該テクスト内では言われていないこと」をテクスト外に根拠を求めて分析を積み重ねながら実証していくものである。CDS の基本でもあり、また要でもあると言える大切な作業である。なお、全体 2 についての分析は、通時的な分析と共時的な分析とを一度に行うだけの研究体制がとれていないため、部分的なものに限定をする。表 2 の「テクストの構成の分析」と「テクストの言語的・修辞的分析」については、紙幅の都合もあり、本章では扱わず、別の論文として 2 章に収録している。

3.　分析を通して見えてきたこと

3.1　産経新聞の一般的な特徴づけと全体的な概観

　すでに述べたように本章で分析する新聞記事は産経新聞社によって配信されたものである。そこでまず表 1 の「全体 1」に該当する、産経新聞社の政治的な位置づけ・読者層・発売部数などを確認する。

　新聞折込広告／チラシ印刷を主な業務としているタートルライド社が、読

売新聞・朝日新聞・毎日新聞・産経新聞・東京新聞・日経新聞の媒体特性を
まとめている[6]。その記述は業務の必要上から第三者の目で行われ、また同
社 HP で公表されているものであり、一定の信頼性があると言えよう。
　産経新聞については以下のように記載されている。

（1）　産業経済新聞社が発行している新聞。朝刊の新聞発行部数は 163 万
　　　部(朝刊は 1 部 100 円)。フジテレビやニッポン放送を要する、日本
　　　最大のメディア・コングロマリットのフジサンケイグループの一角を
　　　担っている。論調としては日本の全国紙としては、唯一といってもい
　　　いほど右派の傾向を持ち、憲法 9 条の改正や、集団的自衛権の行使
　　　といった主張を持っている。

　産経新聞社は創立 80 周年の 2013 年 4 月に、「国民の憲法」要綱をまとめ
書籍として出版もしている[7]。改憲論者の執筆した記事もしばしば配信され
ている。そこからも、改憲に積極的な新聞社であることがわかる。
　その産経新聞が著者となって 2016 年 5 月 3 日に配信した配信したのが、
「【憲法記念日】安倍晋三首相　民間憲法臨調フォーラムにメッセージ（全文）
「新しい時代にふさわしい憲法を」」という新聞記事である。そこで、次に表
1 の「全体 2」に挙げられている「取り扱う記事記事のリスト、書誌学的
データ、テーマに関するキーワード、報道テクストの種類に関する特徴、特
定のテーマがいつ取り上げられたか、またその頻度」等について簡単に分析
をする。先にも述べたが、私は毎日数回、産経新聞を含む大手新聞数紙の
Web 版を閲覧し記事の収集を手作業で行っている[8]。そのデータ収集作業を
通して感じられることをいくつか挙げたい。
　本章で直接分析する記事は 1 つだけであるが、産経新聞上において、記
事のテーマである「改憲」をキーワードとすると、いくつもの関連記事を確
認することができる。法や自衛隊・米軍といった安全保障政策、それらとも
密接に関わる沖縄の米軍基地問題等に関する記事も多く観察される。ただこ
れは他の大手紙にも言えることである。産経新聞に特徴的なのはその報道姿
勢や具体的な行動である。たとえば、産経新聞の Web ページでは一度配信
された記事が別の日時に再度配信されることが他紙よりも頻繁にあり、それ
が読者が目にする関連記事の多さにつながっている。最初に短い記事を配信

し、そのあとで詳細な記事を配信する行動もしばしば観察される。速報性を重視しているとも言えるが、そのため特に Web 版を見ている読者は、新聞社が重きを置いている記事については、なんどもインプットを受けることになる。

　また報道されるテクストの特性に関しても特徴が見られる。4.2 節でも例を挙げるが、政治家や有識者の発言を詳細に報道する傾向があり、他紙であれば数行で引用される談話を全文で引用する事例もしばしば観察される。これも読者に多くの情報と強いインパクトを与えることにつながる。産経新聞の新着記事欄には配信される記事が質・量とも多いように思われる。たとえば他紙では社説や同社が発行している関連雑誌などの記事は新着記事欄には配信せず別の欄(コラム欄など)で読ませる場合も多い。しかし産経新聞では社説も雑誌『正論』の記事紹介なども区別なく配信される。そのため、閲覧者はワンストップで多くの記事に触れる機会がある。上で述べたように、特定の話題の一部の記事に関しては繰り返し何度も目にすることも生じる。

　このような報道行動が産経新聞には他紙に比して顕著に観察できるというのが、日々継続して大手新聞数紙の Web 版を閲覧し記事の収集を行っている者としてのデータ収集作業を通しての分析である。世論への働きかけが強い新聞社であると言えよう。

　では続いて「制度的な枠組み」の分析に移る。

3.2　当該記事の制度的な枠組みについての分析

　本研究に着手した根拠にはいくつかある。まず冒頭の 1 節で述べたような背景や問題意識がある。参議院選挙が終わり、いわゆる改憲勢力が改憲手続きの着手を発議できる人数(構成員の 2/3 以上)を占めるに至り、実際に改憲することが既定路線のように扱われ、政治家の議論主導で事が進んでいる今、改憲に関するメディアの報道を分析することは、世論に対する影響を考えると意味があると考えたからである。数あるメディアの中から新聞を選んだのは、新聞記事の影響力が大きいためである[9]。世論をコントロールしたい権力は新聞報道にアクセスして世論誘導を行うことができる。つまり、新聞を分析することで「誘導の実態」を可視化することが期待できるのである。

　複数の新聞社の中から産経新聞を選んだのはあくまで結果的なものであ

る。新聞記事の特徴や分析の意義を総合的に判断した結果、当該記事を分析することになったということである。記事の選定について着目したのは改憲というテーマについてどの程度自由に語っているかという点である。2016年7月の参議院選の結果、衆議院と参議院とで多数派の党派が異なるという「ねじれ現象」がなくなり、自民党・公明党を中心とする与党が両院で多数派となり、改憲がより現実的なものとなったと言われるが、それは逆に自由闊達な意見が述べにくくなったとも言える。なぜなら改憲派が両院で多数派となったため改憲へのハードルが少し下がり、改憲をめぐる発言にメディアも国民もよりシビアな目を向けるようになったからである。参院選時にいわゆる争点隠しが行われたのも同じ理由によると言えるであろう。そこから、過去にさかのぼり、参議院選前後に配信された記事ではないものを分析することで、より真実に近いものが見えてくる可能性があると考えた。

　記事が配信されたタイミングについても考慮した。社会の構成員が憲法について自由に考え発言し行動できるのはいつであろうか。その1つが憲法記念日である。この祝日はその名の通り憲法に関する日である。いわばこのハレの日には憲法に関する記事が多く配信され、さまざまな立場の人物がその記事の中で談話主体となっている。そこで憲法記念日前後の記事を中心に選考のための予備的な分析を行った。

　その談話主体がどのような立場で発言しているかも重要な点である。ここで注目したのが「ホストとゲスト」という関係性である。たとえば、ゲストが何かを発言する際、通常ならばホストについての配慮が行われる。ホストと対立するような発言はなるべく避けようとするであろう。一方で、当該発話者は、ホストではなくゲストとして発言することで、責任が軽減される面もあり、心理的な負担も軽くなろう。そのことがより本質に近い発言を誘発する可能性がある。それと密接に関わるのが談話の場である。たとえば、政治家が国会で行う発言は非常にフォーマルなものとなり、語彙や表現の選択はもちろん、内容にも制約がかかる。一方、対極的な例としてオフレコの場合ならどうであろうか。ざっくばらんで自由な発言となるであろう。どちらの場における談話も研究対象として意味を持つが、インフォーマルな要素があればそれだけ隠された意図が見えやすくなるのではないかと考えられる。

　誰が談話主体かという問題もある。新聞記事には多くの談話主体が関わる。記者、その記者の上席、紙面構成を決定する部署、記事内で語った当事

者などである。新聞記事では多くの場合はそれらが交錯するため、厳密に言うと記事内に登場する人物の発言であっても記者などの他者によって再構成されていることがほとんどである。その他者の影響をほぼ全て排除できるのが「全文書き起こし」である。

以上に挙げた特徴を兼ね備えていたのが本章で分析する記事であった。参議院選の約2ヶ月前の5月3日（憲法記念日）に、民間憲法臨調（通称）という改憲を進めようとする民間団体が主催したフォーラムに、安倍首相が寄せたビデオメッセージの全文書き起こしという記事である。それらの種々の特徴を有していることを考えると、この記事からは非常に多くのことを読み取ることができるであろう。

最後に本記事が産経新聞HPの新着記事欄に配信されていたことを押さえておく。そこで考えておかなければならないことは、不特定読者の目に触れやすい場所に配信されているということである。新聞記事であることを考えれば、記事が書かれた理由は、事実を広く知らしめることにあると言えるが、それがたとえゲストとしてとはいえ、現職首相のビデオメッセージの全文書き起こしということを考えると、首相の談話を配信することによって生じる世論への影響というものを考慮していないとは言えない。ただ単に事実を報道するなら談話の内容を、たとえば朝日新聞社などがそうしたように、要約して記事の中で引用すればよかったからである。わざわざ全文書き起こしを配信するのは、事実の広報以外の意図、何かそれなりの意図があったというべきである。

3.3 著者について

この記事は署名記事ではないため、直接の執筆者は不明である。そこで直接の著者を産経新聞であるとみなす。産経新聞の位置づけについては、3.1節で全体的な位置づけを行ったように、右派の傾向を持ち、憲法9条の改正や集団的自衛権の行使といった主張を紙面で展開をする新聞である。自ら「国民の憲法」要綱をまとめ書籍として出版もしている。改憲に積極的な新聞である。

この記事にはもう一人別の著者が存在している。ビデオメッセージの談話主体である安倍晋三氏である。安倍氏は、記事配信時の、そして本章執筆時も内閣総理大臣（首相）であり、自由民主党（以下、自民党）党首でもある。自

民党は立党以来「自主憲法の制定」を党の公約としており、HP には以下の記述が確認できる[10]。

> 「自主憲法の制定」は自民党の使命
> わが党は、結党以来、「憲法の自主的改正」を「党の使命」に掲げてきました。占領体制から脱却し、日本を主権国家にふさわしい国にするため、自民党は、これまでも憲法改正に向けた多くの提言を発表してきました。

　安倍氏個人の公式 HP を見ると 3 つの基本政策が掲げられている。「外交」「教育再生」「憲法改正」である。その中の憲法改正のページを見ると2009 年 6 月 12 日付の文章があり、「戦後レジームからの脱却を成し遂げるためには憲法改正が不可欠です」と主張している[11]。安倍首相が改憲の意図を持っていることは、改めて確認するまでもなく明らかである。

　以上の分析から、当該記事の著者と認められる産経新聞社と、記事のほぼ全てを占めるビデオメッセージの談話主体である安倍首相との双方が、改憲に対して積極的に推進する意向を持ち、すでにさまざまな手段で行動を実践していることが明らかになった。

　本章は当該記事には他にも著者が存在すると考える。それは一般向けにフォーラムを開催した民間憲法臨調と呼ばれる団体である。なぜなら、民間憲法臨調がフォーラムを開催しなければ安倍首相のビデオメッセージは存在しなかったのであり、それを産経新聞社が取材して記事にして広く配信することもなかったからである。つまり、民間憲法臨調は、ビデオメッセージという談話実践のきっかけと場を提供しており、当該新聞記事を執筆させる動機づけを提供していると言える。そして、そのフォーラムを通して直接の参加者に対してはもちろん、新聞記事を通してフォーラム参加者以外に対しても広く情報発信を行っているという点において、メディアとしての実践を行っており、間接的な記事の著者とみなすことができる。そこで次に民間憲法臨調の位置づけの検討を行う。

3.4　民間憲法臨調について

　民間憲法臨調とは正式名称を「『二十一世紀の日本と憲法』有識者懇談

会」という。その趣意書[12]によると、「国会の憲法調査会の議論がより実り多きものとなるように、民間の側からも忌憚のない意見を表明し、憲法論議の活発化に資するべく、このたび各界各層の有識者による懇談会を設置」したもので、平成24年3月31日現在、代表は櫻井よしこ氏（ジャーナリスト）、副代表は浅野一郎氏（元参議院法制局長）・中西輝政氏（京都大学教授）・西修氏（駒澤大学名誉教授）となっている[13]。皆いわゆる「保守の論客」であり、浅野氏は産経新聞の「国民の憲法」を肯定的に評価する発言をしており[14]、他の3氏はしばしば産経新聞や産経新聞社が発行している『正論』に署名入りで論考が掲載されている[15]。

　代表委員を見ても保守色が強いことがよくわかるが、注目すべきは運営委員に椛島有三氏（日本会議事務総長）が入っている点である。日本会議を掘り下げた研究である菅野（2016: 20–24）は、日本会議が目指すものをキーワードで言えば、「皇室中心」「改憲」「靖国参拝」「愛国教育」「自衛隊海外派遣」等になること[16]、第三次安倍内閣の閣僚の8割以上が日本会議国会議員懇談会に所属していることを述べている。つまり、政権側と密接なつながりを持つ右翼主義の団体である。

　その日本会議の役員[17]と民間憲法臨調の役員とを照合したところ、民間憲法臨調役員69名の中に、日本会議ではない別の所属名で7名の日本会議役員が在籍していることが明らかになった。椛島氏を加えて8名、民間憲法臨調役員の1割強が日本会議の役員であるということである。両者の密接な関係は、日本会議HP内にこの民間憲法臨調主催フォーラムの告知がチラシの画像付きで掲載されていることからも確かめられる[18]。民間憲法臨調は「民間」と謳いながらも日本会議を介して政治家や右翼主義団体と密接につながっているわけである。

　この民間憲法臨調が2016年5月3日に開催したフォーラムの名称と開催目的は新聞記事には掲載されていないが、HPを見ると、その名称は「すみやかな憲法改正発議の実現を！―各党に緊急事態に対応する憲法論議を提唱する―」であり、その目的は憲法の全面改正であることがわかった[19]。民間憲法臨調は趣意書で「民間の側からも忌憚のない意見を表明し、憲法論議の活発化に資するべく」と述べているが、先にも確認したように、改憲を支持する政治家や右翼主義団体との結びつきが強い団体であり、その意見は自らの意図と利益に沿った改憲を実現するというものであると考えられる。

4. 誰と誰とがどういう関係で何をしていたのか

4.1 諸団体間の関連について

　民間憲法臨調HPを見ると、そのフォーラムの登壇者（予定）は以下のようになっていた。

（２）　櫻井よしこ氏（ジャーナリスト・主催者代表）、中曽根康弘氏（元首相
　　　＝メッセージ）、下村博文氏（自由民主党総裁特別補佐）、江口克彦氏
　　　（おおさか維新の会・参議院議員）、松原仁氏（民進党衆議院議員・元
　　　国務大臣）、打田文博氏（美しい日本の憲法をつくる国民の会事務総
　　　長）、原正夫氏（被災地より・福島県郡山市前市長）、西修氏（駒澤大学
　　　名誉教授）、青木照護氏（日本青年会議所副会頭）、山本みずき氏（慶応
　　　大学法学部学生）、百地章氏（日本大学教授）

　主催者代表である櫻井よしこ氏と中曽根康弘氏[20]を除く９名について、表面に現れていない政治姿勢などを分析すると興味深いことが明らかになった。９名の登壇者のうち４人は政治家（１名は元自治体首長）である。その中の下村博文氏は菅野（2016: 21）で日本会議メンバーであることが確認されている。松原仁氏も右派的な政治信念を持っており日本会議との接点も確認できる政治家である[21]。江口克彦氏も日本会議の月刊誌『日本の息吹』に投稿している[22]。

　打田文博氏が事務総長を務める「美しい日本の憲法をつくる国民の会」は、菅野（2016: 219）によると「日本会議が、一般市民1000万人の賛同者を集めるために作った、別動部隊」であり、「役員のほとんどが、日本会議の役員と重複する」[23]。打田氏も神道政治連盟会長の肩書で日本会議役員名簿に掲載されている。また、日本会議地方議員連盟のページには「美しい日本の憲法をつくる国民の会」HPへのリンクが設定されており密接な関係を示唆している。

　学者２名のうち、西修氏は民間憲法臨調の副代表・運営委員長であり、百地章氏は事務局長であり、かつすぐ上で確認した「美しい日本の憲法をつくる国民の会」の幹事長でもあることが役員名簿から確認できた。

　青木照護氏は日本青年会議所副会頭とのことである。日本青年会議所の

HPを見ると、基本方針の最初に「知識と意識を伴った「民間防衛力」の確立」とある[24]。あまり知られていないが、日本青年会議所は 2012 年 10 月 12 日に独自の憲法草案を決定し公表している[25]。その草案を見ると、天皇を日本の元首であると規定している点、国民に個人としてではなく共同体の構成員としての位置付けを明記したり国民としての権利が国家から与えられるとしたりしている点、共同体を構成する基礎を個人ではなく家族としている点など自民党が 2012 年に発表した「憲法改正草案」との類似点が多い。個別的のみならず集団的自衛権の行使も明記し軍隊の保持も認めている。国土の保全を「国民の権利と責務」としている点も特徴的である。

　山本みずき氏（慶応大学法学部学生）だけは一般の民間人のように思われるが、産経新聞が発行しているオピニオンサイト「iRONNA（いろんな）」[26] の特別編集長という肩書きをもつ人物であると思われる[27]。さらに言うと、民間憲法臨調の役員の中には 2 名の産経新聞関係者の名前が確認できる。中静敬一郎氏（産経新聞論説委員長）と横田憲一郎氏（元産経新聞「正論」調査室長）である。その肩書きから見て社内でかなりの地位にあることが見て取れる。

　以上のように、役員や登壇者の属性をみることで、民間憲法臨調・日本会議・「美しい日本の憲法をつくる国民の会」・日本青年会議所・産経新聞との間の密接な関連が明らかになった。共通点は改憲推進である。民間憲法臨調フォーラムは決して単なる「民間」の集いではないと言ってよいであろう。それは分野や所属先は異なるが、改憲推進という点で一致する専門家集団である。

4.2　産経新聞の報道姿勢について

　当該新聞記事の直接の著者である産経新聞は、先に確認したように、対外的には保守的というイメージがある。しかし一見するとその報道姿勢に一方向への偏りはないようにも思われる。たとえば、次の新聞記事をみると、改憲賛成派と反対派の双方の主張をバランス良く取り上げている。政党は自民党・民進党・共産党の 3 党だけに見えるが、この 10 本の中に入っていないだけで、実はそのほかの党も記事にして配信している。

（3）　産経新聞「【憲法記念日特集】改憲賛成と反対派…双方の主張を関連

記事 10 本で振り返る」

護憲派集会詳報(1) 4 野党党首がそろい踏み　民進・岡田代表「安倍首相の魂胆は 9 条改正だ」

護憲派集会詳報(2) 共産・志位委員長「憲法で縛られている自覚ない首相…お引き取り願うしかない！」

護憲派集会詳報(3) 社民・吉田党首「違憲訴訟、大衆行動、選挙…"三位一体の戦い"を」

護憲派集会詳報(4) 生活・小沢代表「頭ン中に、心ン中に刻んで頂きたい。選挙に勝たねば！」

護憲派集会詳報(5 完) シールズ奥田氏を乗せたタクシーがスピード違反で捕まった!?「オラ！急ぐぞ！」と会場を目指し…

櫻井よしこ氏「今の憲法のままでは日本国民を守ることができない」民間憲法臨調(要旨)

安倍晋三首相　民間憲法臨調フォーラムにメッセージ(全文)「新しい時代にふさわしい憲法を」

自民党「憲法は国民自らの手で、今の日本にふさわしいものに。改正推進のため全力で取り組む」

民進党・岡田克也代表「誤った憲法改正を目指す政権の暴走を止める」

共産党・小池晃書記局長「立憲主義を日本政治に取り戻す」
〈http://www.sankei.com/premium/news/160506/prm1605060026-n1.html〉
(2016.5.6 配信)

　しかし、民間憲法臨調のフォーラム開催に限って言うと、産経新聞の独自性が見えてくる。他紙でも下のようにフォーラム開催を取り上げている記事はあるが、他団体の集会開催などと併せて報じている。民間憲法臨調フォーラムだけを取り上げているのは産経新聞のみである。

（4）　朝日新聞「改憲派・護憲派、参院選前に集会で訴え　憲法記念日」
〈http://digital.asahi.com/articles/ASJ535K1BJ53ULZU004.html〉
(2016.5.3 配信)

（5）　東京新聞「問われる立憲主義、施行 69 年　憲法記念日、各地で集会」

〈http://www.tokyo-np.co.jp/s/article/2016050301001213.html〉（2016.5.3
配信）

　また、フォーラムを紹介する他新聞の記事では首相の発言を他登壇者の発
言や会の様子と併せて数行で紹介している。

（６）　毎日新聞「改憲署名　賛成派700万筆集める　氏子を動員」
　　　　3日の国民の会のイベントでは、大災害や有事で人権保障や三権分立
　　　　などの憲法秩序を一時停止できる緊急事態条項の新設を主要テーマと
　　　　することを決めた。安倍晋三首相も自民党総裁としてビデオメッセー
　　　　ジで「憲法改正に向けてともにがんばろう」と呼びかけた。
　　　　〈http://mainichi.jp/articles/20160504/k00/00m/040/133000c〉（2016.5.4
　　　　配信）
（７）　朝日新聞「憲法改正の是非、正面から論じる　護憲派・改憲派が集
　　　　会」福島県郡山市の原正夫・前市長は東京電力福島第一原発事故後の
　　　　経験に触れながら、「改憲を行い、緊急事態条項を設け、原子力災害
　　　　の事案についても明記すべきだ」と訴えた。［中略］参加した東京都
　　　　練馬区の中村吉宏さん(75)は「自分のことは自分で守れる憲法にす
　　　　るべきだが、（参院選で改憲派の）議席を3分の2にすることよりも、
　　　　国民の間で議論の土壌をじっくり育てることが重要だ」
　　　　〈http://digital.asahi.com/articles/ASJ535K1CJ53ULZU005.html〉
　　　　（2016.5.3 配信）

　　しかし、首相のビデオメッセージを全文書き起こし（1,340字）で掲載した
のは産経新聞のみであった。他登壇者の声として民間憲法臨調代表の櫻井よ
しこ氏の発言を短く報じている新聞社もあったが、これに関しても産経新聞
の場合は櫻井氏の発言要旨（4,000字）だけを別の記事にして配信している。

（８）　「櫻井よしこ氏「今の憲法のままでは日本国民を守ることができな
　　　　い」民間憲法臨調（要旨）」
　　　　〈http://www.sankei.com/politics/news/160503/plt1605030089-n1.html〉
　　　　（2016.5.3 配信）

このように見てくると、産経新聞社の報道姿勢は他紙に比しても独自性が強い。当該記事は首相発言を詳しく広報することに目的があると言ってよかろう。

4.3 相互依存の互恵関係について

ここまで明らかになった複雑かつ密接な関連性を踏まえた上で、新聞記事の直接的な著者である産経新聞、ビデオメッセージの談話主体である安倍首相、ビデオメッセージを依頼し発表の場を設け、新聞社に取材の機会を与えた民間憲法臨調、この3者の関係を考えたい。

民間憲法臨調・安倍首相・産経新聞の関係を一言で言うと「相互依存の互恵関係」である。まず民間憲法臨調は、安倍首相からビデオメッセージを寄せてもらうことでフォーラムそのものや自分たちの改憲の主張を権威づけし、正当化すること成功している。

一方、安倍首相は、フォーラムを通して自らの改憲への意欲を広くアピールすることができた。ここで確認しておきたい点は、そのメッセージは首相という肩書でもって発せられているが、国会などの政治的な場での発言ではなく、あくまで民間団体が開催するフォーラムに向けてのリップサービスのような「ご祝儀的談話」として実践されている点である。しかし民間憲法臨調が開催したフォーラムに現役首相がメッセージを寄せるということは、首相個人としてではなく政府与党としても民間臨調が目指す方向での改憲を少なくとも許容していることを明確に示している。首相はフォーラムという場に自らの主張を代弁させている確信犯である。

とはいえ、たとえ首相がフォーラムで改憲に関する持論を展開したとしても、それはフォーラム参加者にとってのことであって、その影響は限定的である。しかしそこにマスメディアが関わってくるとその影響力は甚大なものとなる。

ではそのような相互依存の代弁関係の中で産経新聞はどのような位置に立っているのであろうか。民間憲法臨調は紙媒体やインターネットで配信された産経新聞の記事を通して自分たちの主張や活動をフォーラムに参加しなかった人たち（産経新聞の当該記事を読んだ人）にも知らしめることができた。産経新聞が代弁したわけある。これは安倍首相にとっても同じことが言える。ビデオメッセージの全文書き起こしを産経新聞が記事にして配信した

ことで、フォーラム参加者よりも多くの人に自分の姿勢やメッセージを伝えることに成功したと言える。

ただそれだけでは産経新聞にとってのメリットはそれほど大きくはない。産経新聞は民間憲法臨調や安倍首相に何を代弁させ何をメリットとして得たのであろうか。産経新聞はすでに「国民の憲法」を発表している。つまり、産経新聞は民間憲法臨調フォーラム開催の事実とそこに寄せられた安倍首相のメッセージを記事タイトルにすることで読者の興味を喚起し、記事を読む者に対しては首相のメッセージを通してさらに改憲への思いを強く伝えることができた。産経新聞は民間憲法臨調と安倍首相との名前で読者を記事に誘導し、記事内で「改憲の必要性」を代弁させ、記事を読ませることによって改憲に向けた世論への働きかけを行ったと言えよう。二重の誘導である。

そして大切なことは、改憲に向けた雰囲気が高まれば高まるほど、民間憲法臨調や安倍首相にとってはより望ましい状況となるということである。つまり関係者は相互に依存しつつ相互に代弁しあうことで相乗効果が期待でき、互いにとって望ましい状況を生み出していくという互恵関係にある。複数の談話実践が有機的に結びつき、社会を望む方向に変えていくのである。

5. 批判的談話研究が明らかにしたこと

以上、産経新聞の記事を取り上げ、イェーガー (2010) や野呂 (2015) で提唱されている分析の観点に沿って「全体的な位置付け」「関連するテーマの分析」、そして「テクストの制度的側面の分析」を行った。そして、改憲推進という共通の意図のもと、記事の著者である産経新聞とビデオメッセージの談話主体である安倍首相と、両者を結びつける機会と場を提供した民間憲法臨調とが、相互に依存しつつ相互に協力し合うという「相互依存の互恵関係」にあること、それによって当該記事が単なる事実報道記事ではなく、世論を改憲へと誘導する談話実践であると考えられること、複数の談話実践が有機的に結びつき、社会を権力側の望む方向に変えていくことを明らかにした。

そのような特徴は新聞記事のテクスト、言い換えれば安倍首相の談話そのものの中にも観察される。その分析を次の 2 章で行う。

付記：本章はその一部に、2016 年 9 月 24 日に東国大学校で開催された「韓
国日本語学会第 34 回国際学術発表大会」での口頭発表内容を含んでいる。
また本章は科学研究費補助金事業(学術研究助成基金助成金)挑戦的萌芽研究
　課題番号：16K13218 代表者：名嶋義直、による研究成果の一部である。

注
1　ここでいう「誘導」とは悪意の有無を条件とはしていない。人の認知システムに
　　働きかけ、ある解釈へと導いていくという意味である。
2　このフォーラム、登壇者、講演内容、関係している団体等については、日本会議
　　HP の「日本会議からのお知らせ」で確認できる。
　　〈https://www.nipponkaigi.org/activity/archives/9428〉(2017.6.13 リンク確認)
3　2017 年版のビデオメッセージについても分析を行う予定であり、テクストは産経
　　新聞社の記事をすでに収集済みである。
4　〈http://www.sankei.com/politics/news/160503/plt1605030088-n1.html〉(2016.8.2 リ
　　ンク確認)
5　以下に上げる団体名・個人名・役職名などは本論文の土台となる名嶋 (2016) の分
　　析過程において 2016 年 8 月前後に確認したものである。
6　「各新聞ごとの媒体特性は？」
　　http://www.turtle-ride2.com/knowhow/04.html〉(2016.8.2 リンク確認)
7　要綱は産経新聞社の Web サイトで見られるが、章ごとに分けられている。ここ
　　では前文の URL を記す。
　　〈http://www.sankei.com/politics/news/141030/plt1410300023-n1.html〉(2016.8.2 リ
　　ンク確認)
8　データベース化ができていないため、量的考察は本章では行わない。
9　朝日新聞デジタル「参院選、新聞購読者の投票率は 86％ 19 紙共同調査」
　　〈http://digital.asahi.com/articles/ASJ8Z5WRPJ8ZUTIL04K.html〉(2016.8.30 配
　　信)、毎日新聞「新聞読者の 86％「参院選で投票」
　　〈http://mainichi.jp/senkyo/articles/20160831/k00/00m/040/146000c〉(2016.8.31 配
　　信)、産経新聞「新聞読者、参院選「投票した」は 86.1％　新聞各社共同調査」
　　〈http://www.sankei.com/politics/news/160831/plt1608310004-n1.html〉(2016.8.31 配
　　信)。
10　自民党 HP「コラム「憲法改正草案」を発表」
　　〈https://www.jimin.jp/activity/colum/116667.html〉(2016.9.15 リンク確認)、この
　　HP では自民党が 2012 年に発表した自民党憲法改正草案もダウンロードできる。
11　安倍首相公式 HP「基本政策」「憲法改正」
　　〈http://www.s-abe.or.jp/policy/consutitution_policy〉(2016.9.15 リンク確認)

44

12 「趣意書および活動方針」
〈http://www.k3.dion.ne.jp/~keporin/minkankenpourintyotowa2.html〉(2016.8.2 リンク確認)

13 「役員一覧(平成 24 年 3 月 31 日現在)」
〈http://www.k3.dion.ne.jp/~keporin/minkankenpourintyotowa3.html〉(2016.8.2 リンク確認)

14 産経新聞「英訳版に反響「軍の位置づけ」に評価　意義ある海外への発信」で以下の記述がある。
元参院法制局長で民間憲法臨調副代表の浅野一郎氏(88)は「新しい憲法で日本が何を目指すのかを世界に理解してもらうのは重要で、『国民の憲法』の発信は良かった」と語った
〈http://www.sankei.com/politics/news/140504/plt1405040007-n1.html〉(2014.5.4 配信)

15 たとえば、「櫻井よしこ氏「今の憲法のままでは日本国民を守ることができない」民間憲法臨調(要旨)」(本章で例文(8)としても取り上げている)
〈http://www.sankei.com/politics/news/160503/plt1605030089-n1.html〉(2016.5.3 配信)、「世界を徘徊する「妖怪」生んだ米国の戦略的過ち　京都大学名誉教授・中西輝政」
〈http://www.sankei.com/column/news/160408/clm1604080006-n1.html〉(2016.4.8 配信)、「国民の大多数が好感する自衛隊が学界では「違憲」このねじれ解消には国民投票で 9 条を問え！　駒沢大学名誉教授・西修」
〈http://www.sankei.com/column/news/170503/clm1705030003-n1.html〉(2017.5.3 配信)

16 「日本会議 HP」
〈http://www.nipponkaigi.org/〉(2016.8.2 リンク確認)

17 「日本会議役員」
〈http://www.nipponkaigi.org/about/yakuin〉(2016.8.2 リンク確認)

18 「国民運動」
〈http://www.nipponkaigi.org/activity〉(2016.8.2 リンク確認)

19 HP のトップページには、「国際テロや大規模自然災害などの脅威の増大により、緊急事態に対応するための憲法改正問題がいま国会で浮上しています。かかる現状を踏まえ、各党及び各国会議員に対しては、まず緊急事態条項新設に関して「戦後初の改憲発議および国民投票実施」の実現を求めます。あわせて本フォーラムにおいて従来、憲法改正の必要性を提唱してきた、前文・天皇・9 条・家族保護・改正条項などの主要改憲テーマについても検討を加え、現行憲法の全面的な見直しの時代への扉を切り開くことを提唱する行事として開催します」とある。
〈http://www.k3.dion.ne.jp/~keporin/〉(2016.8.2 リンク確認)

20 HP では安倍首相の名前は確認できない。中曽根氏と入れ替わった可能性も考え

られる。

21 「第 47 回衆議院選」
〈http://senkyo.mainichi.jp/47shu/meikan.html?mid=A13003001001&st=tk〉（2016.8.2
リンク確認）、「設立 10 周年」
〈http://www.nipponkaigi.org/voice/10years#years1031〉（2016.8.2 リンク確認）、上杉
（2015）にも活動的なメンバーとある（p.19）。

22 たとえば、2013 年 7 月号には「特集　憲法改正へ—天王山の参院選　参議院選挙
の争点に憲法改正問題を！／櫻井よしこ、中谷元、山田宏、江口克彦」とある。
〈http://archive.fo/1oG7o〉（2017.7.3 リンク確認）

23 ただし、本章執筆時点で各団体の HP から確認できる役員名簿を照合したとこ
ろ、美しい日本の憲法をつくる国民の会の役員 46 名中、日本会議の役員は 8 名
だけであった。「美しい日本の憲法をつくる国民の会役員名簿」
〈https://kenpou1000.org/about/member.html〉（2016.8.2 リンク確認）

24 「基本理念」
〈http://www.jaycee.or.jp/junior_chamber/idea〉（2016.8.2 リンク確認）

25 次の URL からダウンロードできる。
〈http://www.jc-constitution.com/wp-content/uploads/2014/02/soan-01.pdf〉（2016.8.2
リンク確認）

26 「iRONNA（いろんな）」
〈http://ironna.jp〉（2016.8.2 リンク確認）

27 「19 歳の宣戦布告」
〈http://ironna.jp/moderator/1281〉（2016.8.2 リンク確認）

参考文献

上杉聰（2015）『日本会議とは何か』、合同出版

菅野完（2016）『日本会議の研究』、扶桑社

ジークフリート・イェーガー（2010）「談話と知—批判的談話分析および装置分析の理
論的、方法論的側面」、ルート・ヴォダック、ミヒャエル・マイヤー（編著）、野
呂香代子（監訳）（2010）『批判的談話分析入門—クリティカル・ディスコース・ア
ナリシスの方法』第 3 章、三元社、pp.51–91.

テウン・A・ヴァン・デイク（2010）「学際的な CDA—多様性を求めて」、ルート・ヴォ
ダック、ミヒャエル・マイヤー（編著）、野呂香代子（監訳）（2010）『批判的談話分
析入門—クリティカル・ディスコース・アナリシスの方法』第 5 章、三元社、
pp.133–165.

名嶋義直（2016）「憲法改正をめぐる新聞記事の批判的談話分析」、『韓国日本語学会第
34 回国際学術発表大会　予稿集』、韓国日本語学会、pp.188–196.

野呂香代子（2014）「批判的談話分析」、渡辺学・山下仁（編）『講座ドイツ言語学　第 3
巻』第 7 章、ひつじ書房、pp.133–160.

野呂香代子(2015)「「環境・エネルギー・原子力・放射線教育」から見えてくるもの」、名嶋義直・神田靖子（編）(2015)『3.11原発事故後の公共メディアの言説を考える』第2章、ひつじ書房、pp.53–100.

Van Leeuwen, Theo (2007) "Legitimation in Discourse and Communication", In *Discourse & Communication*, 1 (1), 91–111. Reprinted in Wodak, Ruth (ed.) (2013) *Critical Discourse Analysis* vol. 1, London: Sage, 327–349.

2章　憲法改正をめぐる安倍首相ビデオメッセージのミクロ分析

1.「生きる力」としての批判的リテラシー

　1章では、憲法改正をめぐる安倍首相ビデオメッセージを取り上げ、談話主体に焦点を当て、テクストの外にも情報を求め、マクロ的な分析を行った。2章では、同じテクストを今度は言語形式や叙述態度などに焦点を当て、ミクロ的な分析を行い、テクストに組み込まれている権力の意図や実践を明らかにしたい。そしてそれだけではなく、その取り組みを大学における教育という文脈の中に位置づけることを試みる。それも専門教育としてではなく教養教育・人間教育という観点で考えてみたい。そのように考えるのは今の社会における大学の役割を踏まえてのことである。

　少子化に伴い、大学に対するニーズも変わりつつある。もはや大学は、一部の大学を除けば、高いレベルの研究を行う機関でも、社会のエリートを育てるための教育機関でもなく、広く人間教育を担う公共性を帯びた場所となったと言えよう。そこに求められるものは、「多様な価値観に寛容で他者と平和に共存する社会」において市民として求められる素養、「主体的、かつ、協働的に共同体に参画する能力」、すなわち「生きる力」の教育である、と私は考える。すでに国家の枠を超えた共同体的社会を目指しているヨーロッパでの取り組みを見てみると、欧州評議会ではそのような「生きる力」を伸ばす取り組みにおいて言語教育が有効に作用すると考えていることがわかる。その言語教育における実践を支えるのが批判的リテラシー教育と異文化間理解教育である。そこで本章では新聞記事を批判的談話研究（Critical Discourse Studies; 以下 CDS）の視点で分析し、どのような批判的な読みが実践できるかを示し、最後に読解教育における CDS の導入や活用の意味を検討したい。

2.　新聞記事を批判的談話研究の姿勢で分析する

2.1　批判的談話研究について

　本研究の枠組みは批判的談話研究 (Critical Discourse Studies; CDS) である。CDS とは、談話研究の一手法や方法論でなく、研究に対する姿勢である。CDS は、社会の問題に目を向け、何かに支配されている弱者側に立ち、支配しようとする人々(権力)の言説をさまざまな観点から分析し、そこに自然を装って隠されている権力の意図と実践を可視化して明るみに出す。それによって支配と向き合う方法を考え、最終的には社会変革のために行動することを目標としている。決して「研究者の自己満足としての批判」で終わるのではなく、研究者自らも社会の問題解決に主体的に関わっていく学問的姿勢である。CDS はことばや視覚情報を批判的に分析することを通して、暗示的なものを顕在化させることができ、批判的リテラシー教育と異文化間理解教育を視野に入れている本研究の目的にも合致する。

　ヴァン・デイク (2010) は CDS について「一定のアプローチ等を指すのではなく、学問を行う上での一つの―批判的な―見解なのである。すなわち、いわば『姿勢を伴った』談話分析だと言える。その焦点は社会問題にあり、特に権力の濫用や支配の再生産および再生産における談話の役割にある」(p.134)と述べている。CDS の姿勢について野呂(2014: 134–139)は以下のようにまとめている。

　　1)研究目的：最終的な目的は分析者が問題視する社会状況の変革。
　　2)学問の客観性・中立性：批判的なまなざしを向ける。
　　3)真理、真実：真理や真実を述べる談話行為は政治的な意味付与の闘
　　　争。
　　4)分析者の立場：中立はあり得ない。立場を明らかにして分析に臨む。
　　5)内容か形式か：両方。言語学的側面も社会学的側面も両方分析する。
　　6)言語外のコンテクスト：幅広い歴史的、社会的コンテクストも分析
　　　する。
　　7)談話に対する考え方：表現し伝えることで社会的な何かを実践して
　　　いる。
　　8)談話と権力：談話は権力の安定と崩壊に関わる「せめぎあいの場」。

権力の再生産の場でもあり、権力との競合や挑戦の場でもある。

9) 多元的研究：学際的な研究手法で、多元的に談話を分析する。

　CDS の枠組みには、弁証法的関係のアプローチ・社会認知学的アプローチ・談話の歴史的アプローチ・デュースブルグ学派のアプローチ等がある。どれかに依拠しなければ CDS が実践できないということではない。分析する言説の特徴や研究者の問題意識等に応じて、取捨選択したり組み合わせたりすることも多い。本章では CDS の枠組みの中でも、着目すべき項目が体系的に整理されていて比較的理解しやすく、かつ応用しやすいと思われる、デュースブルグ学派の提唱するガイドラインを例示する。1 章でも依拠したものである。

　イェーガー (2010: 82–83) は新聞の分析を例に、複数の談話が絡み合った談話の束のようなものを全体的に分析する際の項目や着目点などをまとめている。イェーガー (2010) のガイドラインを用いて分析を行っている野呂 (2015) も参照し、まず全体的に分析する際の項目や着目点などのリストを表 1 として示す。

表 1　全体的に分析する際の項目や着目点などのリスト

	分析項目	具体的な着目点や分析の方向性など
全体 1	新聞の一般的な特徴づけ	政治的な位置づけ、読者層、発売部数など
全体 2	そのテーマに関連する (たとえば) その年度発行全体の概観	取り扱う記事のリスト、書誌学的データ、テーマに関するキーワード、報道テクストの種類に関する特徴、その他の特別情報
		書かれていたテーマをまとめた概要、質的な評価、他の年度では取り扱われていた特定のテーマの欠如の有無、特定のテーマがいつ取り上げられたか、またその頻度
		関連する個別テーマの分類
全体 3	全体 1 と全体 2 のまとめ	それぞれの扱うテーマに関する新聞の談話の位置づけの特定化

　次に、詳細に分析していく際の項目や着目点などのリストを表 2 として掲載する (表 1・2 共に紙幅の都合上、意味の変わらない程度で加筆や省略

がある)。野呂 (2015) も先行研究を踏まえ、表 2 の詳細 1 から詳細 3 に対応する「テクストの制度的側面の分析」、「テクストの構成の分析」、「テクストの言語的・修辞的分析」という 3 つの観点を提唱している。

表 2　個別談話を詳細に分析する際の項目や着目点などのリスト

	分析項目	具体的な着目点や分析の方向性など
詳細 1	制度的な枠組み：コンテクスト	・その記事を選択した根拠 ・著者(新聞社における役職、重要性、専門とする分野など) ・記事が書かれたきっかけ、原因 ・新聞、雑誌のどの欄に記されていたか
詳細 2	テクストの「表面」	・写真、挿絵や図表も含めた、視覚的レイアウト ・大見出し、中見出し、小見出し ・内容単位にしたがった記事の構成 ・取り上げられたテーマ、その他のテーマに触れられているか、重なりが見られるか
詳細 3	言語的、修辞的な手段	・論証、あるいは論証ストラテジーに用いられている形態 ・論理と構成 ・含意、ほのめかし ・集団的シンボルもしくは「比喩性」 ・慣用句、ことわざ、きまり文句 ・語彙と文体 ・登場人物(人物、代名詞の使われかた) ・引用。学問への依拠、情報源の記載など
詳細 4	イデオロギー的な内容の発言	・記事が前提としている、伝えている人間像 ・記事が前提としている、伝えている社会観 ・記事が前提としている、伝えている科学技術観 ・記事が描いている未来像
詳細 5	まとめ	・論拠、記事全体における核となる発言、伝えたい内容、メッセージ

　「テクストの制度的側面」は、「当該テクスト内では言われていないこと」をテクスト外に根拠を求めて分析を積み重ねながら実証していくものである。CDS の基本でもあり、また要でもあると言える大切な作業である。それに対し、「テクストの構成の分析」と「テクストの言語的・修辞的分析」はテクストそのものの分析である。「テクストの構成の分析」は表 2 でいう

「テクストの表面」の分析であり、いわばマクロ的な観点からの考察である。「テクストの言語的・修辞的分析」はテクスト内部の語や表現の分析であり、ミクロ的な観点からの考察であると言えよう。CDS が単なる談話分析ではないのはこれらの 3 つの分析と考察が有機的に結びついている点である。目に見えている談話の分析だけを行うのではなく、談話が生まれてきた背景や現在の状況を踏まえ、談話主体や談話の中に登場する人物や団体についても分析を行い、目に見えているテクストについてもマクロ的特徴とミクロ的特徴とを分析する。そしてそれらを総合的に考察し、テクストに内在しているイデオロギー性を可視化していくのである。

2.2 分析する新聞記事について

改憲をめぐる言説には種々のものがあるが、一般人が容易にアクセスできるものであること、影響力の大きさ、分析資料としての扱いやすさを考慮し、新聞記事を分析することとした。私は 2013 年 2 月より読売新聞・朝日新聞・毎日新聞・産経新聞・東京新聞の Web ページ新着記事欄を 1 日に数回閲覧して憲法に関する記事を継続的に集めている。新着記事欄に限定して収集しているのは、Web ページの最も表層に位置するため、多くの人にとって閲覧時に最初に目にすることが多いページであること、よって読者の認知構造に作用する可能性の高い記事が収集できること、どの新聞社 HP にも新着記事欄に類するページがあり、新聞社間で収集範囲に偏りが生じないこと、等を考慮してである。

分析する記事は産経新聞が 2016 年 5 月 3 日に配信した「【憲法記念日】安倍晋三首相 民間憲法臨調フォーラムにメッセージ（全文）「新しい時代にふさわしい憲法を」」である[1]。これは安倍首相が「二十一世紀の日本と憲法」有識者懇談会(民間憲法臨調)が開催したフォーラムに向けたビデオメッセージを書き起こした新聞記事である。

2016 年 7 月の参議院選挙でいわゆる改憲勢力が総議席数の 3 分の 2 を占め、改憲をめぐる動きが活発化しはじめた。しかし、政府与党は参議院選挙時に改憲を積極的には争点とせず、首相も施政方針演説などで議論を通して改憲の方向が定まるだろうという趣旨の発言を繰り返していた。そこに 1 章の 1 節で言及したように、2017 年 5 月 3 日の安倍首相ビデオメッセージがあり、これまで以上に明確に 9 条の改憲が焦点となった。それを受けて世

論も9条改憲を前提としたものに変化しているように思える。そのような改憲をめぐる言説はメディアを通して発信されている。それを丹念に読み解けば、隠された意図、メディアを通した「誘導」の実態もあきらかになるのではないかと考えた。

CDSとは談話の分析を通して、社会における支配─被支配の力関係を可視化し、それを手掛かりにして社会変革につなげていこうとする学問姿勢である。政治的・社会的なテクストを分析することも多い。政治的・社会的テクストは日本語教育では敬遠されることも多いが、批判的な読みを実践するには格好の素材である。なぜなら、政治的・社会的なテクストは読者を「自発的な合意」へと導く意図を内在させているからである。そこで最も政治的な内容である「改憲」をめぐる記事を分析し、自然を装って組み込まれている「誘導」[2]の意図の可視化を試みることとした。

2.3 テクストのミクロ的分析を行う

上で挙げた新聞記事の分析は部分的ではあるがすでに名嶋(2016)で行われている。名嶋(2016)は、2016年9月24日に東國大学校において開催された韓国日本語学会第34回国際学術発表大会における口頭発表であり、表1の「全体1」「全体2」に該当する分析と表2の「詳細1テクストの制度的側面」という視点から分析を行ったものである。そこでは以下のような結論を述べている。「関係者」とは新聞記事に関わる3者で、具体的には、民間憲法臨調・安倍首相・産経新聞社である。

> 関係者は相互に依存しつつ相互に代弁しあうことで相乗効果が期待でき、互いにとって望ましい状況を生み出していくという互恵関係にある。複数の談話実践が有機的に結びつき、社会を望む方向に変えていくのである。(名嶋2016: 195)

しかし名嶋(2016)はもちろんのこと、それを発展させた本書収録の1章においても、紙幅の都合上、新聞記事のテクスト、言い換えれば安倍首相の談話そのものの分析は行っていない。そこで本章では、表2の「詳細2テクストの表面」と「詳細3言語的・修辞的な手段」に関する分析を中心に行う。本章は名嶋(2016)・本書1章と相補的関係を持つ研究として位置づけ

られる。

3. 分析を通して見えてきたこと

3.1 視覚的レイアウトが伝えるもの

　新聞記事を見て最初に目が行くのは左上に配置されている写真である。紙媒体の新聞とは異なり、Web ページの新聞は横書きで左から右へ、上から下へ読んでいくため、左側上に置かれた写真は見出しの次に目を引く位置である。効果的な位置に配置していると言えよう。

　写真は民間憲法臨調が開催したフォーラムの会場風景を会場の後方から写したもので、撮影場所、おおまかな日時、撮影者氏名の注釈がついている。写真のほぼ上半分に安倍首相が読者側を向いて写っている。写真に添えられた注釈から、フォーラムに寄せられた安倍首相のビデオメッセージを投影しているところを写した写真であることがわかる。動画を投影するために会場の照明は暗くされており、スクリーンに投影された動画が際立っている。写真の上半分において明るいスクリーンの中で安倍首相がこちら側を向いているのと対照的に、会場の参加者は写真の下半分において暗い会場の中で文字通り背景となっていて、新聞記事の中で「たくさん聴衆がいる」というような情報を伝達する意味や機能をほとんど失っている。その結果、この写真は憲法をめぐる記事という文脈の中で、安倍首相の存在を際立たせることに成功している。また写真の中の首相は右手をこちらに差しだして、見ている側に何かを促しているように見える。当然、それは会場の参加者に対してでもあるが、新聞記事を見ている読者に対しても同じような印象を与える。

　なお、この民間憲法臨調主催のフォーラムは憲法記念日に行われていることもあり、安倍首相の後ろには日本の国旗が掲げられていて、それが新聞の写真でも読者に見えるようになっている。

3.2 見出しが伝えるもの

　記事の大見出しは次の形となっている。

　【憲法記念日】安倍晋三首相　民間憲法臨調フォーラムにメッセージ(全文)「新しい時代にふさわしい憲法を」

特徴的なのは「【憲法記念日】」という部分である。この部分は赤で網掛けされ文字は白抜きされており、新聞記事閲覧者の注目を引きつける工夫がなされている。また、「安倍晋三首相　民間憲法臨調フォーラムにメッセージ」という部分は、動詞を使用せず、「安倍晋三首相」「民間憲法臨調フォーラム」「メッセージ」という名詞と格助詞「に」だけで構成されているが、それらの名詞の意味から容易に格助詞「が」と「を」、および動詞「寄せた」を補うことができ、「安倍晋三首相が民間憲法臨調フォーラムにメッセージを寄せた」と解釈することができる。そのような形で「誰が何をどうした」という基本的かつ重要な情報が見出しとなっている。さらにそのメッセージが「全文」であることが示されている。これも読者の興味を引く特徴の1つである。そしてそのメッセージの内容が「新しい時代にふさわしい憲法を」というものであることが示されている。

　言語表現としては「新しい」や「ふさわしい」という肯定的な印象を与える語句を利用して読者によい印象を与えるとともに、現行の憲法が「古い時代のもので今の時代にふさわしくない」という含みを伝えることも可能となっている。また、「新しい時代にふさわしい憲法を」というメッセージの内容をまとめている部分には動詞が存在していない。動詞は文の中心的意味を構築する大きな役割を担っている。その動詞を書かずに内容をまとめるということは、本来であれば明示すべき内容を暗に伝えようという意図を持っている可能性がある。

　この記事の大見出しは、赤い網掛けで視覚的に訴える点、「誰が何をどうした」という基本的かつ重要な情報が提示されている点、全文掲載で詳しく読める点、その内容を端的な表現で示している点、などで読者の興味関心を引く工夫がなされていると言えよう。含みやほのめかしを多用している点も特徴的である。

3.3　内容単位に沿った記事の構成

3.3.1　段落1の分析

　Webページに掲載された記事は、段落始まり1字下げ・「　」で引用・段落間1行空けという形で視覚的な段落構成が施されている。そこでその段落ごとにどういう内容が書かれているかを分析する。

　最初の段落を引用する。この段落は3つの談話から構成されている。そ

れぞれの談話に番号を付す(以下同様)。

　①ご来場のみなさま、こんにちは。自由民主党総裁の安倍晋三です。②本日は第18回公開憲法フォーラムが盛大に開催されましたことに、およろこびを申し上げます。憲法改正の早期実現を求めて、それぞれの立場で精力的にご活躍されているみなさまに心から敬意を表します。③憲法は国の未来、理想の姿を語るものです。21世紀の日本の理想の姿を私たち自身の手で描くという精神こそ、日本の未来を切り開いていくことにつながっていく。私はそう考えています

　①は「ご来場のみなさま」という呼びかけからわかるように、フォーラム参加者に対し自己紹介をしている談話である。「自由民主党総裁」という肩書きを名乗っていることから、このメッセージが安倍晋三という個人ではなく政治家、それも与党第1党の党首としての公の立場から発せられていることがわかる。

　②は参加者に対する社交辞令的談話である。その社交辞令が向けられた参加者は「憲法改正の早期実現を求めて」「それぞれの立場で精力的にご活躍されている」人々である。憲法改正は世論を大きく分ける「論争のあるテーマ」である。しかし首相のメッセージは改憲賛成派に対してのみ発せられている。公の立場ゆえ政治的に公平な立場が求められるにもかかわらず公然と改憲派にのみメッセージを寄せているわけである。さらに問題なのはその談話の中に「およろこびを申し上げます」「ご活躍されている」という謙譲語・尊敬語が使用されていたり、「心から敬意を表します」と述べていたりする点である。これは首相がフォーラム参加者を高めていることに他ならず、改憲派に賛同する立場であることを示している。

　③は憲法や憲法改正に対する首相の考えを述べている談話である。文脈からみて、フォーラム参加者に向けられているものと言える。「未来」「理想」「21世紀」「精神」「私たち自身の手で描く」「未来を切り開いていく」といった前向きで明るく肯定的な語感を読者に想起させる語句が多用されている。副助詞「こそ」も力強さを伝達している。ここで注意したい点は「憲法」については明示的に語っているが、「改憲」という語句は使用されておらず、憲法を変えようとしている意図は暗示的に語っている点である。首相が言う

ように「憲法が国の未来、理想の姿を語るもの」であるなら、「21世紀の日本の理想の姿を私たち自身の手で描く」ということは「憲法を自分たちで作る」ということになる。フォーラムの参加者はもとより、一般の読者も一定数は「現行憲法がGHQの主導でつくられたものである」という知識を持っていると思われるので、その結果、③の談話が「現行憲法を変えること」について述べているのだという解釈に至る。大見出しで含みやほのめかしが多用されていたのと同様、ここにも「改憲への積極的姿勢」が暗示的に伝達されている。

　まとめると、段落1は、自由民主党総裁の安倍晋三という政治家が民間憲法臨調のフォーラム参加者に向けて、自身の改憲に関する思いを主張しているものであると言える。

3.3.2　段落2の分析

　段落2は、下に引用したように、④から⑦の4つの談話から構成されている。これまでの社会情勢の変化と憲法の位置づけとを背景として述べ、次に今の社会の状況を述べ、最後に国民的課題を提示している。

　　④今の憲法が成立して70年近くがたちました。この間、経済や社会など国内外の情勢はものすごいスピードで変化し、世の中は大きく様変わりしましたが、憲法は一度も改正されていません。⑤そのため、どのようなことが生じているか。一例を挙げますと、昨年、平和安全法制をめぐって憲法に関する議論が盛り上がりましたが、今の憲法には『自衛隊』という言葉はありません。⑥昨年6月に朝日新聞が行った調査によれば、憲法学者の7割が『自衛隊は違憲の可能性がある』としていますが、その一方で、自衛隊は創設されてすでに60年余りが経過し、昨年1月の世論調査によれば、国民の9割以上が自衛隊を信頼していることが分かります。⑦こうした中で本当に、自衛隊は違憲かもしれないと思われているままでよいのかということは、国民的な議論に値するものだと思います

　④と⑤が因果関係で結ばれている。④という前提のもとで⑤という帰結が導き出されることを述べている。そしてその帰結を⑥という別の前提と照ら

し合わせて考えると⑦という解決すべき課題が生じる、ということを述べている。段落2はこのような論理的な構成となっている上に、根拠が明示されているため、表面的な読み方をすると「その通りだ」と思う読者も多いであろう。しかしそれぞれの談話を批判的に検討すると、その論理は破綻する。

　④では「世の中は変わったが憲法は変わっていない」ということが述べられ、暗に「今の憲法は古くて時代遅れだ」という含みを伝達しうる表現となっている。改憲議論の背景となるものを述べる談話であり、改憲の言説では常に指摘される内容である。そこでは現行憲法が今の時代に合っていないこと、時代遅れであることが暗示されている。一般的な考え方では「時代遅れは望ましいことではない」と考えられるので、望ましくないことは改善するべきだという論理が活性化され、改憲が必要だという主張を受け入れやすい認知状態となる。

　⑤から⑦は、その時代遅れの具体的な事例を挙げ、改憲をめぐって国民的議論の必要性を主張する談話である。「ものすごいスピードで変化し」とあるが、70年近い時代の幅における変化を「ものすごいスピードで変化」という一言で言い表すのはあまりに抽象化しすぎではないだろうか。

　⑤では「そのため」という語の使用からわかるように、世の中が大きく様変わりし、憲法が一回も改正されていない結果、現実社会のあり方と憲法の内容との間に離齬が生じていることを自衛隊を例に挙げて述べている。「今の憲法には『自衛隊』という言葉はありません」というのは事実である。なぜなら自衛隊は憲法制定後の1954年に組織されたからである。つまり、憲法制定後10年を経ない初期段階ですでにその離齬は生じていたのである。憲法制定後70年近くの間に世の中が大きく変わり今になって自衛隊をめぐる離齬が生じたのではないにもかかわらず、「憲法が成立して70年近く経った。この間、経済や社会など国内外の情勢はものすごいスピードで変化し、世の中は大きく様変わりした。しかし、憲法は一度も改正されていない。そのため自衛隊は憲法に位置づけられていない」と例示することは、その談話を構成する一文一文は偽ではないが、ひとまとまりの談話として構成されたものは論理的には筋が通っておらず、首尾一貫性を欠いている。70年という大きな数字を出すことで現行憲法を非常に古いと思わせる一種の誘導がそこにある。しかし自衛隊が位置づけられてないのは憲法が古くなったからで

はない。自衛隊は 1954 年の組織化当初から憲法に位置づけられていないのである。

⑥では世論調査における結果を提示している。これは⑦の問題提起を導き出す根拠になっている。学者の意見と一般国民の感情との齟齬が存在し、「自衛隊は違憲かもしれないと思われているままでよいのか」という問題を提起しているわけであるが、そこにはいくつもの論理の破綻がある。

まず世論調査であるが、学者に対する調査は、そこで言及している数字などから判断して、2015 年 7 月 11 日に朝日新聞デジタルに配信されたものを指していると思われる。記事のタイトルは「安保法案「違憲」104 人、「合憲」2 人　憲法学者ら」であり、おおまかな記事内容は「憲法学者ら 209 人にアンケートをした。回答した 122 人のうち「憲法違反」と答えた人は 104 人、「憲法違反の可能性がある」は 15 人。「憲法違反にはあたらない」は 2 人だった」とのことである。

首相はこの「学者の 7 割」という部分を 2 つの意味で権威的に利用している。1 つは「学者」という権威であり、もう 1 つは「7 割」という多数を占める数字の持つ権威である。しかし、この 2 つの権威は否定される。まず「学者の権威」についてであるが、このアンケートが実施されていた時期はいわゆる安保法案の審議が行われていたころである。その中で自民党の高村副総裁が、憲法学者が「安保法案は違憲」と断じたことに反論し「学者は 9 条字面に拘泥」と発言したことが新聞で報じられている[3]。自分にとって都合のいい時には学者の権威を利用し、都合の悪い時にはその権威を否定するという政治家の姿勢がよくわかる。

首相は先の世論調査については朝日新聞のものであるとリソースを明示しているが、なぜかもう 1 つの世論調査については調査主体を明示していない。ネット上で検索してみたところ、その時期や内容が非常に近いものが見つかった。内閣府が実施した「自衛隊・防衛問題に関する世論調査」である。その調査は、報告書や調査の概略[4]によると、調査対象は全国 20 歳以上の日本国籍を有する者 3,000 人、有効回収数は 1,680 人（回収率 56.0%）、調査時期は平成 27 年 1 月 8 日〜1 月 18 日（調査員による個別面接聴取）となっている。ここで先の「7 割」という数字の意味も回答者が 122 人であることと併せて考える必要がある。首相が言及しているもう 1 つの世論調査と思われる調査の概要を見ると、有効回収数は 1,680 人であり、学者 122 人

と民間人 1,680 人との間で比較しても民間人数は学者数の 13.7 倍以上であり、母集団の規模が大きく違い比較にならないからである。したがって、「7割」という「数字の権威」も否定される。

　さらにこの内閣府が実施した世論調査に関する首相の発言にはごまかしがある。首相は「国民の 9 割以上が自衛隊を信頼していることが分かります」と述べているが、報告書を見ると設問は「全般的に見てあなたは自衛隊に対して良い印象を持っていますか、それとも悪い印象を持っていますか。この中から 1 つだけお答えください。」となっており、回答は、良い印象を持っている（良い印象を持っている・どちらかといえば良い印象を持っているの小計）が 92.2 ％となっている。「信頼できるか」ということを聞いているのではなく、あくまで「印象の良し悪し」を聞いているのである。回答の割合が 9 割を超えているのは事実であるが、自衛隊に対する印象の良い人がすべて自衛隊を信頼するとは限らないし、印象が悪い人がすべて信頼しないとも限らない。「信頼している人が 9 割いるかかどうか」についてはこの調査は何も語っていない。つまり厳密には嘘を言っていることになる。

　したがって、拠って立つ学者の権威と数字の権威とが否定された時点で⑦の問題提起は説得力を失うのであるが、その談話⑦自体の中にもごまかしがあり、この問題提起は自分にとって都合よく導き出されていると言わざるを得ない。首相は「こうした中で本当に、自衛隊は違憲かもしれないと思われているままでよいのかということは、国民的な議論に値するものだと思います」と述べているが、「自衛隊は違憲かもしれないと思われている」という部分に着目したい。受身文（または自発文）を能動文に直すと「〇〇が自衛隊が違憲かもしれないと思っている」となる。思っている主体「〇〇」は誰であろうか。ここまでの文脈で考えると 2 つの主体が想定できる。1 つは憲法学者である。もう 1 つの想定は国民である。記事にあるように、憲法学者は 7 割が「違憲だ」と断じていることを考えると、違憲「かもしれない」と思っているのは国民であると読むべきであろう。その前提で考えると、まずここに論理のすり替えがあることがわかる。先の内閣府の調査では「自衛隊を違憲と思うかどうか」を聞いてはいない。首相のメッセージの中で違憲判断を述べたと言及されているのは学者だけである。つまり、「自衛隊は違憲かもしれないと思われている」という発言は「122 人の学者の中の 7 割が違憲と述べているので、国民の多くが自衛隊を違憲かもしれないと考えてい

る」という、少なくともこの言説の中では根拠を明示されていない、首相の個人的な想定に過ぎないわけである。

　また、首相が言及していない世論調査の中には首相の主張とは正反対の世論を示しているものがある。首相は談話の中で2015年6月の朝日新聞の世論調査結果に言及しているので、新聞社の違いによる回答者の偏りを避けるため、同じく朝日新聞が2015年5月1日に配信した「憲法世論調査—質問と回答〈3・4月実施〉」[5]を見てみたい。記事によると、「憲法9条については「変えない方がよい」が63％（昨年2月は64％）で、「変える方がよい」の29％（同29％）を大きく上回った」とのことであり、「変える方がよい」と回答した人に理由を尋ねたところ、「国際平和に、より貢献すべきだから」が33％、「今の自衛隊の存在を明記すべきだから」が31％、「日米同盟の強化や東アジア情勢の安定につながるから」が28％で、それぞれ全体に占める割合は9％、9％、8％で合わせても26％でしかない。一方、「変えない方がよい」と答えた63％の人にその理由を尋ねたところ、「戦争を放棄し、戦力を持たないとうたっているから」が53％、「今のままでも自衛隊が活動できるから」が31％、「変えると東アジア情勢が不安定になるから」が12％、それぞれ全体に占める割合は、34％、31％、12％で合わせると77％となる。首相はこの世論調査には言及していないが、その結果からは、国民の8割弱が憲法を変えて自衛隊を位置づける必要はないと考えていることがわかる。「自衛隊は違憲かもしれないと思われているままでよいのかということは、国民的な議論に値するもの」（首相談）とは言えないであろう。首相の個人的な想定を根拠にして導き出される「（その）ままでよいのか」という問題意識も個人的なものである。

　そしてなによりも論理的に説得力を欠くのは、「自衛隊は違憲である」という憲法学者の考えと「自衛隊を信頼している」という国民の感情との間に離齬があるのは問題であるという主張である。離齬があることは認めるが、なぜそれが「国民的な議論」にまで持っていかなければいけないことなのかについて充分な論理的な説明がなされていない、ということである。「自衛隊を信頼していること」と「自衛隊が違憲である」ということとは矛盾しない。またそれが問題になったとしてもそれは国民一人一人の個人的な内心の問題であって皆が一律に疑問視するとは限らない。また譲って「国民が信頼しているものが違憲であることは望ましくない」としても、憲法を変えるの

ではなく、違憲だと考えている憲法学者の考え方を批判するのが本来の議論
ではないだろうか。違憲だと考えているのは憲法学者なのである。もし憲法
学者の主張が絶対的なものなら（そう考えていないことは先に指摘したよう
に安保法制時の議論を見ればわかるが）、憲法を変えるのではなく自衛隊の
位置づけや運用を変えるべきである。比喩的に言えば、審判（憲法学者）から
選手（自衛隊）によるルール（憲法）違反を指摘されたので、その対応として選
手（自衛隊）を指導するのではなく、チームの監督（国会）がゲームのルール
（憲法）自体を選手（自衛隊）に都合のいいように変え、それでいいかどうかに
ついて観客（国民）の判断（国民投票）を求めるということである。比喩の部分
を辿れば、その非論理性がよくわかるが、妥当性を欠く不可解な対応であ
る。

　個人がどのような問題意識を持つかは個人の自由であるが、自民党総裁と
いう公的立場で発言する中でその個人的な問題意識を「（その）ままでよいの
か」という反語表現を使用して「そのままではよくない」という含みを持た
せて発言することは一種の誘導であろう。その問題意識を「国民的な議論に
値するものだと思います」と評価することも個人的評価のレベルに過ぎな
い。

　先に「思われている」という表現が受身であることに触れ、「誰が思うの
か」ということを考えたが、「誰が思われているのか」ということも考えて
みたい。それは「自衛隊を違憲と思わない人、自衛隊を憲法に位置づけたい
人」であり、極端に言えばそれは首相本人でもある。ここで受身形が伝達す
る「迷惑さ」に着目すると、「自衛隊を違憲と思わない人・自衛隊を憲法に
位置づけたい人・首相本人」が「自衛隊が違憲であると思われている」こと
を「迷惑である」と感じていることになる。つまりその迷惑さを解消するた
めに自分たちが議論したいのであるが、それを、「自衛隊が（国民に）違憲と
思われている」という受身文（または自発文）を用いて自分たちの存在を文の
要素から消し去ることにより、国民の問題・国民的な議論の問題として装う
という意図と実践が読み取れる。その「国民的議論」も一義的にはフォーラ
ムの参加者に向けて投げかけられているということを考えると、国民的と言
いながらも「改憲を目指す人たちだけ」で議論が必要だと言っているに等し
い。ということはその投げかけは「改憲して自衛隊を憲法に位置づけよう」
という暗示的メッセージとなる。

それと関連してここでは、そもそも「国民の議論」「国民との議論」「国民による議論」という言い方ではなく、「的」を用いて「国民的」議論という表現で指し示しているものは何かということを指摘しておく。「国民的」というのはどういうことなのか、その「国民」とはどのような集団を指しているのか。これについては段落5を経て段落6で明らかになる。

以上からわかるように、この段落2は、世論調査という客観的と受け止められるデータと多数という数の論理を根拠にして、自衛隊という社会的な組織における個人的な問題意識を提示している。自衛隊の問題を社会の問題から個人の問題へとすり替え、首相個人の問題意識へと誘導し、その問題意識を共有できる閉じた空間の中で改憲の議論を進めようと促していると言える。繰り返すが、これが個人のメッセージならばさまざまな主義主張があってもよい。しかしこの発言は、国会審議という公的な場所での発言ではなく、「民間」団体[6]に対してのビデオメッセージという私的な媒体を通して、自民党総裁(イコール首相)という公的な身分を明らかにして行われた発言である。本章はそれが政治的に偏った発言であり、大きな支配力をもった誘導となることを指摘しているのである。

3.3.3 段落3の分析
段落3では首相の憲法に対する理念、改憲に対する理念が表明されている。

⑧憲法は国民のものであります。⑨新しい時代にふさわしい憲法とはどうあるべきかという観点から、自由闊達(かったつ)に議論できる雰囲気の中で、国民が真剣に考え、しっかりと冷静に議論する環境をつくるべきだと思います。⑩憲法に指一本触れてはならない、議論すらしてはならないなどといった思考停止に陥ってはなりません

ここでも「国民」という集団に言及しているが、この「国民」が本来の意味での国民を指しているならば、首相はこのフォーラムの参加者だけではなく、たとえば、改憲に反対する人々の集いなどにもメッセージを寄せ語りかけるべきであろう。実際に毎年憲法記念日には護憲団体なども集会を開いている。2016年にも開催されていた。しかしそこに自民党総裁からメッセー

ジが寄せられたという報道はなかった。

　読み手に前向きなよい印象を与える語句が多用されているのもこれまでの段落と同じである。「新しい時代」「自由闊達」「議論」「真剣に」「しっかりと」「冷静に」といった語句である。これらの語からは進歩的で柔軟な姿勢が感じられるであろう。しかし少し立ち止まって考えてみれば、「新しい時代」「自由闊達」という語で示されているものの内実は曖昧であるし、「真剣に」「しっかりと」「冷静に」という副詞が表す態度も改憲に限らず議論を行う際には当然の姿勢であって、ことさらにとりたてて言うべきものでもないことがわかる。一方、改憲に反対する人々の言動を指していると思われる叙述には後ろ向きで否定的な語感を伴う語句が使用されている。「憲法に指一本触れてはならない」や「議論すらしてはならない」といった表現からは改憲派の意見を頑なに否定する原理主義的で硬直した姿勢が感じられるであろう。「思考停止に陥ってはなりません」という表現に使われている「思考停止」も「〜に陥る」も共によい状況を表すものではない。改憲側の行動はよい印象を与える語句で描き、改憲に反対する側の行動はよくない印象を与える語句で描くという方法を取り、その対比で読者の印象を操作することが可能となっている。

　以上から段落3では改憲派の姿勢を明示的に肯定し、改憲反対派の姿勢を暗に批判し否定していると言える。自分に関することは肯定的に、自分と相反する相手のことは否定的に叙述するという意図が確認できる。この段落のメッセージは「国民」に向けられているが、実際には改憲反対派に対する暗示的な批判となっている。

3.3.4　段落4の分析
　段落4からは自由民主党という集団の話になる。言い換えれば、個人の理念の話からより政治的な話へと展開していると言える。

　⑪自由民主党は今年で立党61年を迎えますが、立党以来、党是としてずっと憲法改正を主張してまいりました。平成24年には改正の草案をとりまとめ、世の中にお示ししました。⑫今後とも、これまで同様、憲法改正を訴えてまいります

この段落は2つの談話で構成されている。1つは自民党の過去に関する談話、もう1つは自民党の未来に関する談話である。過去の談話⑪では自民党が立党以来党是として憲法改正を主張してきたことを述べている。その例として平成24年に改正草案をとりまとめ世に示したことが挙げられている。つまり自民党が国民に対して「こういう憲法を作ろうと思う」と働きかけてきたということである。1つ前の段落3では「憲法は国民のものであります」と述べていたが、自民党は、結党時から改憲を志向していることから見て、国民の声とは関わらずに、自分たちの論理で改憲を目指していると言えよう。2012年に公表された改正草案も、国民がこういう憲法を作ってほしいと自民党に意見を述べ、自民党がそれに応えて改正の草案を作ったというのではない。逆である[7]。この⑪を読むと、憲法は、表向きは国民のものとなっているが、本質的には自民党のものであり、自民党が自分たちにとって望ましい憲法を作るために国民を教化しようとしているように思われる。

　そのことは世論調査にも表れている。2015年5月3日付の朝日新聞デジタルに「「憲法改正に賛成」衆院議員84％　有権者は33％」という記事が配信された[8]。記事の中に母集団の数が記載されていないが、賛成という回答をした衆議院議員の割合は、同じく賛成という回答をした有権者の割合の2.5倍となっていて、その差はかなり大きい。少なくとも憲法改正が誰にとっての問題なのかをはっきりと示していると言えよう。それを裏づけるかのように、談話では「主張してまいりました」「お示ししました」という謙譲語が使われている。自民党が国民にへりくだっているのであるが、その文体選択は、本来は国民のものである憲法を自民党が自分たちのものにし、その上で国民に権威を振りかざして改憲を働きかけるという支配・被支配関係に反感を抱かれないようにするため丁寧に接しようという心理の表れであろう[9]。未来に関する談話⑫でも「憲法改正を訴えてまいります」とある。国民が政治家に必要性を訴えるのではなく、政治家が国民に訴え、そのことを「訴えてまいります」という謙譲語で叙述している。⑪と同じ特徴を見せている。丁寧にへりくだりながらも国民を教化しようとする姿勢が見て取れる。

　なお、この段落では自民党の過去と未来は言及されているが「今」は叙述されていない。しかしその自民党総裁談話の実践がまさに「今」の自民党の姿勢を表していると言えよう。このように段落4では自民党が過去においても未来においても（そして今も）国民を教化して改憲に向かわせようとして

いることを示しているのである。

3.3.5　段落 5 の分析

　段落 5 は改憲の手続きについて述べているものであるが、そこで特徴的なことは、上で見たように、実質的には政治家のものである憲法や改憲を国民のものであると何度も繰り返し説明している点である。「国民」という語がこの段落の中に 4 回使われている。

　　⑬いうまでもなく、憲法改正は通常の法律とは異なり、衆参各議院で 3分の 2 以上の賛成を得て国会が発議し、最終的には国民投票で過半数の賛成を得る必要があります。⑭そのためには、与党のみならず、多くの党や会派の支持をいただき、そして何より国民の理解を得るための努力が必要不可欠です。⑮憲法のどこを、どのように改正すべきかについては、今後、憲法審査会等において、しっかりと精緻な議論が行われるべきものであり、国会や国民的な議論と理解の深まりの中で最後は国民にご判断いただくべきものであると考えます(了)

　⑬では改憲の手続きのおおまかな説明がなされている。最後に国民投票があることを述べ、国民が決めるということを暗示的に伝えている。⑭は「そのために」という語句からわかるように、改憲の手続きを進めるために何が必要かを述べている。まず挙げられているのが政治の世界での支持である。そのあとで「何より国民の理解を得るための努力が必要不可欠です」と述べている。国民投票で過半数の国民が改憲に賛成するように持っていくには「与党のみならず、多くの党や会派の支持」が必要だと述べているのであるが、そこには政治が主導し国民が説明を受け理解する(受け入れる)という関係性が前提になっていることが見て取れる。その関係性は先の段落 4 で示されていた「政治家が国民を教化する」という姿勢と重なる。繰り返しになるが、憲法が国民のものであれば、国民が改憲の必要性を政治家に説明し理解してもらって政治的な改憲プロセスに入るというのが本来の形である。それとは逆の方向で改憲のプロセスを叙述しているところに政治家と国民との間の支配・被支配関係が垣間見えている。仮に政党や政治家が発言をするにしても、それは国民に対する意識喚起が目的であって、改憲の議論を指導し

たり誘導したりすること自体が目的になればそれは行き過ぎであろう。

⑮では具体的な改憲項目を今後憲法審査会等で議論すると言っている。これは裏返せば、「「差し迫った具体的な改憲の必要性」があるから改憲の話をしている」のではなく、「最初に改憲ありき、改憲自体が目的であり前提となっているから改憲の話をしている」のだということをはっきりと示している。にもかかわらず、「国民的な議論と理解」を経て最後は「国民にご判断いただくべきものである」と繰り返し国民投票について暗示的に言及をしている。そこには本質と言及している内容とにずれがある。またここでも先の段落と同様に「ご判断いただく」という謙譲語が使用されている。

段落5の位置づけは段落4とともに考えるべきである。段落4では自民党が国民に改憲を働きかけてきたしこれからも働きかけていくということが宣言されていた。それを受けた段落5では「国民が最後は決める」ということが繰り返し語られている。つまり、政治家から国民への支配関係が明確なメッセージとして出されているわけである。そしてそのメッセージを受け止めているフォーラム参加者は支配される国民側にいるのか支配する政治側にいるのかというと、改憲のために活動している人々であるので政治側にいる。つまり、この段落5は「ともに改憲をリードして行きましょう」という連帯と協力のメッセージである。

段落2で取り上げた「国民的な議論」という言葉が「国会」という語と「国民」という語と並んで使われているが、「国会や国民的な議論」と「国民の判断」という対立関係で叙述されている点に注意したい。「国民的な議論」はどうやら「国会」と同類のもの、または国会に近いものとして位置づけられており、「国民」側のものではなさそうである。そして次の段落6で「国民的な議論」の担い手が判明する。

3.3.6　段落6の分析

「国民的な議論」が「国会」と同類のもの、または国会に近いものとして位置づけられていることを裏づけるかのように、段落6では改憲を目指す諸団体との協力が宣言されている。

⑯そして、国民的な議論と理解を深めていくためには、美しい日本の憲法をつくる国民の会、民間憲法臨調のこうした取り組みが不可欠であ

り、大変心強く感じております。⑰私自身も本日お集まりのみなさんと
手を携えて、引き続き新しい時代にふさわしい憲法を自らの手で作り上
げる、その精神を広めていくための取り組みに力を尽くしてまいりたい
と存じます。⑱憲法改正に向けて、ともに頑張りましょう

　⑯では今回のフォーラムのような活動を行っている団体である民間憲法臨
調への賛辞が述べられている。「国民的な議論と理解を深めていくためには
美しい日本の憲法をつくる国民の会、民間憲法臨調のこうした取り組みが不
可欠であり」と述べていることからわかるように、これらが「国民的な議
論」の担い手である。すでに見てきたように、このフォーラムの参加者は改
憲を進めたい人たちである。また本書の1章でも指摘したように、この
フォーラムの主催者や登壇者は専門家としての肩書きや活動歴を持っており
一般人とは呼びにくい人々であった。すでに同じ目標を持ち行動しわかり
合っているその人たちが議論し理解を深め合う必要はない。だとすれば、こ
れらの団体は誰と何を議論し相手の理解を深めるのであろうか。それは改憲
を望まない人たち、または改憲について特に賛成でも反対でもない人たちで
構成される「国民」である。つまり「国民的な議論」とは、これら改憲を主
張する団体による、改憲に賛成していない人たちへの「教化」を意味してい
るのではないだろうか。
　⑰では、首相がこれらの改憲を主張する団体と「手を携えて」活動してい
くことが約束されている。「新しい時代にふさわしい憲法を自らの手で作り
上げる、その精神を広めていくための取り組み」を行うとのことである。1
つ前の談話では「議論」と言いながらここでは「その精神を広めていく」と
述べている。「広めていく」というのはまさに「宣伝」であり「教化」であ
る。また「議論」は「実質的な内容」と「論理」で構築される世界である
が、「精神を広める」ことは「論理」よりも「情緒」が重視される世界であ
る。理屈抜きに共感する人が増えれば、その精神が広がるからである。そこ
からは「具体的な根拠でもって改憲の必要性を論じる」のではなく「改憲が
必要であると感覚的に同調させる」ことを意図していると言えよう。
　そしてその取り組みに「力を尽くしてまいりたいと存じます」と謙譲語を
使用して宣言している。へりくだることで敬意を表している相手はフォーラ
ムの参加者である。ここでのへりくだりは、自民党総裁とはいえ、フォーラ

ムの来賓的立場であることをわきまえての文体選択であろう。そして最後に「憲法改正に向けて、ともに頑張りましょう」という発言がなされている。この最後の談話から、これまで述べてきた「議論」や「理解」は「改憲をするべきかしないべきか」というものではなく、「いかに改憲を行うか」というものであることがはっきりとわかる。そしてそこに、「改憲ありき」の前提と、政治主導で話を進め、国民を教化することで、国民自らが納得して自発的に改憲に向かうよう導いていこうとする意図が存在することも確かめられる。

このように段落6はこの言説の中で最も明示的な意図の表明となっているが、「誰に対して」という部分は明示されおらず「国民」という表現であたかも全ての人を含むように見せつつも実際は「改憲を望む人」の論理だけで談話が構成されている点、「美しい日本」「新しい時代」「自らの手で作り上げる」といった「美しいことば」や謙譲語が使用されている点など、これまでの段落と共通する点が見出せる。

4. 記事に介在するイデオロギー

ここまで見てきたようにこの記事においては、今は新しい社会である、そ

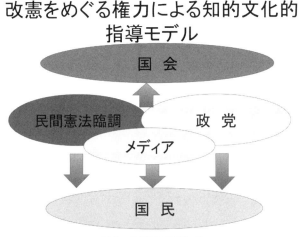

図1　現状のモデル化

れにあった憲法が必要である、だから現行の憲法は社会に合っていない、という評価が前提とされている。国民主権の社会観を前提としているが、実際には政治家が国民を導き、その導きに沿って国民が判断するという政治家や政党優位の支配・被支配関係が前提とされている。それをモデル化したものが図1である。

本章で分析してきた言説によって実践されているのがまさにこのモデルである[10]。その前提のもとで改憲という社会の大きな変化を考えると、この記事から見えてくる未来像がある。それは自民党が主導して作った改憲草案が他の政党・政治家との議論の中で少し修正され、それが国民に提示されるという流れである。自民党や民間憲法臨調などが「～だから改憲が必要だ」「改憲しなければ～という不利益を被る」といった種々の論証ストラテジーや虚偽の命題、美辞麗句のような印象を操作する種々の言語形式（語彙や文法や文体など）を組み込んだ言説を、直接、または間接的にメディアを介して発し、国民に働きかけを続け、国民も無批判にその言説を受け入れていくなら、やがて、国民が自ら納得して改憲を望んでいるという状況が作り上げられていくであろう。

しかし実際に草案を作る段階で国民は主体的な参画ができない。その後の国民投票も投票するのは一人一人の国民であるが、政治への主体的参加から長く遠ざけられている国民にとって、国民投票は主体的に意思表示をする場である一方で、無批判な追認や棄権による消極的な追認を生み出す場ともな

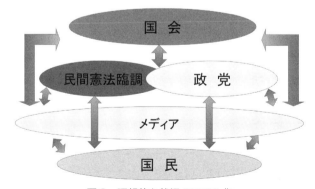

図2　理想的な状況のモデル化

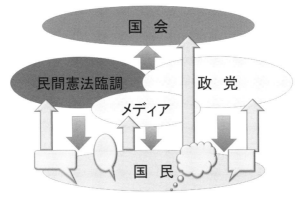

図3　現状を変え理想的な状況に近づくためのモデル

るであろう。国民投票の制度自体にも問題が多いという[11]。つまり、権力の支配を受け入れざるをえない状況に自ら入り込んでいくわけである。

　そのような支配を望ましくないと思うのであれば、別の形を求めるべきであろう。理想的なモデルと考えれば図2になろう。

　しかし実際問題として図2の形をすぐに実現することは非現実的であろう。であれば「わたしたち」はどうすればいいのだろうか。大切なことは国民が政治家を動かし社会を動かしていかなければならないということであり、「国民からの矢印」を機能させなければならない。そのためには権力の言説を批判的に検討するリテラシーと、自らが「抵抗する談話」を構築し実践する民主的な市民性が不可欠である。つまり図3のような形である。

5.　言語教育に何ができるか

　とはいえ、残念ながら昨今を社会状況・政治状況を見る限り、国民においてその批判的リテラシーや民主的な市民性が充分に育っているとは言いにくい。そのような現状の根底にあるのは、これまでの家庭教育・学校教育・社会教育において綿々と再生産されてきた教育姿勢ではないだろうか。論争のあるものを論争のあるものとして扱わず、相対的に力を持っている人が自分の考え方だけを正しいものとして押し付けていくような、健全な批判を許さ

ない非民主的な姿勢である。たとえば、家庭では親が、学校では教員が、社会では先輩や指導者や上席者が、自分の言うことが唯一正しいものであるかのように振る舞い、意見を述べたり反論したり、議論したり調整したりすること、その行為自体が排除されていくことはないだろうか。そこには「主体的、かつ、協働的に共同体に参画し、多様な価値観に寛容で他者と平和に共存する社会」の市民に求められる民主的な市民性が欠如している。

　ではそのような批判的リテラシーと民主的な市民性をどのようにして身につけ伸ばしていくことができるだろうか。教育関係者はその過程にどのようにして関わっていくことができるだろうか。そのヒントが今回の新聞記事の読解にある、というのが私の主張である。しかし、読解の授業で社会的な内容のテクストを読んで議論する活動が行われても、私の個人的経験から言うと、読後の感想を言い合って終わりになることも多く、批判的読解というよりは情緒的読解に留まっていることも多いと思われる。それは、読解授業の目的が、社会の問題を把握しその解決を考えよりよい方向に変えていく能力を伸ばすことにあるのではなく、テクストを意味を理解してなんらかの発話をすることに設定されているからであろう。

　では、そこを超えていくにはどうすればいいだろうか。目標を再設定するだけでは不充分である。なぜなら批判的検討の対象となる対象は自然を装ってすぐにはそれとはわからない形でテクストの中に組み込まれていることが多く、字義的な意味を理解するための読み方では、隠された意図や実践に気づかなかったり知らずしらずのうちにそれらを受け入れてしまったりするおそれもあるからである。つまり意見を考える段階で批判的な思考をするのではなく、テクストを読む段階から批判的な姿勢と批判的な読み方が求められるのである。

　本章では、記事の字義的な意味の理解で終わるのではなく、写真のレイアウト、見出し、記事の中で示される歴史観・憲法観、学者の権威や世論調査結果の恣意的な利用、「国民」のような語で何を指示しているか、談話主体（首相・政党）の位置づけられ方といった言語的特徴を中心に分析を行った結果、ビデオメッセージは民間憲法臨調に対する単なる応援メッセージではなく、マスコミを介して広く広報されることにより、この記事を読んだ市井の人々に働きかけ、考え方を変え、納得させることを通して支配していくイデオロギー性を持っていることを明らかにした。これを語学授業の中で行え

ば、情報を批判的に読み解くリテラシーや社会に対する批判的な理解が深まり、さらにそこから問題意識を高め、ではどうすればいいかという課題設定力とどう解決するかという問題解決力を高めることも可能である。

　そして大切なことは、これは改憲の言説という特定のジャンルや話題に限ったことではないということである。批判的な検討が実践できず、表面的な意味だけを理解する人は、その内容に納得し、合意し、強制されることがなくても、自発的に権力に従属していく。グラムシが言った「知的文化的ヘゲモニー」である[12]。一方で、批判的な読み方を実践すれば、テクストの中に自然を装って組み込まれている権力の意図や誘導を可視化し、それに抵抗することもできる。家庭内であっても、教室内であっても、学校内であっても、対人関係であっても、本質的には同じである。批判的リテラシーを含む民主的な市民性は、「主体的、かつ、協働的に共同体に参画し、多様な価値観に寛容で他者と平和に共存する社会」における市民として求められる「生きる力」である。その能力を伸ばすことは人間教育を担うことであり、それこそが今の大学教育に求められるものである。

　このように、政治的・社会的な内容のテクストをCDSの観点から読む込むことは、言語教育の読解授業でも充分に実践できる活動である。そして、何よりも批判的リテラシーの重要さを体感できるという意味で教育効果が期待できるものである。CDSの姿勢は、言語教育に関わる教員の素養として有意義であると考えられる。

付記：本章はその一部に、2017年5月27日に中國文化大學で開催された「2017中國文化大學日本語文學系國際學術研討會」での口頭発表内容を含んでいる。また本章は科学研究費補助金事業（学術研究助成基金助成金）挑戦的萌芽研究　課題番号：16K13218　代表者：名嶋義直、による研究成果の一部である。

注

1　〈http://www.sankei.com/politics/news/160503/plt1605030088-n1.html〉（2016.8.2　リンク確認）

2　ここでいう「誘導」とは悪意の有無や「いいか悪いか」という評価・価値観を条

件とはしていない。意味しているのは、人の認知システムに働きかけ、ある解釈へと導いていくという意味だけである。

3　毎日新聞「安保関連特別委：防衛相「集団的自衛権は政府解釈の裁量」」〈http://mainichi.jp/select/news/20150605k0000e010186000c.html〉(2015.6.5 配信、リンク切れ)、東京新聞(夕刊)「「学者は 9 条字面に拘泥」高村氏、参考人に反発」〈http://www.tokyo-np.co.jp/article/politics/news/CK2015060502000259.html〉(2015.6.5 配信、リンク切れ)

4　「自衛隊・防衛問題に関する世論調査」の概要〈http://survey.gov-online.go.jp/h26/h26-bouei/gairyaku.pdf〉(2017.2.21 閲覧)、「自衛隊・防衛問題に関する世論調査　＞1　調査の概要」〈http://survey.gov-online.go.jp/h26/h26-bouei/1.html〉(2017.2.21 閲覧)

5　〈http://www.asahi.com/articles/ASH4H4TZJH4HUZPS00L.html〉(リンク切れ)

6　「民間」というのは間違いではないが、民間憲法臨調の関係者がどういう属性を持ち、どういうネットワークの中に存在しているかについては、名嶋 (2016) で論じた。一言で言うと、政治家やメディアや日本会議などの保守団体と相互依存関係にあり、決してその「民間」という言葉を字義どおりに受け取ることはできない。

7　自民党は、首相が 2017 年 5 月 3 日に発せられたビデオメッセージの中で語った「9 条 1・2 項はそのままにして新たに自衛隊に関する項を加える」という意見を受けて改憲案を早急に取りまとめようとしているが、その動きも「国民からの要請」に基づくものではない。
　　朝日新聞デジタル「自民党改憲案「年内めどに絞り込みたい」古屋圭司氏」〈http://digital.asahi.com/articles/ASK5N6RQDK5NUTFK00M.html〉(2017.5.20 配信)。またその草案を国民に示して議論を喚起しようとしているのも本章で分析しているテクストの内容と同じである。⑫で「今後とも、これまで同様、憲法改正を訴えてまいります」と宣言していることを実行しているわけである。さらに興味深いことに、その動きに賛同しているメディアがある。産経新聞である。産経新聞は古屋圭司氏の発言が報じられた数日後に次の社説を配信している。産経新聞「憲法 9 条改正案　まず自民が具体論を主導せよ」〈http://www.yomiuri.co.jp/editorial/20170525-OYT1T50116.html〉(2017.5.26 配信)。名嶋 (2016) は民間憲法臨調と安倍首相と産経新聞が相互に依存する互恵関係にあることを指摘しているが、今回の事例はその主張を裏づけていると言えよう。

8　〈http://digital.asahi.com/articles/ASH514RLGH51UTFK008.html〉(リンク切れ)

9　言説の中における敬語の使用については大橋 (2017) が参考になる。

10　本章で分析した新聞記事は産経新聞社のものであるが、民間憲法臨調・自民党・産経新聞社の相互に依存した互恵関係については名嶋 (2016)、および本書 1 章を参照願いたい。

11　改憲をめぐる読み解く研究者の会 (編) (2016) の pp.95–97 を参照した。

12 「知的道徳的」という訳を当てている文献もあるが、ここでは見田（顧問）、大澤
　　他（編）（2012）に従った。

参考文献

アントニオ・グラムシ（著）、松田博（編訳）（2013）『グラムシ『獄中ノート』著作集Ⅲ
　　知識人とヘゲモニー「知識人論ノート」注解』、明石書店

大橋純（2017）「メディアリテラシーで斬る官の文言とクールジャパン政策」、名嶋義直
　　（編）『メディアのことばを読み解く7つのこころみ』、ひつじ書房、pp.123–140.

改憲をめぐる読み解く研究者の会（編）（2016）『それって本当？　メディアで見聞きす
　　る会見の論理Q＆A』、かもがわ出版

ジークフリート・イェーガー（2010）、「談話と知―批判的談話分析および装置分析の
　　理論的、方法論的側面」、ルート・ヴォダック、ミヒャエル・マイヤー（編著）、
　　野呂香代子（監訳）（2010）『批判的談話分析入門―クリティカル・ディスコース・
　　アナリシスの方法』第3章、三元社、pp.51–91.

菅野完（2016）『日本会議の研究』、扶桑社

テウン・A・ヴァン・デイク（2010）「学際的なCDA―多様性を求めて」、ルート・ヴォ
　　ダック、ミヒャエル・マイヤー（編著）、野呂香代子（監訳）（2010）『批判的談話分
　　析入門―クリティカル・ディスコース・アナリシスの方法』第5章、三元社、
　　pp.133–165.

名嶋義直（2016）「憲法改正をめぐる新聞記事の批判的談話分析」、『韓国日本語学会第
　　34回国際学術発表大会　予稿集』、韓国日本語学会、pp.188–196.

名嶋義直（2017）「批判的リテラシーの育成を視野に入れた批判的談話研究―安倍首相
　　ビデオメッセージの分析を例に―」、『2017中國文化大學日本語文學系國際學術研
　　討會論文集』、中國文化大學、pp.75–83.

日本社会学会社会学事典刊行委員会（編）（2010）『社会学事典』、丸善

野呂香代子（2014）「批判的談話分析」、渡辺学・山下仁（編）『講座ドイツ言語学　第3
　　巻』第7章、ひつじ書房、pp.133–160.

野呂香代子（2015）「「環境・エネルギー・原子力・放射線教育」から見えてくるもの」、
　　名嶋義直・神田靖子（編）『3.11原発事故後の公共メディアの言説を考える』第2
　　章、ひつじ書房、pp.53–100.

見田宗介（顧問）、大澤真幸・吉見俊哉・鷲田清一（編）（2012）『現代社会学事典』、弘文
　　堂

3章　辺野古新基地建設をめぐる社説の批判的談話研究
―日本語教育への展開を視野に

1.　「読む」という情報受容行動に求められる批判的リテラシー

　2章では、ビデオメッセージを書き起こした新聞記事を素材とし、言語形式や叙述態度などに着目してミクロ面からの分析を行ったが、その枠組みは他のジャンルのテクストや異なる内容のテクストにも有効に機能するのだろうか。そこで本章では同じ新聞記事でも社説の分析を試みる。また、それだけではなく、CDS が日本語教育にどのような貢献が可能かについても考察を行う。

　近年「コミュニケーションのための教育」が重要視されている。外国人に対する日本語教育でも日本人に対する英語教育などの言語教育でも、発話したり文章を書いたりするアウトプットを伴うという意味で「産出系」と呼ばれる会話や文章作成・文章表現能力が重要視されている。プレゼンテーションなどの行為は、資料をパソコンなどで作りそれを使いながら話すという点で、会話と文章作成・文章表現とが融合している。一方、読解や聴解といった情報受容系の活動では、理解した後で意見を述べたり討論したりする活動をコミュニケーション行動として捉えていて、受容活動そのものを積極的にコミュニケーション行動だとは捉えていない場合も少なくないと思われる。

　しかし、受容系の活動の遂行も他者を志向した双方向のコミュニケーション行動であることに変わりはない。なぜならば、言語教育の目標の 1 つが、学ぶ人が市民として社会に参加する能力を身につけられるようにするという点にある以上[1]、ただ情報を受容するだけではなく、その先に他者との対話や調整というものを目標として設定することが必要だからである。では、どうすればそのような受容系コミュニケーション能力を高めることができるのだろうか。本章では、語用論や談話分析研究が明らかにしてきた知見を活用し、談話研究から日本語教育への貢献という目的のもと、具体的な談話分析

を実践することを通して、その研究手法の日本語教育への応用可能性を考える。

2. 何をどのような姿勢で分析するか

2.1 批判的談話研究について

　多くの日本語学習者にとって日本語学習の目的は日本語を使って社会と関わることであろう。一方、社会はその本質上、種々の問題を内包しているので、社会と主体的に関わるためには、情報を読み解き、考え、行動することが求められる。そこで有益な姿勢や視点の1つが批判的談話研究 (Critical Discourse Studies; CDS) の視点である[2]。CDS は、社会の問題に目を向け、弱者側に立ち、権力の意図と実践を明るみに出し、それと向き合う方法を考え、最終的には社会変革のために行動することを目標としているからである。ヴァン・デイク (2010) は CDS について「一定のアプローチ等を指すのではなく、学問を行う上での1つの―批判的な―見解なのである。すなわち、いわば『姿勢を伴った』談話分析だと言える。その焦点は社会問題にあり、特に権力の濫用や支配の再生産および再生産における談話の役割にある」(p.134) と述べている。その「姿勢」について、野呂 (2014: 134–139) は以下のようにまとめている。

　　1) 研究目的：最終的な目的は分析者が問題視するのは社会状況の変革。
　　2) 学問の客観性・中立性：批判的なまなざしを向ける。
　　3) 真理、真実：真理や真実を述べる談話行為は政治的な意味付与の闘争。
　　4) 分析者の立場：中立はあり得ない。立場を明らかにして分析に臨む。
　　5) 内容か形式か：両方。言語学的側面も社会学的側面も両方分析する。
　　6) 言語外のコンテクスト：幅広い歴史的、社会的コンテクストも分析する。
　　7) 談話に対する考え方：表現し伝えることで社会的な何かを実践している。
　　8) 談話と権力：談話は権力の安定と崩壊に関わる「せめぎあいの場」。権力の再生産の場でもあり、権力との競合や挑戦の場でもある。

9）多元的研究：学際的な研究手法で、多元的に談話を分析する。

　CDS の枠組みには、弁証法的関係のアプローチ・社会認知学的アプローチ・談話の歴史的アプローチ・デュースブルグ学派のアプローチ等があり、特定の枠組みをよく使用する研究者もいる。本章は日本語教育への応用可能性を検討することが目的の１つでもある。そこで CDS の初学者にも比較的理解しやすいと思われる、ジークフリート・イェーガー（デュースブルグ学派）の提唱するガイドラインを、野呂（2015）も参考にした上で用いて実践を行う。ジークフリート・イェーガーのガイドラインは新聞の分析を例に記述されており、次に述べるように、新聞の社説の分析を試みる本研究にとって最もふさわしく、利用しやすい枠組みであると言えよう。

2.2　分析するメディアとデータについて

　先に述べたように、本章で分析の対象とするのは新聞の社説である。なぜ新聞を分析するのか、新聞はもはや時代遅れのメディアではないか、という意見もあろう。しかし、2014 年 3 月に発表された日本新聞協会「2013 年全国メディア接触・評価調査」によると、全国の 15 〜 79 歳の男女 3,801 人からの回答を集計したところ、新聞を読んでいる人は 83.6％で、新聞・テレビ・ラジオ・雑誌・インターネットの各メディアの利用状況や評価を尋ねた設問では、新聞について「社会に対する影響力がある」（45.4％）、「知的である」（42.9％）、「自分の視野を広げてくれる」（35.8％）などの回答が各メディア中で最も高かったという[3]。社会の諸問題に目を向け、最終的に社会状況の変革を目標におく CDS にとって、新聞というメディアを分析することは、少なくとも現時点では理に適っており、かつ、意義があると言えよう。

　そうとはいえ、新聞記事の中でも社説はあまり読まれていない印象があるかもしれない。公益財団法人新聞通信調査会のメディア世論調査によると、社説を読まない人の割合は 24.2％で、他の記事に比べると確かに多い。しかし「たまに読む」という回答も含めると「読む」人の割合は 71.2％となり、決して小さい数字ではない[4]。他の種類の記事に比べ社説はじっくり読むものであり、そこには新聞社の姿勢がはっきり現れるため、読者への、ひいては社会への影響力が大きい記事である[5]。分析する価値は充分にあると言えよう。そこで発行部数第 1 位と言われる読売新聞の社説を分析するこ

ととした。

　その影響力を意識して、社説では意見を主張するためにさまざまな言語的な工夫がこらされる。その点から言えば、権力の意図や実践を分析するCDSにとっては格好の素材であると言える。日本語学習という言語教育面においても意義を見出せる。中級以上のレベルで日本語を学ぶ人であれば、日本語の読解授業や日本事情授業の中で、リライトされたものも含め、教材として社説やそれに類するものに接する機会があるであろう。そのような授業が想定されるということは、教員にも社説を批判的に読む一定のレディネスが要求されるということである。社説をただ読むだけではなく、CDSの姿勢で読むとどういうことが見えてくるのかを体験することは日本語教育関係者にとっても貴重な学びの機会となるであろう。

3.　マクロ的視点での分析

3.1　全体的な分析のためのガイドライン

　イェーガー(2010: 82–83)は新聞の分析を例に、さまざまな談話が絡み合った談話の束のようなものを全体的に分析する際の項目や着目点などをまとめている。それらを紙幅の都合で一部加筆省略してまとめると表1になる。

　まず、記事リストを作り、それに沿って記事を収集する。次に記事から見

表1　全体的に分析する際の項目や着目点などのリスト

	分析項目	具体的な着目点や分析の方向性など
全体1	新聞の一般的な特徴づけ	政治的な位置づけ、読者層、発売部数など
全体2	そのテーマに関連する(たとえば)その年度発行全体の概観	取り扱う記事のリスト、書誌学的データ、テーマに関するキーワード、報道テクストの種類に関する特徴、その他の特別情報
		書かれていたテーマをまとめた概要、質的な評価、他の年度では取り扱われていた特定のテーマの欠如の有無、特定のテーマがいつ取り上げられたか、またその頻度
		関連する個別テーマの分類
全体3	全体1と全体2のまとめ	それぞれの扱うテーマに関する新聞の談話の位置づけの特定化

出しやキーワードを取り出して整理したり、記事の中に現れる主題とその他の話題を確認したりする。同時に、取り上げられていない話題にどのようなものがあるかについても把握する。社説かインタビューかといった記事のタイプも分析する。これらの作業を行うことで、先入観に惑わされない客観的な位置づけが可能になる。新聞社の位置づけ、その新聞社が配信する記事の位置づけをきちんと行うことができれば、それは具体的な記事分析の際の前提や文脈となり、より効果的な批判的読みに寄与する。

　比較という行為は批判的な分析に有益である。そこで本章ではイェーガーのリストに基づく分析に加え、他新聞記事との共時的な比較対照を行うこととした。比較対象には朝日新聞を選んだ。その理由は、発行部数第 2 位という点から読売新聞と類似性が見出せること、一方で、一般的に言われるように、政府寄りと言われる読売新聞とリベラルと言われる朝日新聞とでは、社是や報道姿勢など方向性が大きくことなることから、相違性も見出しやすく、比較対照という分析が有効に機能し、読売新聞の位置づけがより精密に行えると思われたからである。

　全体的な分析からわかったことは以下の通りである。

3.2　ガイドラインの全体 1 と全体 2 に沿った分析

　読売新聞の一般的な特徴づけにあたっては YOMIURI ONLIE「読売新聞へようこそ」のページ〈http://info.yomiuri.co.jp/company/〉で確認した（2015.4.7 リンク確認）。発行部数は 2015 年 2 月現在で 9,112,450 部であり、これは朝日新聞の 6,793,975 部を超えて第 1 位であった。読者層も多種多様であろう。政治的な位置づけは書かれていなかったが、一般的に考えれば、多種多様な読者の支持を得るためには中庸で保守的な報道姿勢にならざるを得ないと思われる。したがって、読売新聞の政治姿勢は保守的であると考えられる。

　記事の傾向を見るために、読売新聞と朝日新聞の新着記事サイトを閲覧し、2015 年 1 月 1 日から 4 月 1 日までの間に配信された沖縄関連の記事を収集した[6]。読売新聞の記事は 31 本、朝日新聞の記事は 69 本で、朝日新聞の方が 2 倍以上多く配信されていた。厳密に言うと、読売新聞の新着記事欄には社説も配信されるが、朝日新聞の新着記事欄には社説は配信されないため、実際は朝日新聞の記事の方がさらに多数になる。一般に、新聞社は社

80

会において重要であると判断したり読者の興味を引くと考えたりした内容を記事にする。したがって、記事の数が新聞における記事の重要性の一面を示している。読売新聞（およびその読者）は、朝日新聞の場合と比べて、沖縄に関する出来事を、相対的に重要視していない可能性がある。その相対的に重要視されていない記事の中で、どのような主題が取り上げられているのだろうか。それを見れば読売新聞が重要視している沖縄というものの姿が浮かび上がるはずである。それをまとめると表2のようになった。

　読売新聞の記事はトピックの数が朝日新聞より少ない。また、抗議行動や

表2　沖縄関係の記事に見られる主題の種類と数・割合

主題	実数／割合（%）		記事の概要の補足
	読売新聞	朝日新聞	
辺野古移設	14/45.2%	21/30.4%	政治的な交渉や談話など。
辺野古抗議行動	4/12.9%	11/15.9%	辺野古で行われたもの。読売新聞は、逮捕・撤去など全て否定的に扱う記事。朝日新聞は参加者の声も報道。
辺野古工事	2/6.5%	11/15.9%	工事の進捗状況のみを報じているもの。
知事会談	1/3.2%	3/4.3%	
外務省人事	1/3.2%	1/1.4%	
予算減額	1/3.2%	1/1.4%	
米軍	1/3.2%	6/8.7%	
企業進出	1/3.2%	2/2.9%	
与那国島住民投票	2/6.5%	4/5.8%	自衛隊誘致に関する住民投票。
沖縄戦	2/6.5%	2/2.9%	
外交（過去）	2/6.5%	2/2.9%	
辺野古反対運動	0/0%	3/4.3%	東京など辺野古以外で行われたもの。
選挙	0/0%	1/1.4%	
イベント	0/0%	1/1.4%	2 地元紙のライバルカメラマンが共催した写真展。
合計	31/100.1%	69/99.6%	小数点第2位四捨五入のため100%にならない。

反対行動に関する記事と工事の進捗状況についての記事が朝日新聞より少ない。辺野古をめぐって今行われていることを多面的にリアルタイムに報じる姿勢が弱いと言える。記事の取捨選択は新聞社の裁量である。読売新聞が、工事の中断・再開や抗議・反対行動が行われている事実を相対的にあまり報じないということは、その報道姿勢を実践することで、辺野古を政治的にも地理的にも読者にとって遠い世界の問題に留め、「いま、ここ」で問題となっていることとして読者に想起させないよう意図しているということではないだろうか。

　また、その少数ながらも配信されている抗議行動や反対運動に関する記事は、政府や警察等の権力側が談話の主体になっている記事が多かった。そこから、権力側の主張や行動に対し、少なくとも批判的ではない姿勢が伺える。このことは他のトピックからも裏づけられる。たとえば、読売新聞は原発再稼働推進や集団的自衛権行使容認や特定秘密保護法の必要性を記事を通して主張しているが、その姿勢は政府のそれと合致する。以上から辺野古基地新設問題についても政府と同様に推進の姿勢であると推察できる。

　最後に、数は少ないが読売新聞には辺野古の問題と「中国」・「武装集団」・「離島占拠」という個別のテーマとを絡めた記事があったことを付記しておく。同じように、朝日新聞には、「教科書検定」・「集団的自衛権」と沖縄とを関連させた記事が少数ではあるが確認された。辺野古・沖縄の報道は、「わたしたち」の生活を脅かすもの・自由を脅かすものと結びつけられやすく、ややもすれば焦点がすり変わってしまう一種の危うさを有しているのかもしれない。断言はできないが、沖縄の問題をどういうトピックと関連させるかについては両紙で違いがありそうに思われた。詳しくは今後の課題としたい。

　では、そのような基本姿勢を持つと位置づけられた読売新聞社の社説では、どのような意図がどのような形で表現され、どのような談話行動が実践されているのであろうか。ここまでで得られた位置づけをコンテクストとした上で、社説の詳細な分析を行いたい。

4. ミクロ的視点での分析の枠組み

4.1 詳細な分析のためのガイドライン

　イェーガー（2010: 83-84）は、ある談話を詳細に分析していく際の項目や着目点などをリストにしている。それらを野呂（2015）も参照してまとめると表3のようになる（一部紙幅の都合により加筆や省略あり）。詳細1は記事の背景となる文脈を分析し、詳細2はテクストのテーマやレイアウトを分析する。詳細3は言語形式中心の分析であり、詳細4では記事の中にどのようなイデオロギーが組み込まれているかを分析する。

表3　個別談話を詳細に分析する際の項目や着目点などのリスト

	分析項目	具体的な着目点や分析の方向性など
詳細1	制度的な枠組み：コンテクスト	・その記事を選択した根拠 ・著者（新聞社における役職、重要性、専門とする分野など） ・記事が書かれたきっかけ、原因 ・新聞、雑誌のどの欄に記されていたか
詳細2	テクストの「表面」	・写真、挿絵や図表も含めた、視覚的レイアウト ・大見出し、中見出し、小見出し ・内容単位にしたがった記事の構成 ・取り上げられたテーマ、その他のテーマに触れられているか、重なりが見られるか
詳細3	言語的、修辞的な手段	・論証、あるいは論証ストラテジーに用いられている形態 ・集団的シンボルもしくは「比喩性」 ・慣用句、ことわざ、きまり文句 ・語彙と文体 ・登場人物（人物、代名詞の使われかた） ・引用。学問への依拠、情報源の記載など
詳細4	イデオロギー的な内容の発言	・記事が前提としている、伝えている人間像 ・記事が前提としている、伝えている社会観 ・記事が前提としている、伝えている科学技術観 ・記事が描いている未来像
詳細5	その他、特徴的なことがら	
詳細6	まとめ	・論拠、記事全体における核となる発言、伝えたい内容、メッセージ

4.2 分析する社説について

2015 年 4 月 2 日 に 配 信 さ れ た 社 説 を 分 析 す る 。参 照 し た の は 、 YOMIURI ONLINE〈http://www.yomiuri.co.jp/editorial/20150401-OYT1T 50174.html〉(2015.4.2 配信) である。対象として取り上げたのは権力の意図を分析するにあたり、非常に時宜を得ていたからである。Web サイト上ではリンクが切れているため、下に引用する。行頭の番号は分析の利便性のために引用者が加えたものである。以後、テクストの個別部分に言及する際にこの番号を用いることがある。

辺野古移設作業　建設的立場で接点を模索せよ

① 沖縄県知事が、米軍普天間飛行場の移設作業を停止させようとするのは無理筋ではないか。移設を前提に、政府と県は、接点を探るべきだ。

② 名護市辺野古における防衛省の移設作業の停止を翁長雄志知事が指示した問題で、林農相が指示の執行停止を決定した。

③ 作業停止で工事が遅れれば、飛行場周辺住民や日米関係に「重大な損害」が生じるとする防衛省の主張を認めた。妥当な判断だ。

④ 農相は今後、防衛省の行政不服審査請求に基づき、知事指示を無効とするかどうかを審査する。客観的な立場で吟味してほしい。

⑤ 県は、防衛省が海底に投入したコンクリート製ブロックを「許可区域外に設置された」と問題視し、作業停止指示の根拠とした。

⑥ だが、防衛省は「事前確認で県が許可は不要とした」と説明する。実際、那覇空港の拡張工事など複数事業での同様のブロック設置で県は許可を求めていない。「他の事業との公平性に欠ける」との防衛省の主張はもっともだ。

⑦ 県はブロック設置で「サンゴが破壊された」と言う。防衛省は「県規則の規制対象となる『サンゴ礁』にまで成長したサンゴは損傷していない」との立場だ。

⑧ 防衛省は、サンゴ礁を破壊しないよう、慎重に場所を選び、ブロックを設置したとも説明する。その主張は理解できる。

⑨ 翁長知事は、県の岩礁破砕許可の取り消しを検討していたが、農相の執行停止決定により、先送りを余儀なくされた。

⑩ 別の理由を探して、あくまで許可取り消しを目指す道もあろう。だが、

84

　いたずらに政府との対立を激化させることが、果たして多くの県民の利益
　になるのか。
⑪　普天間飛行場の辺野古移設は、米軍の抑止力を維持しながら、周辺住民
　の負担を大幅に軽減する最も現実的な選択肢だ。移設の遅れは、飛行場の
　危険性や騒音被害の長期化に直結する。
⑫　米軍は先月 31 日、51 ヘクタールの西普天間住宅地区を日本側に返還し
　た。一昨年の日米合意に基づく初の大規模返還だ。政府は、国際医療拠点
　を整備し、「基地跡地利用のモデルケース」にしたい考えだ。
⑬　こうした基地返還と沖縄振興を進めるためにも、合意の前提である辺野
　古移設の実現が重要だ。
⑭　菅官房長官は 4 日に沖縄を訪問し、翁長知事と会談する方向で調整し
　ている。政府は、県側と建設的な対話を重ね、移設実現への関係者の理解
　と協力を広げる努力を続けることが欠かせない。

5.　ミクロ的視点での分析を通して見えてきたこと

5.1　ガイドラインの詳細 1 に沿った分析

　個別の言語的要素を分析する前に、まず先行文脈を確認し、関係者の相互
関係や位置づけを押さえる。文脈を把握しなければ、登場人物や種々の事象
を適切に位置づけることができないからであり、それができなければ適切な
テクストの解釈も不可能になるからである。
　翁長知事が名護市辺野古における防衛省の移設作業の停止を指示したのは
3 月 23 日であり、3 月 30 日には林農相が指示の執行停止を決定した。この
間に、翁長知事は菅官房長官との会談の意向を示し、菅官房長官も「国会の
見通しがついたら」と応えて調整が始まっていた。3 月 28 日には県の停止
指示を無効とする方針が報じられ、30 日の農相発表となった。表向きには
双方から対立する内容のコメントが出されたが、しかし会談の調整は続いて
おり、その後、4 月 1 日には、菅官房長官が 4 日に沖縄入りし 5 日に翁長知
事と会談することが発表された。本章が分析する社説はその県知事と官房長
官との会談が決まった翌日に配信されたものである。それは見方を変えれ
ば、会談が行われる直前に配信されたものであるとも言える。
　当然のことながら、当事者の双方はこの会談を何らかの手掛かりにして辺

野古の問題を少しでも前に進めたいと考えているはずである。そしてすでに
3.2節で見てきたように、読売新聞の沖縄・辺野古をめぐる報道は、政府の
姿勢と重なるところが多いと推察することができた。そこから、この社説に
は会談を通して事態を動かそうとする政府の意図が反映されている（もしく
は代弁されている）のではないかと考えることができる。そして、その記事
が発行部数第1位の新聞社の社説であるということを考えると、世論形成
に一定の影響を及ぼすことは確実である。つまり、その社説を通して、メ
ディアが市民をどのような方向にコントロールしようとしているのかという
ことも分析できると思われる。そのような読み方を実践するにはCDSとい
う姿勢こそがふさわしい。

5.2　ガイドラインの詳細2に沿った分析

5.2.1　談話構造と論理構造について

　分析するテクストが、Web上において、紙面イメージではなくテキスト
データの形で収集した資料であるという特性上、レイアウトの分析と考察は
割愛し、全体的な談話構造、論理構造を中心に把握する。

　まず、内容単位にしたがった記事の構成を見てみると、この社説は大きく
2つに分けられることがわかる。前半部が「主張―背景―主張―根拠」、後
半部が「背景―問題提起―解答（根拠）―結論―提言」という構成になってい
る。

　段落の番号で言うと、前半部は①から⑧までである。まず最初に①で主張
が提示されている。続く②と③はその主張を導き出す背景となる既成事実を
示している。④は再び主張の提示であり、①の主張を補足していると考えら
れる。⑤から⑧まではそこまで述べてきた主張の根拠である。沖縄県側の意
見⑤は政府側の意見⑥で否定され、別の沖縄県側の意見⑦は別の政府側の意
見⑧で否定され却下される。その展開により、社説の主張①と④がより強固
なものとなる。

　後半部は⑨から⑭までである。⑨では既成事実が示され、⑩ではそれを背
景として想定される沖縄県の対応の1つが提示され、それに対して、その
ような行動をとった場合、果たして利益になるのかという問題提起がなされ
る。その提起した問題に自ら解答を提示しているのが⑪と⑫である。⑪で
は、基地移設を遅らせれば利益にならないばかりか、むしろ不利益が長期化

するということが述べられ、続く⑫では、基地返還というものの持つ大きな利益の可能性が提示される。デメリットとメリット双方が提示され、それらが根拠となって⑬ではメリットを追求するためには辺野古移設の実現が重要だという結論が述べられる。そして、最後の⑭では知事と官房長官の会談の話が取り上げられ、政府にとるべき姿勢と行動を主張し、提言として提示している。この⑭は①後半で示されている主張と内容的に符合している。以上をまとめると表4になる。

表4　談話構造と論理構造、および中心的なテーマ・話題

段落	談話構造	論理構造	前半／後半	中心的テーマ・話題
①	主張	⑭の主張と符合する。	前半部	米軍普天間基地飛行場の移設問題（①③のみ該当）
②	既成事実	①の主張の根拠となる背景事象		
③		①の主張の根拠となる背景事象		
④	主張	①の言い換えや補足		辺野古におけるブロック投下にかかる作業停止指示とその指示の執行停止決定
⑤	根拠	⑥で否定される。		
⑥		⑤を否定する。		
⑦		第1文が第2文で否定される。⑧でも否定される。		
⑧		⑦の第1文を否定する。		
⑨	既成事実	⑩を導く根拠となる背景事象	後半部	米軍普天間基地飛行場の移設問題と沖縄振興
⑩	問題提起	⑨から導き出される疑問点		
⑪	問題への解答	不利益の可能性提示、⑬で提示される結論の根拠		
⑫		利益の可能性提示、⑬で提示される結論の根拠		
⑬	結論	⑪⑫の解答を全体としての結論にまとめたもの		
⑭	主張	①の主張と符合する。最終的には提言となる。		

　再度全体の連鎖や構成を見ると、①から⑧までの前半部と⑨から⑭までの後半部は、連鎖順序は異なるものの、どちらも「背景―主張―根拠」という論理構造を有していることがわかる。それゆえ本テクストは一定の論理性や

整合性を保つことに成功している。ただし前半部においては、⑤から⑧までが主張の根拠であることが明示的に読み取れるが、後半部においては、表向きは自らが設定した問題への解答になっている⑪・⑫が実質的には結論・主張への根拠となっていて、そのために前半部に比べると論理構造がやや見えにくくなっている。また、後述するが、前半部と後半部では中心となる話題が異なる点にも注意が必要である。

5.2.2 中心的なテーマ・話題について

　この前半部と後半部という大きな2つの構成を1つの談話という観点から考えると、どのようなことが言えるだろうか。もう一度そこで述べられていることを確認すると、前半部で沖縄県の姿勢は否定され、後半部で2つの選択肢が示され、沖縄県の採っている選択肢が否定され、政府の採ろうとする選択肢の方がメリットがあるものとして肯定され、結論としてその選択肢が最終案として提示されている。よって最後の提言内容は、政府に対しては今の方針と姿勢で進めよという助言であり、沖縄県に対しては考えを改め妥協せよという勧告に等しい。つまりこの談話は、政府の意図を代弁していると考えることができる。そしてそれを知事と官房長官との会談直前に配信しているということは、知事に対しては会談で妥協せよというメッセージとなり、会談に興味を示し社説を読む読者・世論に対してはその考えを拡散していることになる[7]。さらに言うならば、官房長官に対してはその方針や姿勢に対する賛同を示すものであり、一種の応援メッセージともなると言えよう。

　では、その多様なメッセージ性が何を語ることで実践されているのかを把握するため、取り上げられているテーマや話題について見てみると、「辺野古、ブロックによるサンゴ礁破壊」という、知事による作業停止指示に至った直接的なテーマに加え、「日米関係、米軍の抑止力、普天間基地飛行場の危険性や騒音、負担軽減、沖縄振興」という関連テーマが取り出せた。

　関連テーマは、①から⑧までの前半部分では、冒頭の主張①とその根拠を示す③に、⑨から⑭までの後半部分では、デメリット・メリットとそこからの結論を述べる⑪・⑫・⑬に繰り返し現れる。一方、具体的な事象として⑤で提示された「辺野古、ブロックによるサンゴ礁破壊」は前半部の直接的な主題であるが、提示された後に続く⑥・⑦・⑧で否定され、⑨以降の後半部

ではもはや言及されることはなく、日米関係や沖縄振興という関連テーマに焦点が移っていく。普天間の話から入って辺野古の話に進み、それを否定して普天間の話に戻り、メリット・デメリットを示して選択を迫り、最終的に日米関係を論じている。注7で少し触れているが、日米関係は政府にとって重要なものであり、そこでは辺野古基地建設と普天間基地移設はセットで語られてきた。また沖縄振興は、歴史的に見ても、戦後の米国植民地支配による負の影響や現在まで続いている基地負担の代償という性格を帯びており、沖縄に基地を留めておく方策として利用されてきた側面がある。それらを踏まえると、本社説は読売新聞独自の主張というよりも政府の立場や意図や姿勢を代弁していると言ってよい。

　先に、本テクストにおいて一定のレベルで整合性が保たれていると書いたが、実は、ガイドラインの「詳細3」で分析する項目に挙げられている「言語的、修辞的な手段」を丹念に見ていくと、その論理性や整合性が破綻していることが明らかになる。次の5.3節ではそれを示していく。表3にあるように、分析項目が多岐にわたるので、個別の項目ごとに論じるのではなく、テクストの構造を踏まえ、社説を前半部と後半部に分け、それらの中の段落ごとに多面的な分析例を提示していきたい。

5.3　ガイドラインの詳細3に沿った分析
5.3.1　前半部①～⑧の分析

　①では「沖縄県知事」や「県」という指名(名付け)が行われ、知事の個人名は出てこない。その県に対する相手は「政府」(国)である。両者には一種の上下関係がある。なぜなら一般的に我々は「国の下に地方自治体がある」という知識を持っているからである。したがって、両者にこのような指名を与えることで沖縄県を国の格下に位置づける試みが実践されていると言うことができる。

　そして、その格下の県が行おうとしていることを社説は「無理筋ではないか」と否定的に叙述している。ここでは「～ではないか」という反語表現が使われており「無理だ」と言っているに等しい。「接点を探るべきだ」の「べきだ」という表現は述べられている内容が一般に当為性を持つものであることを示す。つまりその主張は、単に一人の社説執筆者の主張ではなく、そこで言及されている行動が広く一般に受け入れられ推奨されるものだと

言っている。「移設を前提に」という部分は、先行文で移設作業停止が否定されているため、移設を受け入れるしかないと言っていることになる[8]。その移設は強者である国の意向である。それを前提として話をしていくべきだということは強者の論理であり、国にとって都合の良い方向に話を進めることである。

　以上を総合的に考えると、格上の国が格下の県の無理を諫めつつ「接点を探るべきだ」と言うということは「無理なのだから諦めて国の言うことを聞きなさい」と言っているのだと解釈することができる。それは国が沖縄県を支配しようとしている意図の現れであろう。ここからもこの社説の主張は国の意図や主張の代弁であると言える。

　②では翁長雄志知事・林農相（当時）という個人名と役職が示されるが、知事と大臣という関係は、①で設定された国と地方自治体との関係を背景にしているので、ここでも上下関係を有していることになり、「国／地方、大臣／知事」という二重の上下関係性を読み手に受け取らせることができる。そして、知事は姓名のフルネームで言及され、大臣は名字だけで言及されている。このような指名の対称性・非対称性は、否定する側を明示的に示すことで弱さを際立たせ、一方でその否定行動をとる主体を曖昧に示し埋没させることで個人としての当事者性を弱め、その対峙性を緩和する効果をもつ。

　③では、「工事が遅れれば」という条件節を用いることで仮定条件を提示し、その条件の下で飛行場周辺住民や日米関係に「重大な損害」が生じると述べている。飛行場周辺住民のことを第一に考えているように見えるが、日米関係[9]という話題はまぎれもなく国家の問題である。つまり、住民に寄り添う姿勢を見せつつも国家のことも考えて意見を述べているわけである。また、沖縄県側から言えば、「工事が続けば」という仮定条件を設定し、「工事が続けば『重大な損害』が生じる」という想定も成り立つが、そのような事態は仮定されず主張もされない。国家の論理・強者の論理だけで話が展開していることがわかる。

　同じように④では、相対的な強者である林農相が相対的な弱者である翁長知事の指示を「無効とするかどうか」を審査するとある。社説執筆者はそれを「客観的な立場で吟味してほしい」と要望している。しかし、利害関係者でもある強者が弱者を吟味すること自体すでに「客観的な立場」を逸脱していると言えるであろうし、本当に客観的に吟味するなら、「無効かどうか」

という吟味の方向はすでに偏向していて中立的ではない。もちろん「有効かどうか」という方向で吟味したり叙述したりしても中立的ではないという点では同じことであるが、「無効」という方向、沖縄県にとって不利益になり国にとって利益になる方向で傾きを帯びていることは、この社説の叙述姿勢が、沖縄県や翁長知事を抑え込みたいと考えている国と同じ方向を志向していることを示している。

　⑤で示した県の主張に反論する⑥では、那覇空港拡張工事など他の事業が例に出され、県の主張が公平性に欠けると批判する。しかし、辺野古と那覇空港沖とでは、そもそも建設されるものの持つ公共的意味合いが大きく異なり、同じ観点で比較することは合理性を欠くと言えるし、地理が異なれば環境も生態系も大きく異なるのは自明の理であり、貴重な生態系の破壊が懸念される辺野古でだけ許可を求めることはなにも不公平ではなく充分ありうることである。客観的に考えれば、個々の特性を無視して一律な行動を求める方が「無理筋」であろう。無理を通そうとするのは往々にして力を持つ側であるが、ここでもそのような構図となっている。

　社説執筆者による直接引用を見ると、⑦では県が「サンゴが破壊された」と主張している。そこで言及されているサンゴには言語的な修飾表現による限定が何もついていない。一方、それに対する防衛省の抗弁は「県規則の規制対象となる『サンゴ礁』にまでに成長したサンゴは損傷していない」である。そこには「県規則の規制対象となる『サンゴ礁』にまでに成長した」という修飾表現による限定がついており、その限定から外れるサンゴやサンゴ礁が損傷した可能性を排除できない叙述となっている。「礁」という語を使っているか否かでもその違いがわかる。県は「サンゴが国によって破壊された」という趣旨の申し立てをしているが、国は「サンゴ礁」の話をしている。「礁」の状態になっていないサンゴについては何も答えていないわけで、そこには県の申し立てに対し焦点をずらして回答していることが見て取れる。もちろん、損傷させたと明示的には述べていないが、させた可能性も排除していない。そこには巧妙な焦点のすり替えがあるということである。沖縄県がサンゴ全般について問いただしているのに対し、防衛省は一部のサンゴ（一定の大きさになって礁の状態になったもの）についてのみ返答し、他のサンゴについては言及を避けるという態度をとっているからである。そしてそれは意図的な言語形式の選択によって実践されているのである。

また県の言う「破壊」という語を防衛省は「損傷」と言い換えている。読者が両方の語から受け取るイメージを考えれば、どちらがダメージの大きい状態を表すか明らかであり、よりダメージの小さいことを感じさせる方の「損傷」を意図的に選択していることを考えると、防衛省の言い換えは事態を低く見積もり矮小化していると言えよう。常識的に考えて、責任回避の意図があると思われる[10]。不誠実な態度であると思われても致し方ないであろう。

　⑧では防衛省の主張が提示される。しかしここにも非対称性が見られる。⑦では「サンゴが破壊された」という県の主張とそれに対する国の反論(それも意図的に矮小化した反論)が示されただけで、どちらの主張に対しても賛否や評価が示されなかったのに対し、⑧では社説執筆者が「その主張は理解できる」という賛同を示す。沖縄県側には賛否を表明せず防衛省側には賛同を示すということは、明らかに執筆者が、公平性や中立性を欠き、一方的に防衛省側に立っていることを意味する。それが論理的な判断の結果であれば問題はないが、その賛同が何を根拠としているのかは一切述べられていない[11]。ただ「理解できる」と言っているだけである。それは全く主観的な判断である。卑近な表現で言えば、好き嫌いだけで片方の肩を持っているようなものである。さらにその理解は「する」ではなく「できる」という可能表現(または一種の自発表現)で述べられる。それは「自然とそうなる」や「そういう判断を下すにふさわしい条件を有している」「そう理解することが私には可能である」という描き方であり、防衛省の主張が全く正当性や妥当性を帯びているかのように思わせることに効果を上げている。

5.3.2　後半部⑨〜⑭の分析

　同じような着目点で後半部を見ていきたい。⑨では、知事が個人名で指名されるが、対する政府側は農相という職名のみであり個の明示性が弱く、非対称性が強くなっている。言及されている話題は、知事が考えていた許可取り消しが、農相の執行停止決定により「先送りを余儀なくされた」であり、知事の失点・国の得点と言えるものである。それを指名における個の明示性と併せると、否定的な叙述をする側を明示し、首尾よくことが運んだ側を曖昧にしていることになり、それによって知事の否定的位置づけを強めつつ、強めている主体とその意図を巧妙に背景化することに成功している。「先送

り」や「余儀なくされた」という否定的な意味の表現は、意に反した展開に陥った沖縄県が追い詰められている状況を描き出すのに寄与している。

　⑩では、最初の文で県のとりうる選択肢に一定の肯定的評価が示される。しかし、それは見せかけで、本当の意図はその選択肢を蔑むことであると思われる。そのように考える根拠を以下に挙げる。まず「別の理由を探して」という表現を見てみる。そこではブロックによるサンゴ破壊のような具体的な理由は叙述されずに「別の」という不定表現が選択されている。それによって、本来であれば理由にならないことを根拠にするかのようなニュアンスを持たせることに成功している。「何でもいいから別の理由を無理やり探してきた」という否定的な語感である。その実践を補強するのが「探して」である。れっきとした理由が存在しているのであれば探す必要はない。県の行動をわざわざ「探して」と叙述することで、自らの行動を正当化するために理由になりそうなものをどこかから無理矢理持ってくるというなりふり構わない、または必死になっているような行動をイメージさせることに成功している。「あくまで」という副詞も必要以上に固執している態度をイメージさせるであろう。そこから県や知事に否定的な印象を付与することが期待できる。

　さらにその表面的評価は後続の「だが」で明示的に否定される。その文にも「いたずらに」・「対立」・「激化させる」などといった否定的な意味を想起させる語が多用され、県や知事のイメージ低下を引き起こしている。実はこの⑩では県や知事が動作主体として明示的には言及されていない。しかし、「政府との対立を激化させる」という表現において、県に相対する政府が格助詞「と」を伴って共格的な修飾要素として使用され、かつ、「激化させる」という使役表現が使用されていることで、動作主体が県や知事であることが容易に理解される。

　「対立する」という動詞は「～と～とが対立する」という構文でも「～が～と対立をする」という構文でも使用可能である。「政府と対立を」という表現は、政府が「と格」という斜格でマークされているため、「県が」や「知事が」主格となり主体的に対立していることになる。それに加えて使役形の持つ「意図性」が、県や知事が望ましくない状態に自らの意思で進んでいるのだという解釈を読者に導き出させることを可能にする。

　その直後で社説は「果たして多くの県民の利益になるのか」と主張する。

「〜のか」という反語は「いや、〜ではない」という主張を含意する。そして共に使われている「果たして」はその否定する命題への疑念を先触し反語表現の効果を強化している。「果たして〜のか」は、形の上では暗示的であっても、実質的には県や知事に対する明示的な否定である。

　「県民」と書かずに「多くの県民」と修飾表現を伴っている点にも着目したい。わざわざ「多くの」と言うことは、そこで使用されている反語表現から「多くの県民にとって不利益である」と言っていることになる。「政治というものは広く公衆の利益を追求するものであって、一部の集団に利益を与えるものではない」という社会通念と照らし合わせると、そこで非明示的に指名され叙述されている県や知事の政治姿勢を、県民の民意に沿っていないものとして社説は大きく批判していると言える。この時点でその「利益」が何を指すのかははっきりしていないが、それは次で示される。

　⑪でまず着目したいのは話題の切り替えである。ここまでは辺野古の問題を述べていたのが、ここからは普天間基地飛行場の話に巧妙にすり替えられている。そのすり替えは「普天間飛行場の辺野古移設」という「の」を用いた語の包摂関係表現の選択によって実践されている。単なる辺野古移設ではなく「普天間飛行場の」辺野古移設と表現することで、ここまで論じられてきた辺野古移設の話は以後「普天間飛行場との関連においての話」に限定されることになる。そのため辺野古の話は本質的に普天間飛行場の話となる。

　⑪の最初の文は複文で「ながら節」を伴っている。この「ながら」は語の包摂と同じような形で主節に限定を課している。主節で描かれている「周辺住民の負担を大幅に軽減する」という行為やそのための方策は、あくまで「米軍の抑止力を維持」できることが条件であって、負担が軽減できるのなら何でもよいということではない。そこには巧妙に限定が仕掛けられており、代替案なき負担軽減は最初から意図されていないことがわかる。そして米軍の抑止力を維持することは、まず何よりも日米政府の意図であり、その根底にある論理は政府や国家の論理であって、恒常的にその負担を引き受けさせられている沖縄県民の論理ではないことも明らかである[12]。そこから社説が国家の主張をなぞっていることが確かめられよう。辺野古移設が「最も現実的な選択肢だ」と断定的に述べられるが、他の選択肢を挙げて検討しているわけではない。上で述べた条件を外せば選択肢は他にもあろう。しかし、ここではその条件を大前提として話が展開する。それは強者の論理を強

制的に押しつけているに等しい[13]。⑪の最後の文では、普天間周辺での負担や危険の増加という移設の遅れによるデメリットが挙げられるが、それは普天間に視点を置いた論理であり、辺野古に視点を置けば辺野古周辺で新たな負担や危険が増えることになる。ここからも話がいつのまにか辺野古から普天間にすり替えられていることが確かめられる。

⑫では他基地の例を挙げて移設後に予定されている返還がいかに潜在的な可能性を持つものであるかが述べられる。3月31日に返還された西普天間住宅地区は51ヘクタールあり大規模な返還であったと説明されている。具体的な面積が示されているのでそのまま納得してしまうが注意が必要である。東京新聞の報道によると、日本の面積の0.6％にすぎない沖縄県に日本における米軍基地の約74％が集中しており[14]、この51ヘクタールの西普天間住宅地区の、日本における米軍基地の面積に占める割合は0.17％に過ぎないという。また仮に2013年の日米合意に基づいて約束されている基地が全て返還されても沖縄県には日本全体の73％の基地が依然として集中し、面積での負担率は1ポイント低下するだけだという[15]。社説執筆者はこのような相対的な位置づけには一切言及せず、絶対的な面積を数値で示すことで表面的には説得力を高めているが、それが逆に真実を見えにくくさせている。返還跡地には国際医療拠点が整備される計画であると書かれているが、その文の主格は「政府」であって「沖縄県」ではない。先述のように、⑫で述べられているのは辺野古に基地を作った場合に沖縄県が得るメリットであった。しかし実際に述べられているのは「政府が何をするか」である。政府のすることが県にとってメリットがないとは言わないが、少なくともこの部分においては、あくまで国の視点から返還後の見取り図が描かれていることは事実である。それを次の⑬にあるように「沖縄振興」と呼ぶのは一種のまやかしではないだろうか[16]。

この⑪と⑫を受ける⑬では、「こうした基地返還と沖縄振興を進めるためにも」辺野古への移設が重要だと述べられている。「進めるため」とあるが、⑪・⑫で見たように、負担軽減も実質的には負担の移動や分散であったし、沖縄振興と言いながらも国家振興という側面があったことを考えると、それらを進めることが沖縄県にとって望ましいかどうかについては疑問が残る。しかし⑬では、「それらを進めること」という部分が「ために節」の内部に取り込まれており、構文上の意味では、進めることが既定の目標となっ

ている。ここにも既定路線を押し付ける強者の論理の強制が見てとれる。

　最後の⑭は2つの文からなっているが、両方の文の主格が菅官房長官であり政府である。そこで述べられている内容は政府の視点でもって語られているということである。そのため最後の文は、政府がなすべきことを述べており、社説執筆者から政府への提言という形になっている。だが、果たしてそう理解してよいだろうか。社説が政府に求めるのは「県との建設的な対話」であり「移設実現への関係者への理解と協力とを広げる努力」である。しかし、ここまでも見てきたように、また文中でも明確に述べられているように、政府は辺野古への移設を前提にしており、それを変えるつもりはない。だとすれば、その前提下での「理解と協力」とは何であろうか。それは沖縄県や翁長知事がその主張を曲げて国に対して従うことである。社説が言う「県との建設的な対話」とは、国にとって建設的であるということであり、それは県を諦めさせ従わせることに他ならない。国への理解、国への協力、国にとって建設的、ということである。ここからも本社説の談話的実践は国の姿勢や談話的実践と軌を一にしていることが見て取れる。

5.4　ガイドラインの詳細4について

　イェーガーのガイドライン詳細4は「イデオロギー的な内容の発言」について分析をするものである。そこでまず、社説の中に登場した人物や集団がどのように叙述されていたかを見てみる。沖縄県知事である翁長氏は、その政策次第では多くの県民に長期間の不利益を与えかねない人物として描かれているが、一方で、国に対して都合がいいという意味での建設的な対話を行いうる人物としても位置づけられていた。それに対し、政府側の人物として登場した林農相や菅官房長官は、知事の政策を吟味する立場であったり知事と会談したりする人物として描かれ、沖縄県に働きかけ理解と協力を広げることを目指す人物として位置づけられていた。防衛省は翁長知事と相対する立場で描かれ、その言動が社説執筆者から賛同を受けていた。沖縄県民は動作主体としては描かれておらず、県や国の政策の結果次第で利益を受けたり不利益を被ったりする対象として「脱主体性」的な位置づけを与えられていた。以上から、辺野古の問題が、憲法が定める主権者である国民の問題ではなく、「国民と切り離され、抽象化された政治」の問題として捉えられており、そこに政治優位といったイデオロギー性[17]を見ることができる。

また、政治のカテゴリーに入る集団には序列性が観察された。政策を考える際の前提として米軍の抑止力維持が何よりも優先されていたことからわかるように、まずアメリカが最も上位にある。次に、沖縄県の論理よりも国家の論理が繰り返し主張されていたことからわかるように、国家が二番目に立ち、最後に沖縄県が来る。この序列性も一種のイデオロギー性を反映していると言えよう。

　最後にその日本という国家の主権者である国民に関してである。沖縄県は日本の一部であり、沖縄県の問題は日本の問題である。しかし、社説の中には沖縄県民以外の国民は登場しない。これは辺野古の問題が日本全体の問題ではなく沖縄県だけに限定した問題として捉えられていることを意味する。そこには国家や国民をその内部で区別し分断するというイデオロギー性を帯びた姿勢と実践が見える。それはいわゆる沖縄戦とその後の米軍占領時代を経て現在まで綿々と再生産されてきた「国の負担を沖縄県に引き受けさせる」という歴史的にも長期にわたる支配統治のイデオロギーの現れかもしれない。

　この限定と分断という実践は、歴史的に見てもさまざまな環境問題・社会問題、最近で言えば原発問題などでも実践されているものであり、権力の支配の方法としてよく知られているにもかかわらず、未だ有効に作用するものであることがよくわかる。イェーガーの枠組みに従うと、この後の詳細4の段階では、テクストにどのような未来像が見えるかを考察するが、紙幅の都合上、その考察を次のセクションにおいて詳細6と併せて行い、それでもって本章のまとめとする。

6. 批判的談話研究がつなげる未来

　本社説を通して立ち上がってくる未来像は、米軍基地を沖縄県の中で動かして、それによって生じる見せかけの負担軽減とまやかしの振興策を提示し、それでもって恒常的に基地を沖縄県に留めるというものであると考えられ、これまでの政策と何ら変わらないものであった。いかに建設的な対話をしようと、いかに理解と協力を広げようと、そのためにいかに努力や取り組みを重ねようと、その前提が国家の論理に基づくものである以上、強者による弱者の支配と統治という構図は変わらない。そこからより良い未来は見出

しにくい。

　しかし、「わたしたち」はCDSによる分析の結果見出された今を未来につなげることができる。「わたしたち」は読売新聞の社説をCDSの姿勢で読み、多方面にヒントや切り口を求め、批判的な思考を駆使することで、字義的意味を把握しただけでは見えてこない強者の姿勢や意図や実践やイデオロギーを明らかにすることができた。その成果は次の行動に反映されていく。読み手は自分に何ができるかを考え、他者と議論したり意見を当該新聞や他新聞、SNS等に投稿したりして、より能動的に未来を希求することができるようになる。批判的な読みを通して知ったこと・考えたことを身近な政治家、たとえば市会議員や県会議員などに話をして相談や依頼をすることもできる。批判的な読みは社会に向き合う出発点となる。批判的な読みは次の段階として他者との対話や議論を媒介する。他者との対話や議論の結果、自分自身や相手になんらかの変化が生まれる可能性がある。考え方が変わればまた社会との向き合い方も変わる。つまり批判的な読みの実践は、「いま、ここで、わたしが」、社会そのものに参画することに他ならない。それは主体的に生きるということである。

　このようにCDSは、社会的なリテラシーの育成に貢献でき、社会参加への足がかりとなり、実際の社会参加を可能とするという大きな力を持っている。アカデミックな日本語教育はもちろんのこと、生活者の日本語教育にも不可欠であろうし、学校教育においても有益なアプローチとなろう。

付記：本章は、科学研究費補助金事業(学術研究助成基金助成金)挑戦的萌芽研究　課題番号：25580084 代表者：名嶋義直、による研究成果の一部として、『東北大学文学研究科研究年報』第65号(2015年3月刊行)に掲載した論文に加筆修正を加えたものである。

注
1　「言語教育の目標が、学習者が市民として社会に参加する能力の育成にある」という考え方については、EUの複言語主義や民主的シティズンシップ教育の影響を受けている。詳しくは名嶋・野呂・三輪(2015)を参照願いたい。
2　他には批判的な文化間比較などがある。これについても、名嶋・野呂・三輪

98

（2015）を参照願いたい。

3　朝日新聞社広告局ウェブサイト
〈http://adv.asahi.com/modules/kikimimi/index.php/content0171.html〉（2015.4.7 閲覧）、YOMIURI ONLINE にも「新聞『必要』88％、『信頼できる』は 77％」という記事が配信されている。
〈http://www.yomiuri.co.jp/national/20151010-OYT1T50080.html〉（2015.10.10 配信）

4　公益財団法人新聞通信調査会 HP、「メディア世論調査」〈「第 8 回 2015 年メディアに関する全国世論調査結果」の p.33 に詳しいデータがある。
〈http://www.chosakai.gr.jp/notification/pdf/report9.pdf〉（2017.8.13 リンク確認）

5　産経新聞では時々大手新聞の社説を比較する記事を配信している。これも社説の影響力の大きさを裏付けていると言えよう。

6　新着記事欄から記事を収集したのは収集するフィールドに共通性を持たせるためである。紙の新聞とは異なり、Web 上の新聞は複雑な階層構造を持っており、クリックを繰り返して到達した深い階層のところに記事があることもある。読者がどこまで階層をたどるかは読者次第である。しかし、上位階層にある新着記事欄は誰でも目にする階層である。それは新聞社が異なっても言えることである。そこで、どちらの新聞でもアクセスの機会が多い新着記事欄をフィールドとした。また記事の本数を問題にし記事の長さを検討材料としなかったのは、新着記事欄を閲覧する読者にとって、記事の本数の多さはクリックしなくても全体を眺めれば感覚的に把握できるが、記事の長さは実際に記事をクリックしてみないとわからない。新着記事欄を見ても沖縄関係の記事をすべてクリックするわけではないと思われるので、本数を指標とする方が相対的にみて合理的であると考えたためである。

7　本章の主張は、翁長知事と菅官房長官の会談が双方の主張を述べて平行線を辿ったこと、その後の 4 月 8 日に、中谷防衛相・菅官房長官・安倍首相がカーター米国防長官と会談して政府の方針を再度伝え、米側もそれを了承したという報道からも裏付けられる。YOMIURI ONLINE
〈http://www.yomiuri.co.jp/politics/20150408-OYT1T50127.html〉（2015.4.8 配信）、朝日新聞 DIGITAL
〈http://digital.asahi.com/articles/ASH483C9ZH48UTFK003.html〉（2015.4.8 配信）。日米政府が再確認したのは辺野古への基地建設であり、社説の主張と同じである。その前後の新聞報道を踏まえれば、菅官房長官は翁長知事との会談で調整をするつもりはなく、ただ自分の主張を再度述べることに目的を置いていたのではないかと考えられる。そこで明確に主張しておけば、後日米高官に対して「確固たる決意」を説明することができるからである。

8　県や知事は辺野古での基地建設を「新設」と捉え、国やこの社説は「移設」と叙述している。そこにも物事をどう捉え名付けるかという実践があり、双方がそれによって人々の受け取り方をコントロールしているとみなすことができる。筆者

3章　辺野古新基地建設をめぐる社説の批判的談話研究　99

　　も「新設」と捉えることを支持するが、本章では社説の言語形式に言及する必要
　　上「移設」という語を用いて論じていく。
9　より狭義にはおそらく日米同盟を指すものと思われる。
10　後日、防衛省が独自に行った調査結果が発表された。読売新聞によると「94か所
　　でサンゴの損傷を確認したが、[中略] 小さいものばかりで、最大でも幅45セン
　　チ、全体の94％は幅20センチ以下」で「影響はない」とのことである。ここで
　　も「損傷」という語が選択されている。また、サンゴの小ささを証明するため具
　　体的な数値が示されているが、比較対照する基準に言及していないため本当に小
　　さいのかどうか判断できず、一種のまやかしとなっている。YOMIURI ONLINE
　　「辺野古ブロック、サンゴに影響なし…防衛局見解」
　　〈http://www.yomiuri.co.jp/politics/20150409-OYT1T50094.html〉（2015.4.10 配
　　信）、朝日新聞 DIGITAL「辺野古沖、サンゴ損傷94群体　沖縄防衛局が報告」
　　〈http://digital.asahi.com/articles/ASH495JYXH49TPOB004.html〉（2015.4.9 配信）
11　私は社説を書く記者や新聞社が公平中立でなければならないとは考えていない。
　　ただし、どちらかの立場をとるのであれば、その立場を明示的にはっきりと宣言
　　すべきである。何よりも問題なのは、新聞は中立であると一般の人が考えている
　　ことを知っていて、公平中立であるかのように振る舞いながら、巧妙に自分の立
　　ち位置をわかりにくく装い、無批判に読んでる読者を一定の方向に誘導しようと
　　するような言説である。それを指摘するのが CDS の仕事である。
12　辺野古の米軍基地キャンプシュワブのフェンスに「日米は合意しても沖縄は合意
　　していない」という黄色に赤字の横断幕が掲げられているのを私は見たことがあ
　　る。本章が指摘することと沖縄の人々の感覚とがずれていないことの1つの証左
　　となろう。
13　沖縄の地元新聞「沖縄タイムス」の緊急世論調査によると、翁長知事の姿勢を評
　　価する人の割合が83％、政府の姿勢に反対する人の割合が80.3％、辺野古の基地
　　新設に反対する人の割合が76.1％となっている。政府が最も現実的と言っている
　　選択肢を大多数が否定しており、沖縄県民は「米軍の抑止力維持」を第一の条件
　　とは考えていないようである。むしろ逆で、県民の利益は辺野古への基地建設を
　　止めることであると読める。ここからも本社説の主張や論理が沖縄県側に立った
　　ものではなく、国家の側に立ったものであることが裏づけられる。沖縄タイムス
　　　プラス「辺野古「知事支持」83％　新基地反対76％　本紙緊急世論調査」
　　〈http://www.okinawatimes.co.jp/article.php?id=110601〉（2015.4.7 配信）
14　沖縄県 HP、知事公室基地対策課「沖縄から伝えたい。米軍基地の話。Q & A
　　Book」第2章 Q4 を見ると、最近では「70.6％」と称しているようである。
　　〈http://www.pref.okinawa.jp/site/chijiko/kichitai/tyosa/qanda.html〉（2017.8.17 リン
　　ク確認）。北部訓練場の過半など一部の基地が返還されたためであろう。しかし
　　その北部訓練場の一部返還も、その返還と引き換えに高江という集落のすぐ近く
　　にヘリ・パッド（訓練用のヘリ発着帯）を集中させたこともあって住民の負担軽減

になったかどうかは疑わしい。また 2016 年 12 月には、民家から 800m しか離れていない名護市の海岸にオスプレイが墜落（政府や幾つかの新聞は不時着や着水と叙述している）して大破したこともあり、その後も沖縄県内ではオスプレイや軍用機の不時着事件が複数回発生している。基地面積の縮小がそのまま基地負担や被害の削減に結びついていない現実がある。このことは、2017 年 6 月 23 日の沖縄「慰霊の日」における翁長知事の宣言でも明確に述べられている。知事は具体的個別的事例をいくつも挙げ「基地負担の軽減とは逆行していると言わざるをえません」と述べている。「沖縄「慰霊の日」、翁長知事の平和宣言全文」（読売新聞 2017.6.23 配信）

〈http://www.yomiuri.co.jp/national/20170623-OYT1T50112.html〉

一方、同日同会場における安倍首相のあいさつでは基地返還の実績や今後も負担軽減に取り組むという意志は明確に言及されたが、負担が変わらなかったりむしろ増えたりしているという県民の声については、直前に翁長知事が明確に指摘したにもかかわらず、一切の言及がなかった。

「沖縄「慰霊の日」、安倍首相あいさつ全文」（読売新聞 2017.6.23 配信）

〈http://www.yomiuri.co.jp/national/20170623-OYT1T50113.html〉

このことは沖縄県と政府、翁長知事と安倍首相との談話実践の違いであるが、それは「言及されていること／されていないこと」に着目して複数の談話を批判的に検討することで見えてくるものであり、どちらか片方の談話だけを見ていてはなかなか気づけないことである。このように他の事例との関連で分析をするのも CDS の特徴である。

15 東京新聞 TOKYO Web「沖縄　基地負担変わらず　菅氏は返還式で軽減強調」
〈http://www.tokyo-np.co.jp/article/politics/news/CK2015040502000130.html〉
（2015.4.5 配信）

16 西普天間住宅地区の敷地に国立大学法人琉球大学の医学部が移転するという計画がある。沖縄県 HP（企画調整課）が作成したと思われる 2015 年の資料がダウンロードできたので見たところ、興味を引く説明があった。「琉球大学医学部や重粒子線治療施設は、地主会が要請しているわけではなく、どのようにして理解を求めるかなど、合意形成には今後取り組んでいく」という文章である。ここから、宜野湾市民・沖縄県民のニーズとは懸け離れたところで、国主導の話が進んでいることがうかがえる。
〈http://www.pref.okinawa.jp/site/kikaku/chosei/atochi/h25chousa/documents/09_sankoshiryo_p180_p224.pdf〉（2017.6.16 リンク確認）

17 本章で言うイデオロギーとは、人々に一定の影響を与える一定の集団や個人が持つ価値観や理念、思考構造、行動様式などを指す。野呂・山下（編著）（2009）の p.18 も参照願いたい。

参考文献

ジークフリート・イェーガー (2010)「談話と知―批判的談話分析および装置分析の理論的、方法論的側面」、ルート・ヴォダック、ミヒャエル・マイヤー (編著)、野呂香代子 (監訳) (2010)『批判的談話分析入門―クリティカル・ディスコース・アナリシスの方法』第 3 章、三元社、pp.51–91.

テウン・A・ヴァン・デイク (2010)「学際的な CDA―多様性を求めて」、ルート・ヴォダック、ミヒャエル・マイヤー (編著)、野呂香代子 (監訳) (2010)『批判的談話分析入門―クリティカル・ディスコース・アナリシスの方法』第 5 章、三元社、pp.133–165.

名嶋義直・神田靖子 (編) (2015)『3.11 原発事故後の公共メディアの言説を考える』、ひつじ書房

名嶋義直・野呂香代子・三輪聖 (2015)「パネルセッション 2　これからの日本語教育は何を目指すか―民主的シティズンシップ教育の実践―」、『2015 年度日本語教育学会秋季大会 (沖縄国際大学) 予稿集』、pp.37–48.

野呂香代子・山下仁 (編著) (2009)『「正しさ」への問い　批判的社会言語学の試み』、三元社

野呂香代子 (2014)「批判的談話分析」渡辺学・山下仁 (編)『講座ドイツ言語学　第 3 巻』第 7 章、ひつじ書房、pp.133–160.

野呂香代子 (2015)「「環境・エネルギー・原子力・放射線教育」から見えてくるもの」、名嶋義直・神田靖子 (編)『3.11 原発事故後の公共メディアの言説を考える』第 2 章、ひつじ書房、pp.53–100.

4章　宜野湾市長選をめぐる新聞記事の批判的談話研究

1.　これからの日本語教育は何を目指すか

1.1　言語教育の目標は何か

　2章と3章では政治的な内容のテクストを批判的談話研究（Critical Discourse Studies; CDS）の姿勢で分析して権力の意図を可視化するとともに、言語教育の中にCDSの実践を取り込むことによって批判的なリテラシーを伸ばしたり、社会的な行動への足がかりを得たりすることができるということを論じた。本章では引き続き政治的な内容のテクストを分析しつつ、そこからさらに一歩踏みだし、CDSと言語教育との組み合わせで、「共に生きる人」が持つべき資質「民主的シティズンシップ」を伸ばす教育への展開が可能かどうかを考えてみたい。

　近年、外国語教育を、単なる語学教育としてだけで捉えるのではなく、社会で生きていく力を育てる教育として捉える動きが広がりつつある。ヨーロッパ言語共通参照枠（CEFR）を提唱している欧州評議会の言語政策はもちろんのこと、日本語教育界においても、細川英雄氏や西川教行氏らによる一連の研究・実践が存在する。また2015年度の日本語教育学会秋季大会では、「これからの日本語教育は何を目指すか―民主的シティズンシップ教育の実践―」と題するパネルセッションも開かれた（名嶋・野呂・三輪 2015）。そこでは、民主的シティズンシップ教育、特に文化間教育（批判的文化アウェアネス）や批判的談話分析の実践が、社会的な結束性を高め、民主主義社会の実現に貢献することが確認された。

　一方、日本社会では18歳から選挙権が付与されたことに伴い、いわゆる主権者教育／シティズンシップ（市民権）教育の重要性が叫ばれている。ここで鍵となる概念の整理をしておく。まず「民主的」という修飾語が付されていない、従前から使われている「シティズンシップ」の定義を確認する。シティズンシップという概念の定義は定まっておらず、かつ、社会の形ととも

に変容するものであると言われているが、ここでは福島（2011: 1–2）に倣い、シティズンシップを「国籍」・「市民という地位、資格に結びついた諸権利」・「人々の行為、アイデンティティ」という3つの要素が「複合的に交差した次元であり、この要素が社会状況によって解釈される事象である」とする。福島はこの3要素の関係を以下のように捉えている。

> 「Ⅰ　国籍」と「Ⅲ　アイデンティティ」を「民族」という物語で固定し、その条件の下で「Ⅱ　諸権利」を認めるという「（国民＝民族）→市民」制度であると考えられる。（p.2）

　ではそのシティズンシップを育てる教育とはどのようなものであろうか。クリック（2011: 20–21）は「効果的なシティズンシップ教育」として3つの特徴を挙げている。

> 「第一に、生徒は最初から、教室の内外で、権威ある立場の者に対しても対等なものに対しても、社会的・道徳的に責任ある行動をとるように学ぶ」
> 「第二に、生徒は、自分が属する地域社会の暮らしや営みを学び、貢献できるような関わりを持つ」。地域社会への関与や奉仕を通じて学ぶことも含めてである。
> 「第三に、生徒は、知識・技能・価値のいずれの面からも公的生活を学び、公的生活に影響を与えるにはどうしたらよいのかも学ぶ。そうした知識・技能・価値は〈政治リテラシー〉と呼ばれ」ている。

　つまり「社会的・道徳的責任」・「地域社会への関与」・「政治リテラシー」の育成が目標となっていると言える。
　しかし冷戦の終結、その後の国家の再編、EUに代表される国家を超えた共同体の成立、昨今のグローバル化の進展などにより、物や資本だけではなく人も言語も文化も流動化が進み、移民や外国人労働者が社会の中で一定の割合を占めるようになっている。そのため、もはや「国家（国籍・国民）」と「アイデンティティ（民族）」との固定的・安定的な関係は揺らいでいる。自分と同じ民族・自分と同じ国民という位置づけを与えることができれば他者

であっても自己と重ねて「わたし」として位置づけることもできたが、いまや自分とは異なる「絶対的な他者」の存在を認めざるをえなくなってきている。言い換えれば、福島（2011）が先行研究を整理してまとめているような従来のシティズンシップの概念ではカバーできなくなってきていると言える。「わたし」と「他者」との関係性を再定義する必要にせまられている。

　そこで新たな発展的概念として「民主的シティズンシップ」が導入されるようになった。「わたし」と「他者」との関係性を再定義する必要にせまられている状況を反映し、欧州評議会は「ヨーロッパ市民」を「社会において共存する人」と位置づけている。それにより、「民主的シティズンシップ」は、「その社会（コミュニティ）において」「相互の違いに寛容になり」「多様性を受け入れ」「自由と人権と正義を尊重し」「社会に関わりながら」「共に生きていく」ためのモデルとして位置づけられる（Starkey 2002、特にpp.7–8 を参照）。わざわざ「民主的」という語を冠しているのは、従来のシティズンシップが「国家と市民」という関係性であったのに対し、民主的シティズンシップは基本的に「わたし」と「他者」との関係性であること、よってその「異なり」を国家権力などによる強制的な方法で同質化・均一化するのではなく、当事者双方が民主的な方法で調整していくことが望ましいという価値観が重要視されているからであろう。

　その当然の帰結として、「民主的シティズンシップ教育」は上で述べたような形で「共に生きていく」ために必要な能力を伸ばすことが目標となる。「民主的シティズンシップのための中核的能力と技能」について Starkey（2002: 16–17）は以下のように整理をしている（翻訳は筆者）[1]。

- ●認知能力
  - 法律的・政治的資質に関する能力
  - 歴史的・文化的次元も含んだ現代社会に関する知識
  - 意見を述べたり議論したり反省したりするような手続き的能力
  - 人権と民主的シティズンシップの原理と価値に関する知識
- ●情動的能力と価値の選択
  - シティズンシップは単なる権利と義務のカタログではない。それは集団内や集団間の問題である。したがって個人的かつ集合的な情動的次元を要求する。

●行動力、社会的能力
　　他者と共に生き、協働し、共同作業を構築・実践し、責任を負う能力
　　民主的な法律の原則に合わせて対立を解決する能力
　　公的な議論に参加し、現実の生活状況において議論し選択する能力

　これらの「民主的シティズンシップのための中核的能力と技能」は、福島（2011: 4）も指摘しているように、その多くが言語能力に裏づけられ、言語運用を通して獲得され、具体化され、実践されるものである。教育の目標が人間の育成にあるとするならば、言語教育も教育の一環である以上、これらの「民主的シティズンシップのための中核的能力と技能」の育成を視野に入れて行われるべきものである。それは日本語教育にも当てはまると言えよう。

1.2　言語教育における政治性について

　上で述べた「シティズンシップ」の定義にも、「民主的シティズンシップのための中核的能力と技能」にも「政治」に関わる記述が観察される[2]。つまりそれらの育成を目標とする教育は一種の「政治教育」であるとも言える。一方、近藤（2009）は、政治教育という言葉が「政治的教化や操作を連想させるとして、口にすることがためらわれる場合が多かった」（p.10）と述べ、教員にとって「社会に広まった政治を忌避する教育観を授業の中で突破することは極めて困難である」（p.20）と指摘している。

　また各自が内省してみれば思い当たる部分があると思うが、「社会に広まった政治を忌避する教育観」とは別に、言語研究者や言語教育者には、言語の自律性を認めるがゆえに、政治性は言語研究や言語教育になじまないという考えに知らず知らずのうちに接し、いつのまにかそれを受け入れている面がある。そのような点から日本語教育において政治的なものを扱うことに抵抗感もあることが予想される。しかしそれは「政治」というものをあまりにステレオタイプ的に見ているからである。

　本章では「政治」の定義として「相異なる利益の創造的調停」（クリック（2011: 58））という考え方を採用する。私たちが日々の生活で行うさまざまな調整作業も政治的行為である。それどころか日常生活は政治そのものであると言った方がよいであろう。したがって言語教育において意見を述べたり

議論したりという活動も政治性を帯びた行為であるという位置づけになる。そのような政治性は民主的シティズンシップを身につけ伸ばすという点からは、排除されるべきものではなく、むしろ歓迎されるべき性質のものである。

1.3 言語教育における政治的中立性について

　言語教育に政治性を認めたとしても、次に懸念されるのが「中立性」の問題である。これも近藤 (2009) が指摘をしているように、「日本では従来、この言葉のもとで、実際には政治的な中立ではなく非政治性が求められてきた」(p.20) という事実があり、教育者もそれに合わせて非政治的な教育を展開してきたからである。近藤が指摘しているのは一般的な学校教育についてであるが、英語などの外国語教育・日本語教育といった言語教育についても同じことが言えるであろう。実際の教授活動を展開する際には、理念としては言語教育に政治性を認めているにもかかわらず、中立への過度の意識から、結果的に教育活動から政治性を排除し、非政治性を尊重することになってしまうおそれがある。

　教育の政治的中立性に関しては近藤 (2015) に的確な批判や指摘がある。まず近藤は日本の教育現場の現状を以下のように指摘する (p.12)。

> 日本の教室では中立性の要求が政治教育を進める上で障害となりがちである。中立的であるとはどういうことかが明確でないことから、政治的混乱を危惧する教員や教育委員会は、授業で現実の政治的争点を扱うことに消極的になる傾向が見られる。

　そして「中立性」について、それに関わらないという閉鎖性[3]と複数のものを対等に扱うという開放性という 2 つの解釈が可能であり、ドイツにおける「中立性」は後者の意味で使用されるのが普通であり、「意見の分かれる問題については、対立する主要な意見を公平に扱うことで中立性が確保されると考えるのである」と述べている (p.12)。日本は前者の「それに関わらないという閉鎖性」という解釈が主流であるように思われる。

　ところで、歴史的反省から民主主義を守るために政治教育が重要であると考えたドイツにおいても保革対立の影響もあり、政治教育の現場が混乱し国

民からの信頼を失いそうになった時期があったという。そこで1976年にドイツの著名な政治学者たちが集まり、政治教育の理念に関する最低限の合意を目指して協議をし、発表されたものが「ボイテルスバッハ・コンセンサス」である。今では「ドイツの政治教育の基本的原則として広く受け入れられている」(近藤 2015: 13) という。ボイテルスバッハ・コンセンサスは一般的に3つの原則に要約される[4]。

　　ボイテルスバッハ・コンセンサス
（1）　圧倒の禁止
　　　　生徒を期待される見解をもって圧倒し、自らの判断の獲得を妨げることがあってはならない。これが正に政治教育と教化の違いである。教化は、民主主義社会における教師の役割規定、そして広範に受け入れられた生徒の政治的成熟という目標規定と矛盾する。
（2）　論争のある問題は論争のあるものとして扱う
　　　　学問と政治において議論のあることは、授業においても議論のあるものとして扱わなければならない。多様な視点が取り上げられず、別の選択肢が隠されているところでは教化が始まる。
（3）　個々の生徒の利害関心の重視
　　　　生徒は、政治的状況と自らの利害関係を分析し、自らの利害関心にもとづいて所与の政治的状況に影響を与える手段と方法を追求できるようにならなければならない。

　　　　　　　　　　　　　　　　　　　　　　　（以上、近藤 2009: 12）

　この原則のもと、「政治教育は、特定の思想に基づく『正しい』見方や考え方を生徒に伝達するのではなく、社会に存在する様々な対立する考え方を理解させることを通じて、1人ひとりが自分で政治的立場を形成できるようになることを共通の目標とする」(近藤 2015: 13) ことになったという。そして近藤は続けて次のように述べている。

　　ボイテルスバッハ・コンセンサスは、まさに中立性についての開放的な理解を体現していると言ってよいだろう。中立性をより厳格に解釈し、政治的な対立点を学校から排除することも論理的には可能だが、それで

は有効な政治教育は行えない。政治とは対立的・論争的なものである。教育の中立性は、本来、個人が自由に人格を発達させる権利を保障することを目的としているが、そのためには国家が独裁制などに陥ることなく自由民主主義を維持する必要がある。政治教育には正にその点での貢献が期待されているのであり、中立性の要件が不明確であるという理由でそれを実施しないのは自己矛盾と言わなければならない。(p.13)

　ボイテルスバッハ・コンセンサスやそれに準拠して行われているドイツの教育事例は日本における言語教育への１つの指針となると思われる。

1.4　日本語教育が目指すもの
　ここまで確認してきたように、政治というものは「わたしたち」の日常生活そのものであり、それを教育の中で扱うことは民主的シティズンシップ教育として重要なことである。言語教育も教育である以上、その側面を持つべきである。そして日本語教育が、言語教育の一分野であることはもちろんのこと、学ぶ人たちが外国人であることが多いという特徴を考えると、その教育において特に「共に生きる人」に「共に生きるための中核的能力と技能の教育」を行うという側面が強く認識されるべきであり、民主的シティズンシップ教育の側面を意識して実践されていくべきものであると言える。
　すでに日本語教育には、現在に至るまで「共に生きる人」への言語教育を行ってきた実績がある。過去には中国帰国者やインドシナ難民、およびその家族に対する日本語教育が行われていたが、現在はそのような特定の国籍や属性ではまとめられないほど「生活者・年少者」に対する日本語教育は多様化している。日本に留学する外国人も多様化している。それは、単純に言えば、それだけ日本社会において「共に生きる人」が増えたということであり、それゆえに日本語教育が民主的シティズンシップ教育としての責任をより強く負っているということでもある。いまや日本語教育は「日本語を学びたい人への言語教育」という側面だけではなく「日本社会で共に生きる人への民主的シティズンシップ教育」という側面を明確に意識して行われるべき段階に来ていると考えられる。しかし、そのような意識が日本語教育関係者にどの程度共有されているだろうか。日本語教育は日本語だけ、または日本語と日本文化だけを教えるものだという認識が未だ根強く多数を占めている

のではないだろうか。

　政治的な内容を日本語教育に持ち込むことに対する心理的な抵抗感も依然強いものがあるのではないだろうか。しかし、先に挙げた「民主的シティズンシップのための中核的能力と技能」とバーナード・クリックの「政治」の定義を見ればわかるように、「わたしたち」の日常生活における種々の調整作業はみな政治性を帯びている。よって政治性を排除した言語教育は成立し得ないと言ってよいし、もしそれが成立するならそれは教室という擬似空間の中だけに存在する予定調和の世界においてのみ存在する非現実的な幻想のようなものであろう。多くの調整場面には言葉が関わってくる。したがって、言語教育の文脈で政治性を育成することも非常に重要である。

　では現実問題として、日本国内で展開される日本語教育は、政治性を保ちつつ、民主的シティズンシップ教育にいかなる貢献をすることができるのだろうか。そこで政治的な内容のテクストを使って民主的シティズンシップ教育を視野に入れた日本語教育が可能かどうか、教材としての潜在的可能性に焦点を当てた考察を行う目的で批判的談話研究を行った。

2.　日本語教育を視野に入れた批判的談話研究

　本章では、新聞記事を批判的に読むという作業を通して、その可能性を探りたい。テクストを読む姿勢としては批判的談話研究 (Critical Discourse Studies、以下 CDS) を採用する。CDS とは、単なる談話分析の理論や手法ではなく学問的姿勢である。具体的には、社会の問題に目を向け、弱者側に立ち、談話の分析を通して、権力の意図と実践を明るみに出し、それと向き合う方法を考え、最終的には研究者自身も社会変革のために行動する姿勢を指す。ヴァン・デイク (2010: 134) は CDS について以下のように述べている。

　　一定のアプローチ等を指すのではなく、学問を行う上での一つの―批判的な―見解なのである。すなわち、いわば「姿勢を伴った」談話分析だと言える。その焦点は社会問題にあり、特に権力の濫用や支配の再生産および再生産における談話の役割にある。

　CDS には、弁証法的関係のアプローチ・社会認知学的アプローチ・談話

の歴史的アプローチ・デュースブルグ学派のアプローチなどいくつかの代表的な枠組みがあるが、本章では、イェーガー（2010: 82–83）を中心に参照する。新聞の分析を例に、複数の談話が絡み合った談話の束のようなものを全体的に分析する際の項目や着目点などをまとめていて参考になるからである。また着目点がリスト化されており、それに沿って分析を進めていけば、個人の分析能力を不問にすれば、誰でも一定の分析が実践できるからである。

　分析対象のテクストは宜野湾市長選をめぐる新聞記事で、読売新聞・朝日新聞・毎日新聞・産経新聞・東京新聞において配信されたものである。そのテーマを選んだのは、沖縄に住み仕事をしている私にとって生活に密着した問題であること、選挙関連ということで利害の異なる対立軸が存在し、クリック（2011）の言う「争点」から出発するに適していると考えためである[5]。ボイテルスバッハ・コンセンサスの「個々の生徒の利害関心の重視」という原則にも当てはまる。沖縄の基地問題は日米安全保障問題と密接に関わっており切り離すことはできない。沖縄県在住の人はもちろん、沖縄県以外の日本各地に住んでいる人にとっても、たとえ選挙権はなくとも、また関心はなくとも、利害関係は存在するからである。東京に本社を置く大手全国紙新聞社を選んだのは地方紙とは対極に位置する「沖縄の外」の声を新聞社の主張を通して批判的に分析するためである。5 紙から一定期間にわたりテクストを収集したのはボイテルスバッハ・コンセンサスの「論争のある問題は論争のあるものとして扱う」という原則を踏まえてのことであり、5 紙を対等に扱うことで近藤（2015: 13）のいう「中立性についての開放的な理解を体現」するためである。

3.　マクロ的視点での分析と考察

3.1　記事の数について

　分析対象とする記事は、読売新聞・朝日新聞・毎日新聞・産経新聞・東京新聞の 5 紙である。それぞれの Web サイトの新着記事欄を随時閲覧して収集した。収集期間は 2016 年 1 月 1 日から 1 月 24 日の投票締め切り時刻午後 8 時までである。その間に配信された新聞記事の総数は 56 本であった。内訳と全体に占める割合は、産経新聞 19 本（約 34 ％）、毎日新聞 14 本

（25％）、朝日新聞 11 本（約 20％）、東京新聞 8 本（約 14％）、読売新聞 4 本
（約 7％）であった。

　記事の多寡だけで新聞社の姿勢を論じることはできないが、多くの記事を
配信している新聞社は宜野湾市長選をなんらかの点で重要だと考えていたり
読者の興味関心を惹く話題であると考えていたりするとみなすこともできよ
う。逆に記事数が少ない新聞社はその重要性や興味関心の程度を相対的に低
く見積もっていると考えることができる。ただし、記事数が多ければよいと
いうことではない。そこで次にどのような取り上げ方をされているのかにつ
いて見てみる。

3.2　中心的主題か周辺的主題かについて

　ヴァン・デイク（2010）は、談話を分析する際に、まず主題や話題に着目
して分析してみることを勧めている。そこで宜野湾市長選という出来事が主
題として中心的な位置づけを与えられているか、他に主題がありそれと関連
する周辺的な話題として位置づけられているかを見出しや記事内容を手掛か
りにして分析した。記事を分析したところ、4 通りの位置づけ方があること
がわかった。以下に見出しを例に挙げる。

　まずその記事が宜野湾市長選を報道するために書かれていると判断できる
ものでこれを「中心的主題」とする。

（1）　宜野湾市長選が告示…現職と新人が立候補
　　　〈http://www.yomiuri.co.jp/national/20160117-OYT1T50017.html〉
　　　　　　　　　　　　　　　　　　　　　　　（読売新聞 2016.1.17 配信）

　2 つ目は「周辺的話題」で、（2）のように、別の話題を報じている記事の
中で宜野湾市長選が言及されているようなものである。ここでは「衆院予算
委員会」が主な話題であり、その中で市長選の話が出たということである。
話題としては最初に挙げられているが、他にも慰安婦問題・消費税問題が話
題として取り上げられている。

（2）　【衆院予算委員会】安倍首相、沖縄県宜野湾市長選で辺野古移設は左
　　　右されず

〈http://www.sankei.com/politics/news/160112/plt1601120052-n1.html〉

（産経新聞 2016.1.12 配信）

　3番目の「関連暗示」は、直接宜野湾市長選のことを取り上げてはいない
が、文脈や配信時期から考えて読者が容易に宜野湾市長選のことを類推する
ことができると思われるものである。たとえば(3)の社説のように、普天間
飛行場の危険性や基地負担軽減について言及している内容の記事である。

（3）　【主張】施政方針演説　眼前の危機もっと言及を
　　　　〈http://www.sankei.com/column/news/160123/clm1601230004-n1.
　　　　html〉　　　　　　　　　　　　　（産経新聞 2016.1.23 配信）

　最後の「関連なし」は、文脈や他の類似する記事から考えて、主題・周辺
的話題・関連暗示といういずれかの位置づけを与えられてよいと思われるに
もかかわらず見出しにも記事中にも一切関連が認められないものである。記
事の分量が多いため、例は割愛するが産経新聞に1例存在した。首相の施
政方針演説と関連させて、自民党の2016年度運動方針案骨子を項目別に挙
げて説明している記事である。他紙はもちろんのこと、産経新聞自体でも施
政方針演説を主題とする複数の記事を配信していてそちらには宜野湾市長選
挙のことも含まれていたが、当該記事だけは何も書かれていなかった[6]。
　以上の観点から新聞社ごとの記事数と割合をまとめると表1になる。

表1　位置づけの特徴と記事数と全体に占める割合

	中心的主題	周辺的話題	関連暗示	関連なし	合計
産経新聞	13(68%)	3(16%)	2(11%)	1(5%)	19
毎日新聞	8(57%)	3(21%)	3(21%)	0	14
朝日新聞	9(82%)	1(9%)	1(9%)	0	11
東京新聞	4(50%)	3(38%)	1(13%)	0	8
読売新聞	3(75%)	1(25%)	0	0	4

　全体的には「中心的主題」として描かれている記事の方が他の位置づけの
記事よりも多い。中心的主題の記事が全体に占める割合を見ると、産経新聞

と毎日新聞においては中心的主題の記事が3分の2ほどであるのに対し、朝日新聞の場合は中心的主題が8割を超えている。東京新聞は中心的主題が5割である。読売新聞は記事が最も少なかったので判断が難しいが、朝日新聞と産経新聞・毎日新聞の中間に位置するように見える。記事の数が限定されているので確定的なことは言えないが、新聞社による描き方の違いがあるように思われる。

　主題・話題に着目した分析を行って見えてきたことは、周辺的話題とされている記事においては当然であるが、中心的主題とされている記事でも、多くの視点が記事の中に混在しているということであった。また、その混在する視点の何に最も焦点が当たっているかという点でもいくつかの違いが見られた。それについて次節で確認をする。

3.3　どのような視点で、何に焦点を当てるかについて

　記事の中に確認できた視点は、国政・国政選挙・政党・地方選挙・代理戦争・市民運動・辺野古、であった。見出しから読み取れる例を挙げる。見出しの前の［　］に筆者が分類した視点を入れて記す。

（4）　［国政］【安倍首相施政方針演説】普天間移設、「先送り許されず」負
　　　担軽減も強調
　　　〈http://www.sankei.com/politics/news/160122/plt1601220056-n1.html〉
　　　　　　　　　　　　　　　　　　　　　　　　（産経新聞 2016.1.22 配信）
（5）　［国政選挙］与党必死「地方の敗戦連鎖断つ」
　　　〈http://mainichi.jp/senkyo/articles/20160112/k00/00m/010/082000c〉
　　　　　　　　　　　　　　　　　　　　　　　　（毎日新聞 2016.1.12 配信）
（6）　［政党］自民・茂木選対委員長「勝利したい」沖縄・宜野湾市長選
　　　〈http://www.sankei.com/politics/news/160112/plt1601120066-n1.html〉
　　　　　　　　　　　　　　　　　　　　　　　　（産経新聞 2016.1.12 配信）
（7）　［地方選挙］「反辺野古」「地域振興」分かれる有権者　宜野湾市長選
　　　〈http://digital.asahi.com/articles/ASJ1K4TMVJ1KTIPE00K.html〉
　　　　　　　　　　　　　　　　　　　　　　　　（朝日新聞 2016.1.18 配信）
（8）　［代理戦争］17日告示　政府と知事の代理戦争の構図
　　　〈http://mainichi.jp/senkyo/articles/20160116/k00/00m/010/132000c〉

（毎日新聞 2016.1.16 配信）

（9） ［市民運動］辺野古阻止　大義で団結「オール沖縄会議」共同代表・
呉屋守将氏に聞く
〈http://www.tokyo-np.co.jp/article/politics/list/201601/
CK2016011602000145.html〉

（東京新聞 2016.1.16 配信）

（10）　［辺野古］辺野古護岸工事を先送り、政府　宜野湾市長選への影響懸念
〈http://www.tokyo-np.co.jp/s/article/2016010901001669.html〉

（東京新聞 2016.1.9 配信）

　視点のバリエーションと記事数を新聞社ごとにまとめると表2のように
なる。

表2　視点のバリエーションと記事数と全体に占める割合

	国政	国政 選挙	政党	地方 選挙	代理 戦争	市民 運動	辺野古	合計
産経新聞	5 （26%）	2 （11%）	1 （5%）	9 （47%）	2 （11%）	0	0	19
毎日新聞	5 （36%）	1 （7%）	1 （7%）	6 （43%）	1 （7%）	0	0	14
朝日新聞	1 （9%）	1 （9%）	0	4 （36%）	5 （45%）	0	0	11
東京新聞	2 （25%）	0	0	2 （25%）	2 （25%）	1 （13%）	1 （13%）	8
読売新聞	1 （25%）	0	0	3 （75%）	0	0	0	4

　国政・国政選挙という視点をどの程度とるかとらないか、代理戦争という
視点や市民運動・辺野古という視点をどの程度とるかとらないかという点に
新聞社の姿勢の違いが現れているようである。また、国政・国政選挙という
視点と代理戦争という視点は一種の相補分布をなしているようにも思われ
る。宜野湾市長選は地方選挙であるので、どの新聞も地方選挙としての報道
が一定数あるが、それを境にして産経新聞と毎日新聞は国政・国政選挙・政

党という視点での記事が中心であり、朝日新聞と東京新聞は代理戦争・市民運動・辺野古という視点を意図的に採用していると言えよう。相対的な特徴ではあるが、表2で言えば、中央に地方選挙が位置し、その左側の項目を視点としてとる記事が多い新聞と、その右側の項目を視点として積極的にとる新聞とがあると言える。

　また見出しと記事とを総合的に分析し、特に何に焦点を当てているかを見ると、国政・政権・自民党・公明党・民主党・他選挙・両陣営・有権者・経済界・オール沖縄・形勢、という焦点が確認できた。新聞社ごとの記事数をまとめると表3になる。1つの記事に2つ以上焦点が確認できた場合もあるので合計は記事数より多い場合もある。よって記事数に占める割合は割愛する。

表3　新聞社別にみる焦点のバリエーションと記事数

	国政	政権	自民党	公明党	民主党	他選挙	両陣営	有権者	経済界	オール沖縄	形勢
産経新聞	5	2	3	0	1	1	4	0	0	0	4
毎日新聞	5	3	1	1	1	0	2	0	0	0	1
朝日新聞	1	0	0	0	0	1	3	2	1	0	4
東京新聞	2	1	0	0	0	0	4	0	0	1	0
読売新聞	0	1	0	0	0	0	2	0	0	0	1

　選挙戦の報道であることを考えると、候補者両陣営の動きに焦点が当たるのは当然であり、どの新聞にも見られる特徴である。しかしそれ以外を見ると、産経新聞・毎日新聞の2紙は同じような焦点の当て方をしているのに対し、朝日新聞・東京新聞の2紙は、産経新聞・毎日新聞とは異なる形で、同じような焦点の当て方をしているように思われる。

　すべての新聞が候補者両陣営の動きに焦点を当てていることは確認をしたが、それ以外の焦点として、産経新聞・毎日新聞は国政・政権・政党に焦点を当てている記事が一定数あるのに対し、朝日新聞・東京新聞ではそれらに焦点を当てた記事は少数である。一方、朝日新聞・東京新聞には、記事数こそ少ないものの、有権者・経済界・オール沖縄に焦点を当てた記事が存在す

る。これらは国政・政権・政党の対極にあるものと考えることもできよう。産経新聞・毎日新聞にはそれらに焦点を当てた記事は存在しなかった。表3で言えば「両陣営」を分水嶺のようにして、産経新聞・毎日新聞の2紙は相対的に左側の項目に焦点を当てているのに対し、朝日新聞・東京新聞は右側にも一定の焦点を当てているということである。この対称性は新聞社[7]の姿勢を反映していると考えてよいであろう。

3.4 マクロ的分析から見えてきたこと

　実際の記事では、宜野湾市長選という出来事は、3.2節で見たように「中心的主題か周辺的話題か」という位置づけの違いを与えられ、さらに3.3節で見たように、どのような視点で、何に焦点を当てて描くかという違いも与えられることになる。つまり、3つの階層の組み合わせで多くのバリエーションが構成され、非常に多様な談話構成で種々の記事が配信されているわけである。

　たとえば、他の国政選挙の行方を占う重要な地方選挙の1つとして自民党がどう動いているかというような、国政選挙の視点から政党に焦点を当てている記事があった。また、地方選挙としての宜野湾市長選を民主党の対応に焦点を当てて描いたり経済界に焦点を当てて描いたり有権者の声に焦点を当てて描いたりしている記事もあれば、この選挙を政権と沖縄県との代理戦争という視点で捉え、候補者両陣営の動きや形勢に焦点を当てて描いている記事もあった。辺野古の問題に視点を置き、その中で政権に焦点を当てて描く中で周辺的な話題として宜野湾市長選が取り上げられるという記事もあった。そのバリエーションの多さと談話構造の複雑さゆえ、何が問題でどう論じられているのかを把握することが難しくなっている。

　そしてさらに問題を複雑にしているのは、どの新聞社の記事にもさまざまなバリエーションがあり、一般的によく言われるようなステレオタイプ的に「何々新聞はこういう内容の記事」と考えることはできず、そのような理解は偏った判断になるおそれがあるということである。

　しかし本章の分析を通して、CDSの手法を用いてもつれた糸を解きほぐすように読んでいくと、当該記事が、何に焦点を当て、どういう視点で、何を論じているのか、ということが見えてくることが確かめられた。それは同時に、各新聞社に共通の姿勢と独自の姿勢とがあり、それらが見えてくる過

程でもあった。つまり、複数の異なる新聞社が配信した複数の新聞記事を、共通の姿勢と着目点で横断的に分析することで、宜野湾市長選という出来事について、それが論争のある問題であることを明確に示し、それによって、どちらか一方の立場や考え方に傾くことなく、その話題を論争のあるものとして理解し扱うことが、開放的な中立性を保ったままで可能であったということである。

　このように、主題・話題に着目した CDS は、さほど難易度の高い分析ではないにもかかわらず、談話に取り込まれている視点や姿勢を可視化することができ、「民主的シティズンシップのための中核的能力と技能」の育成に有益である。特に Starkey (2002: 16–17) が挙げている「認知能力」の中に含まれる批判的な思考力は、社会の課題を発見しそれを解決する作業で必要な基礎的な能力であり、民主的シティズンシップ教育にとってその獲得は重要な目標の 1 つとなるものである。その涵養に CDS は有益である。

4.　ミクロ的な分析と考察

4.1　争点外しについて

　選挙戦当初から現職候補は、普天間飛行場の移転については語るものの、移転と辺野古との関係については考えを明らかにせず、「辺野古の争点外し」を行っていると言われてきた。しかし本章で分析している記事には辺野古について明確に言及されているものも多くあった。本人が争点外しをしていたとしても、メディアが本人と辺野古と結びつけて報じれば争点化されるということである。また現職側が辺野古移設を進める政府・与党の支援を受けていることも明確に報じられていた。1 例を挙げる。

(11)　同飛行場の名護市辺野古への移設を進める政府・与党の支援を受け、再選を目指す現職
　　　〈http://www.yomiuri.co.jp/election/local/20160117-OYT1T50057.html〉
　　　　　　　　　　　　　　　　　　　　　　（読売新聞 2016.1.17 配信）

　加えて、新人側が辺野古新設に明確に反対していることも報じられていた。つまり、現職候補者が自分自身の意識としては「辺野古を争点から外し

4章　宜野湾市長選をめぐる新聞記事の批判的談話研究　119

ている」としても、実質的には辺野古移設に賛成の立場であることは明らか
であり、対する新人候補が反対の立場であることも明白であり、その対比か
ら、「辺野古は争点になっていた」と言える。その上で取り上げたいのは、
その争点外しを行っていたとされる現職候補の言動を新聞記事がどのように
叙述したのかという点である。各新聞社の記事に用いられていた表現を整理
すると表4のようになった。

表4　新聞社別にみる現職の「辺野古外し」に関わる叙述表現

新聞社	叙述に使われていた主な表現
産経新聞	辺野古移設への賛否は明確にしないものの 名護市辺野古への移設を否定しない 辺野古移設について具体的に言及せず 辺野古移設に触れず
毎日新聞	「辺野古」隠しも徹底する 辺野古には触れなかった 「辺野古」については具体的に言及していない 明言していない
朝日新聞	「辺野古」に言及しない姿勢で 移設先の是非には踏み込まず、「辺野古」は口にしなかった 「辺野古」に言及しない 県議時代、辺野古移設を容認していたが、4年前に市長となってからは 辺野古への言及を一貫して避けてきた
東京新聞	辺野古新基地の是非に直接の言及は避けているが 辺野古移設について具体的に言及せず
読売新聞	該当する叙述なし

　ここで2つのことを指摘したい。まず、読売新聞の「該当する叙述なし」
は意図あってのことだと思われるということである。同じ出陣式の状況を、
以下の例のように、他の新聞社も記事にしている。それらを見ると「辺野古
外し」について何らかの言及が行われている（下線引用者）。他紙が言及する
ことができて、なぜ読売新聞だけは言及しなかったのだろうか。それは何ら
かの意図があると考えるのが自然であろう[8]。

(12)　出陣式で佐喜真氏は、「普天間飛行場のフェンスを取っ払うことが、
　　　我々の願いだ。みんなで一緒にやりましょう。普天間の固定化は

NO」と述べ、拳を突き上げた。

〈http://www.yomiuri.co.jp/election/local/20160117-OYT1T50057.html〉

（読売新聞 2016.1.17 配信）

(13)　辺野古移設に触れず、「普天間飛行場の固定化はノー。フェンスを取り払おう」と訴えた。

〈http://www.sankei.com/politics/news/160117/plt1601170017-n1.html〉

（産経新聞 2016.1.17 配信）

(14)　普天間飛行場の危険性除去と早期返還を訴える一方で、「辺野古」については具体的に言及していない。第一声で「普天間飛行場のフェンスを取っ払うことが我々の願いだ」と主張。振興策の推進も訴えた。

〈http://mainichi.jp/senkyo/articles/20160118/k00/00m/010/045000c〉

（毎日新聞 2016.1.18 配信）

(15)　「（飛行場の）フェンスを取っ払うのが市民の願い」だと訴えつつ、辺野古に言及しなかった。

http://digital.asahi.com/articles/ASJ1P3SLBJ1PTPOB001.html〉

（朝日新聞 2016.1.22 配信）

　もう 1 点は、産経新聞に見られた「賛否は明確にしない」・「移設を否定しない」という表現である。他紙は主に「言及しない」という意味の表現を採用している。産経新聞にもそのような表現も見受けられるが、それらと「賛否は明確にしない」・「移設を否定しない」とは明らかな違いがある。「賛否以外は言及していたり移設を肯定していたりする」という含意を、「言及しない」よりも、より強く読み手に誘発させるからである。これは一見すると、辺野古を争点から外したい現職側にとって裏目に出るおそれがある。含意とはいえ争点化につながるからである。しかし、職業として文章を書いている記者や新聞社がそのおそれに気づかないとは考え難い。したがって、この表現の選択は意図的であったと考えるべきであろう。そこから推察できる談話に隠された意図は、「現職は辺野古移設に賛成である」ということを世論に働きかけるというものである。そしてそれが産経新聞という辺野古移設推進の立場を鮮明にしている大手全国紙によって実践されているということである[9]。

　沖縄県の人口は日本全体の 1 ％とよく言われる[10]。単純な人口比から見て

も、全国紙の読者の多くが沖縄県外在住者であることは明白であり、それを
考えると、日本全体の世論形成を意図していると考えることができよう。そ
こには一地方選挙を国政・国政選挙の問題として捉える姿勢に通じるものが
ある。誰が誰に何を発信しているのかを批判的に考えることで見えてくるも
のがあるということである。

4.2　代理戦争について

　辺野古をめぐる政府・与党と沖縄県との対立は複数の訴訟に発展した。そ
の関係がそのまま宜野湾市長選に持ち込まれたのは事実である。政府・与党
が現職候補を支援し、対する新人候補を沖縄県知事が支援したからである。
したがって今回の選挙を「代理戦争」や「代理選挙」と呼ぶことそれ自体は
間違ってはいない。しかし多くの記事の中では、それを直接的に表現するよ
りも、背景説明や候補者の紹介などを行う際に事実関係を記述することでそ
のような代理関係を表現していた。たとえば、次のような例である。

(16)　佐喜真氏は自民、公明両党の推薦を受け、志村氏は翁長氏を中心にし
　　　た保革共闘の移設反対派に擁立された。
　　　〈http://www.sankei.com/politics/news/160111/plt1601110042-n1.html〉
　　　　　　　　　　　　　　　　　　　　　　　　　（産経新聞 2016.1.11 配信）
(17)　宜野湾市長選 17 日告示　政権対沖縄県の構図、一騎打ち
　　　〈http://digital.asahi.com/articles/ASJ1J5JVLJ1JTPOB003.html〉
　　　　　　　　　　　　　　　　　　　　　　　　　（朝日新聞 2016.1.17 配信）

　「代理戦争」や「代理選挙」であることがすでに認識されている状態で、
あえて明示的に「代理戦争」や「代理選挙」と叙述することは、読者にその
字義的意味以上の付随的意味や含意を推論するきっかけを提供することにな
る。
　「代理戦争」を意味する表現が見出しや記事中に何度も現れることで、読
者の認知環境にどのような変化が起こるであろうか。私は「報道」から「娯
楽(エンターテイメント、またはショー)」へという変化が生じると考える。
選挙報道や政治報道というジャンルに娯楽記事という別ジャンルのテクスト
が流れ込み、その結果、記事の焦点が、有権者の声や候補者の提唱する政策

といった本来の選挙報道が取り上げるべき本質的なものから、勝ち負けなどの表面的・皮相的なものに移行することが起こる。「メディア（発信）─テクスト（表象）─読者（解釈）」という3者で構成されている1つのテクストを中心とした社会に一種の揺らぎが生じる。3.3節の表3で確認したように、私が収集した記事では有権者や地域社会の声に焦点を当てた報道が少なかった。これはメディア側の揺らぎの実態を示していると考えられる。この揺らぎは有権者にとっても決してよい影響を与えるものではない。次の例は記事からの抜粋である。長文のため引用は割愛せざるを得ないが、抜粋部分に続けて有権者の否定的な感想が紹介されている。

(18)　有権者の間には国政の争いが持ち込まれることへの戸惑いも広がる。
　　　　〈http://digital.asahi.com/articles/ASJ1B4WFGJ1BTPOB003.html〉
　　　　　　　　　　　　　　　　　　　　　　　　（朝日新聞 2016.1.16 配信）

　「代理戦争」や「代理選挙」という惹句の多用は読者へのアピールという点では効果が期待できるが、その一方で、選挙報道の焦点を具体的な政策から候補者間の勝負へとすり替えてしまう危険もある。そのすり替えでなによりも影響を受けるのは有権者であり国民である。本質を見誤らない批判的な目が必要であろう。

4.3　誘導について

　4.2節で「すり替え」という表現を用いて考察を行ったが、記事の中には語句や表現を意図的に選択することで人々の解釈を誘導していこうとする実践が見られた[11]。例を挙げて確認する。

(19)　茂木敏充選対委員長は、同県名護市辺野古への普天間移設に反対する市民がいることを念頭に「普天間飛行場については『返還』という言葉を使い、『移設』は使わないように」と呼び掛けた。
　　　　〈http://mainichi.jp/senkyo/articles/20160108/k00/00m/010/074000c〉
　　　　　　　　　　　　　　　　　　　　　　　　（毎日新聞 2016.1.7 配信）

　「返還」という語を使えば、容易に「（土地が）戻ってくる→宜野湾市民に

とってプラス」という解釈を想起させることができるが、「移設」という語を使えば、逆に「(基地が)別のところに行く→別のところの人にとってマイナス」という解釈を誘発することにつながりかねない。そこで語の選択を意図的に行って誘導をしようと試みているわけである。

このように「わたしたち」は語句1つでも容易に誘導される面がある。そこを利用して、自分と対立する側を否定的な語句や表現で叙述するという古典的な方法もよく使われる。それらの例を記事から抜粋して引用する(下線引用者)。下線を付した部分は皆否定的な印象を喚起させるもので、本章の言う誘導の機能を持つと言える[12]。

(20)　翁長氏は<u>公務を二の次にして</u>てこ入れを図るなど翁長氏は<u>なりふり構っていられない</u>ようで[13]
　　　〈http://www.sankei.com/politics/news/160111/plt1601110042-n1.html〉
　　　　　　　　　　　　　　　　　　　　　　　　　　（産経新聞 2016.1.11 配信）

(21)　産経新聞の取材では、県内の退職教職員でつくる「中頭(なかがみ)退職教職員会」(約700人)が志村氏支援のため、昨年末までに会員から任意でカンパを集めていたことが判明。カンパを呼びかける文書では<u>「権力をむき出し、あらゆる手を使って襲いかかる安倍政権に鉄槌(てっつい)を下す」</u>として、対決姿勢を鮮明にしている。
　　　〈http://www.sankei.com/politics/news/160116/plt1601160009-n1.html〉
　　　　　　　　　　　　　　　　　　　　　　　　　　（産経新聞 2016.1.16 配信）

次の例は、現職候補側が新人候補側「有権者誘導」を警戒しているという記事である。そのような記事を配信することが新人候補側に否定的な印象を与えることで読者を誘導していることになる。興味深い例である。

(22)　佐喜真氏陣営は選挙戦終盤を前に、<u>志村氏陣営の世論操作を警戒する</u>。選対幹部は「<u>翁長氏周辺が地元メディアに志村氏優位と報じさせ、勝ち馬は志村氏だと有権者を誘導するのではないか</u>」と予測し、支持層が動揺しないよう対策を講じる構えだ。
　　　〈http://www.sankei.com/politics/news/160117/plt1601170022-n1.html〉
　　　　　　　　　　　　　　　　　　　　　　　　　　（産経新聞 2016.1.17 配信）

さらに投票日前日には新人候補を選挙違反で告発したという報道もあった。

(23) 宜野湾市長選あす投開票　過熱する集票活動　公選法違反で新人告発
〈http://www.sankei.com/politics/news/160123/plt1601230009-n1.html〉
（産経新聞 2016.1.23 配信）

　ここで例に挙げた談話は全て産経新聞の記事である。他新聞社の記事にはこのような否定的な印象を付与して読者を誘導するような強い語句や表現が観察できなかった。(23)に挙げた選挙違反告発も、私が収集した限りでは、他の新聞では確認できなかった。また告発後の継続した報道も収集した記事の範囲内では確認できなかった。

　今回の談話資料に関して言えば、この種の誘導は産経新聞社に顕著に見られる姿勢であった。繰り返しになるが、ここに挙げた例は産経新聞の中では一部に過ぎない。同社の報道の多くは取り立てて問題にするほど誘導性が強いわけではない。しかし、それは別の見方をすれば、注意を払わなければならないことでもある。なぜなら、それほど問題のない談話群の中に誘導の機能を持つ談話が自然な形で埋め込まれているからである。そのような記事を読む「わたしたち」は知らず知らずのうちに誘導されることになりかねない。客観的な事実を叙述する際であっても、語句の選択によって主観的な叙述となることを避けられず、もはやその客観性は維持できないということを知った上で、批判的な読みを行う必要があろう。

4.4　選挙結果の利用について

　3 節の全体的な考察で指摘したように、宜野湾市長選は単なる地方選挙ではなく、国政・国政選挙・政党などと密接に関連するものとして位置づけられていた。なによりも普天間飛行場を抱える宜野湾市の市長選は、たとえ現職候補が辺野古を争点から外しても、国政との関連を否定することはできない。だからこそ、与野党や有名政治家が両候補を支持し応援したわけである。そして一部ではあるが例に挙げたように、その様子は繰り返し新聞記事となって報道された。

　しかしその一方で、時期を同じくして「宜野湾市長選の結果と普天間飛行

4 章　宜野湾市長選をめぐる新聞記事の批判的談話研究　125

場の問題は別である」や「安全保障に関わることは国全体で決めることで、一地域の選挙で決定するものではない」といった首相の言説も報道されていた。これは明らかに政権や与党の談話実践と矛盾するものである。どう説明をすればいいのであろうか。

(24) 【衆院予算委員会】安倍首相、沖縄県宜野湾市長選で辺野古移設は左右されず
〈http://www.sankei.com/politics/news/160112/plt1601120052-n1.html〉
（産経新聞 2016.1.12 配信）

(25) 首相、沖縄の選挙「影響せず」辺野古移設
〈http://mainichi.jp/articles/20160112/k00/00e/010/160000c〉
（毎日新聞 2016.1.12 配信）

(26) 首相、宜野湾市長選は影響せず　普天間の移設推進
〈http://www.tokyo-np.co.jp/s/article/2016011201001571.html〉
（東京新聞 2016.1.12 配信）

　(24)～(26)に挙げたような内容の首相の発言は 2016 年 1 月 12 日前後の記事にのみ確認されるもので、その後は記事の中には登場しない。この時期はまだ宜野湾市長選の告示前である[14]。そこから考えられることは、首相が、現職候補が負けて辺野古新基地反対を唱える新人候補が勝った時のことを不安に思い、予防線を張ったのではないかという推測である。つまり、普天間・辺野古問題と宜野湾市長選との切り離しを意図したと考えられる。それまでの沖縄を舞台にした選挙で政権・与党側が負け続けていたことを考えるとその危機感は相当なものがあったであろう。そのことは次の記事からも確かめられる。

(27) 自民“背水の陣”　宜野湾市長選に挙党態勢　連敗ドミノ断ち切れるか
〈http://www.sankei.com/politics/news/160107/plt1601070051-n1.html〉
（産経新聞 2016.1.8 配信）

　しかし不思議なことに、首相は 1 月 18 日には「安全保障政策にかかわる

重要な選挙」という発言を行っている。12日の発言のように、普天間・辺野古問題と宜野湾市長選とを切り離したのであれば、「安全保障政策にかかわる」ことにはならないはずである。どういうことであろうか。

(28)　安倍晋三首相（自民党総裁）は18日の党役員会で、沖縄県の米軍普天間飛行場を抱える宜野湾市長選（24日投開票）について「安全保障政策にかかわる重要な選挙なので、よろしく応援していただきたい」と述べた。
　　　〈http://mainichi.jp/senkyo/articles/20160119/k00/00m/010/085000c〉
　　　　　　　　　　　　　　　　　　　　　　　　（毎日新聞 2016.1.18 配信）

　推測するに、政権側は1月18日の前に現職側が優勢であるという情報を得ていたのではないだろうか。実は(29)のように、新聞でも1月17日に現職側がやや優勢という記事が配信されていた。政権側は、このような情報を得て、現職側当選という結果になる場合を想定し、「民意は辺野古移転である」という論理で安全保障政策をこれまで以上に推進する方針に転換したのではないだろうか。

(29)　基地負担軽減の実績、佐喜真氏やや優位か？　翁長氏側の世論誘導警戒　宜野湾市長選告示
　　　〈http://www.sankei.com/politics/news/160117/plt1601170022-n1.html〉
　　　　　　　　　　　　　　　　　　　　　　　　（産経新聞 2016.1.17 配信）

　これらの考察から見えてくるのは、負けても勝ってもその結果を自らの政権運営に都合の良いように利用していこうという意図である。しかし政治や政治家という清濁併せ呑む世界のあり方を考えれば、そのような意図や実践はある程度受け入れる人も一定数いるのではないだろうか。大切なことは、硬直的に善悪を決めつけるのではなく、有権者や市民が、本章の行ったような批判的な読みを通して、表面的な読解からは読み取りにくい意図や実践を推察することであり、その推察を踏まえて自分で判断を下し行動することである。

5. 批判的談話研究の可能性と今後の課題

　本章の課題は、政治的な内容のテクストを CDS の姿勢で分析し、そこで得られたものを使って民主的シティズンシップ教育を視野に入れた日本語教育が可能かどうか、教材としての潜在的可能性に焦点を当ててケーススタディを行うことであった。

　CDS の実践を通して、字義的な表面的意味を理解するだけでは見えてこないさまざまな特徴を明らかにすることができた。また、複数の新聞記事を縦断的・横断的に分析することによって、複雑に絡み合った談話の束をときほぐして、当事者の姿勢・主題・話題・立場・視点・焦点・意図・実践といったものを取り出すことができ、その本質を見えやすくすることもできた。

　これらを教室活動として行えば、批判的な読解力・批判的な思考力などが育成されるであろう。この批判的なリテラシーは、「民主的シティズンシップのための中核的能力と技能」に不可欠であるとされていたものである。特に「認知能力」の中に含まれる批判的な思考力は、社会の課題を発見し、それを解決する作業で必要な基礎的な能力であり、民主的シティズンシップ教育にとってその獲得は重要な目標となるものの 1 つである。またこの「認知能力」は、他の「民主的シティズンシップのための中核的能力と技能」、すなわち、他者の考えを受け入れていく「情動的能力と価値の選択」につながり、さらには「行動力、社会的能力」へと展開していくものである。その涵養に CDS は有益である。

　政治的なテクストを使用しても中立性が担保できることも確認できた。CDS は当該テクスト内はもちろんのこと、他のテクストやコンテクストなども積極的に参照し、さまざまな根拠を積み重ねて分析と考察を行う。そのため、感情に任せた批判ではなく根拠に基づいた論理的な批判が可能である。それは裏返せば、論理的な反論も可能であることを意味する。したがって、ボイテルスバッハ・コンセンサスの最初の原則「圧倒の禁止」を遵守することができる。2 番目の原則「論争のあるものは論争のあるものとして扱う」についても、多様なテクストを参照したり比較したりすることで、視点や立場や考え方の違うものを寛容に受け止めて考察することが可能であり、決して偏向しない授業が可能であると考えられる。3 番目の「個々の生徒の利害関心の重視」についても学ぶ人のニーズを把握して素材の選択を行えば

充分に守ることができる。

　本章が実践した読みのケーススタディは、留学生にとっても日本人学生にとっても自分の住む社会の政治やそれを報じるメディアを批判的に見つめる契機となろう。両者が共習する授業であればお互いの読みを共有し考え議論することで、さらなる相乗効果が見込める。それは「他者と共に生きること」を目指すために必要となる調整能力、つまり政治能力に発展する。以上から、CDS の視点を取り入れた語学授業は民主的シティズンシップ教育に貢献できると考えられる。2 節で CDS には複数の枠組みが提唱されていることを述べたが、幸いなことに、そのいくつかは着目の観点が整理されており初学者でも模倣することから分析を始めることができる。日本語教育に積極的に取り入れることを提案したい。私にとっても日本語教育関連の授業でCDS を取り入れ民主的シティズンシップ教育を行っていくことが今後の課題である。

付記：本章は沖縄県日本語教育研究会　第 13 回大会（2016.2.27 於　琉球大学）での口頭発表を「日本語教育から民主的シティズンシップ教育へ—批判的談話研究の実践を通して—」としてまとめ、『琉球大学国際教育センター紀要』創刊号（琉球大学留学生センター紀要通算 14 号）に公表した論文に加筆修正を行ったものである。なお本研究は、科学研究費補助金事業（学術研究助成基金助成金）挑戦的萌芽研究　課題番号：16K13218 代表者：名嶋義直、の研究成果の一部である。

注
1　近藤（2009: 11）では「市民性教育（筆者注：注 2 にあるように、本章で言うシティズンシップ教育）が社会的諸問題の予防・解決という問題意識から出発するのに対し、政治教育（筆者注：本章で言う民主的シティズンシップ教育）はいかに民主主義を守るのかを第一に考えるところに、強調点あるいは目標設定の仕方の違いを見ることができよう」と述べている。
2　近藤（2009: 10）によると、ドイツにおける「政治教育」は英訳する際に「民主的市民性教育」という翻訳になり、意図的に「民主的」という語を加えるそうである。ここからも、本章でいう「民主的シティズンシップ教育」が政治性を有していることが当然のこととして確かめられる。

3　近藤 (2015: 12) では宗教的中立性を例に挙げ「フランスの世俗性原則に対応する非宗教性」と述べている。その部分を筆者が意訳したのが「閉鎖性」という表現である。「無関与」と言ってもよいであろう。

4　近藤 (2009)（2015）を参照した。

5　私は宜野湾市長選に大変興味を持っていたが、宜野湾市民ではなかったため選挙権は有してはいなかった。

6　「自民、平成 28 年運動方針案骨子判明　タイトルに「挑戦」「1 億総活躍」、18 歳選挙権で若者アピールも」〈http://www.sankei.com/politics/news/160120/plt1601200010-n1.html〉（産 経 新 聞 2016.1.20 配信）

7　記者・担当部署・整理部などを含んでのことである。

8　書く必要がない・言及したくない・紙幅の都合など理由はいろいろ考えられ、それをテクストから確かめる術はないが、結果的であったにせよ、意図的な非選択であったことにはかわりない。最も「争点隠し」の実態に近いと言えよう。

9　たとえば、宜野湾市長選後の社説では明確に辺野古移設を進めよと主張している。「宜野湾市長再選　基地移設を着実に進めよ」〈http://www.sankei.com/column/news/160125/clm1601250002-n1.html〉（産 経 新 聞 2016.1.25 配信）

10　2016 年 1 月 1 日の推計人口は 1,432,386 人。沖縄県 HP「推計人口」〈http://www.pref.okinawa.jp/toukeika/estimates/estimates_suikei.html〉（2016.2.18　リンク確認）

11　ここで言う「誘導」とは「一定の解釈に導くこと」であり、それ自体が良いとか悪いとかいった評価を伴って使用していない点に注意されたい。

12　対立する相手を否定的に叙述することとともによく観察されるのが自分を肯定的に叙述する行動である。今回収集した記事の中にも観察されるが、他者への攻撃性という点においてより影響の大きい「相手を否定的に叙述する」ものだけを取り上げる。

13　2017 年 8 月 17 日にリンクを確認したところ文章に修正が施されていた。現時点で確認できる文章は「翁長氏は公務を二の次にしててこ入れを図るなど選挙戦は熱を帯びている。」となっている。当初の配信文章と後日参照した際の文章との間に差異が生じている。ネット上の記事は速報性を優先してか後から加筆修正されることが頻繁に発生する。

14　告示は 2016 年 1 月 17 日であった。

参考文献

近藤孝弘 (2009)「ドイツにおける若者の政治教育」、『学術の動向』14–10、公益財団法人 日本学術協力財団、pp.10–21.　〈https://www.jstage.jst.go.jp/browse/tits/14/10/_contents/-char/ja/〉（2016.2.16 リンク確認）

近藤孝弘（2015）「ドイツの政治教育における中立性の考え方」、『考える主権者をめざ
　　す情報誌Voters』26、公益財団法人　明るい選挙推進協会、pp.12–13.　〈http://
　　www.akaruisenkyo.or.jp/wp/wp-content/uploads/2015/05/26%E5%8F%B7.pdf〉
　　（2016.2.16 リンク確認）
ジークフリート・イェーガー（2010）「談話と知―批判的談話分析および装置分析の理
　　論的、方法論的側面」、ルート・ヴォダック、ミヒャエル・マイヤー（編著）、野
　　呂香代子（監訳）（2010）『批判的談話分析入門―クリティカル・ディスコース・ア
　　ナリシスの方法』第 3 章、三元社、pp.51–91.
テウン・A・ヴァン・デイク（2010）「学際的な CDA―多様性を求めて」、ルート・ヴォ
　　ダック、ミヒャエル・マイヤー（編著）、野呂香代子（監訳）（2010）『批判的談話分
　　析入門―クリティカル・ディスコース・アナリシスの方法』第 5 章、三元社、
　　pp.133–165.
名嶋義直・野呂香代子・三輪聖（2015）「パネルセッション　これからの日本語教育は
　　何を目指すか―民主的シティズンシップ教育の実践―」、『2015 年度　日本語教育
　　学会秋季大会（沖縄国際大学）予稿集』、pp.37–48.
西山教行・細川英雄・大木充（編）（2015）『異文化間教育とは何か　グローバル人材育
　　成のために』、くろしお出版
野呂香代子（2014）「批判的談話分析」、渡辺学・山下仁（編）『講座ドイツ言語学　第 3
　　巻』第 7 章、ひつじ書房、pp.133–160.
野呂香代子（2015）「「環境・エネルギー・原子力・放射線教育」から見えてくるもの」、
　　名嶋義直・神田靖子（編）『3.11 原発事故後の公共メディアの言説を考える』第 2
　　章、ひつじ書房、pp.53–100.
バーナード・クリック（著）、関口正司（監訳）、大河原伸夫・岡崎晴輝・施光恒・竹島
　　博之・大賀哲（訳）（2011）『シティズンシップ教育論　政治哲学と市民』、法政大学
　　出版局
細川英雄・西山教行（編）（2010）『複言語・複文化主義とは何か』、くろしお出版
福島青史（2011）「『共に生きる』社会のための言語教育　欧州評議会の活動を例とし
　　て」、『リテラシーズ』8、くろしお出版、pp.1–9.　〈http://literacies.9640.jp/vol08.
　　html〉（2016.1.9 リンク確認）
マイケル・バイラム著、細川英雄（監修）、山田悦子・古村由美子（訳）（2015）『相互文
　　化能力を育む外国語教育―グローバル時代の市民形成をめざして』、大修館書店
Starkey, Hugh (2002) "Democratic Citizenship, Language Diversity and Human Rights:
　　Guide for the development of Language Education Policies in Europe, From
　　Linguistic Diversity to Plurilingual Education, Reference Study". Language Policy
　　Division, Council of Europe: Strasbourg. 〈https://www.coe.int/t/dg4/linguistic/Source/
　　StarkeyEN.pdf〉（2016.12.29 リンク確認）
Yahoo! ニュース「『当たり前を疑う』ドイツの政治教育の現場」〈http://news.yahoo.
　　co.jp/feature/77〉（2015.12.7 配信、2016.12.29 リンク確認）

5章　萌えキャラのポリティクス1
―その支配性

1.　萌えキャラをめぐる新聞報道を読んで感じたこと

　1・2章では憲法改正をめぐる首相の言説、3・4章では沖縄の辺野古新基地建設をめぐる社説・宜野湾市長選に関する新聞記事の分析と考察を行った。狭い意味での政治的な言説分析が続いたので、5・6・7章ではいわゆる「萌えキャラ」を1つの言説とみなし、批判的談話研究 (Critical Discourse Studies；以下、CDS と略す) の姿勢で分析を試みる。身近に存在し、権力とは無関係に思える萌えキャラに組み込まれている支配性を明らかにするとともに、それを通して CDS の分析枠組みとしての可能性を広げたい。

　クールジャパンという言葉を目にするようになって久しい。「官のことば」を批判的視点で分析した大橋 (2015) によると、クールジャパン政策の原形は今から 10 年以上前の 2005 年に確認できるという (p.120)。そして興味深いことに、大橋 (2015: 125) は、そのクールジャパン政策が、東日本大震災と福島第一原子力発電所事故を契機に大きく転換し、その内容や方向が「日本人、日本文化の特殊性、優位性を謳った日本人論、日本文化の台頭、ナショナリズムへ回帰」を示唆しているのではないかという指摘をしている。

　一方で、日本語を学ぶ外国人の中には日本のポップカルチャーに興味を持っている人も多く、アニメや漫画などを教材や補助教材に使用することもよくある[1]。その興味関心に合わせるため、私も 2016 年度前期の中級から上級向けの読解授業で、いわゆる「萌えキャラ」に関する新聞記事を使用したことがある。

　萌えキャラとは「萌え」るキャラクターであるが、松原・サトウ (2013: 21–22) が「「萌え」とは何であるのか、現在のところ明瞭な回答はない」、「「萌え」は恋愛感情であるのか、事象の魅力を修飾する言葉なのか、その事象の範囲はどこに及ぶのか、現状いずれにも一貫性はない」と述べているよ

うに、「萌え」の定義が曖昧であることから、「萌えキャラ」の学術的な定義も定まっていないと思われる。松原・サトウ (2013: 22) が述べているように、「萌え」という記号（表されるものと表すものとが結びついたもの）が、パソコン通信の社会から生まれネット空間で拡大再生産されてきたものであることを考慮し、あえてウィキペディアの「萌え」に関する記述[2]を参考にして、ここでは以下のように定義しておく。

> 萌キャラ：アニメ・漫画・ゲームソフト等のサブカルチャー分野で使用されている登場人物の一種で、そのキャラクターに接した人に対し、好意・恋慕・傾倒・執着・興奮などの、ある種の狭くて深い感情の発生を誘発させる特性を持ったもの。

　萌えキャラの記事を教材として使用し日本語を教える過程で気づいたのは権力性と権力構造の存在であった。萌えキャラにはさまざまなポリティクス（社会的な力関係）が組み込まれており、「わたしたち」が萌えキャラをもてはやすことは「わたしたち」がそのポリティクスに取り込まれることにつながり、結果的にそれによって支配されていく。萌えキャラの中に取り込まれている理念や考え方を当然視するようになることで、気づかないうちに支配する側にも立ってしまい、その理念や考え方を強化したり再生産したりしてしまう。そのような、「自らが支配される」ということと「自らが支配に加担する」こととという二重の支配性があるわけである。支配し支配されるという政治性は決して国会や外交や政策や政治家といった遠い世界の抽象的なできごとであるだけではなく、その遠い世界のことがらが具体化した日々の「わたしたち」の普通の暮らしそのものでもある。今や日本で広く認められている萌えキャラについて考えることで、日々の暮らしにおける政治性の一端を明らかにすることができるのではないだろうか。

2.　萌えキャラの支配性・権力性について考える

2.1　萌えキャラの支配性・権力性について考えることの意義

　萌えキャラは、単に見る人の興味を引くことができるだけでなく、社会における「ものの見方」を一定程度反映している１つの言説であると考えら

れる。つまり、「わたしたち」の社会に対する認識や前提が顕在化したものであり、認知と社会とのインターフェイスとしてみなすことができる。そのため、萌えキャラについて考えることで、普段の生活では見えてこなかった政治性や権力性、普通の生活の中に張り巡らされている権力の網の目を可視化し、それを通して日本社会そのものや「わたし」そのものについて理解を深めることが可能である。萌えキャラはその点において研究対象として価値がある。

　また、萌えキャラに組み込まれている権力性や支配性に気づくということは、その萌えキャラを受け入れている「わたしたち」の中にも同じ権力性と支配性が存在していることに気づき、それを相対化して理解を深めることでもある。つまり、本章の考察は自らの中の複文化を批判的に認識することにつながり、社会の政治性に気づくという政治教育としての意義だけではなく、自分の中に潜在的に存在している価値観に気づくという点において、異文化間教育としても意義を見出すことができるものである。

　言語教育や文化教育という文脈でいえば、本章は日本語学習や日本事情・日本文化学習という名目において、無意識の常識というものによる支配、支配の強化、支配の再生産といったものに教育関係者が加担してしまう恐れがあるということを明らかにし、対抗する意識づけを促すことができるという点に意義を見出すことができるであろう。

　しかし、萌えの構造を明らかにしようとした研究や、萌えキャラの視覚的特徴の抽出を試みた研究、萌えキャラを活用した地域おこしの研究などはあるものの、萌えキャラを権力性や支配性を内在させた言説として捉え、その政治性を論じた研究は管見の限り見当たらない。そこで、複数の萌えキャラを対象に、そこに見られる権力性と支配性について考察を行うこととした。考察の対象は新聞記事の中に登場した「太秦萌（京都市交通局のキャラクター）」、「京町セイカ（京都府精華町のキャラクター）」、「碧志摩メグ（三重県志摩市が公認撤回をしたキャラクター）」である[3]。なお、必要に応じてそれらから派生した周辺キャラクターも考察に加える場合がある。

2.2　批判的談話研究という分析姿勢

　その支配性や政治性は萌えキャラの絵そのものに誰でもすぐに気づく形で現れているわけではない。そのような見え方をする萌えキャラがあったとし

たら、見る人の萌え感情を削ぎ、興味を失わせてしまい、萌えキャラを使用して人々の興味を引くことによって何かを期待し意図している主体の試みが失敗するからである。したがって、萌えキャラの中に存在する支配性や政治性は自然を装って暗示的に組み込まれていると考えられる。

　そのような一見すると目に見えないが本質的には存在している支配性や政治性を顕在化させていく学問的姿勢が「批判的談話研究 (Critical Discourse Studies; CDS)」である。CDS の概要について名嶋 (2016) を引用する[4]。

　　　CDS とは、談話研究の一手法や方法論でなく研究に対する姿勢である。CDS は、社会の問題に目を向け、何かに支配されている弱者側に立ち、支配しようとする人々 (権力) の言説をさまざまな観点から分析し、そこに自然を装って隠されている権力の意図と実践を可視化して明るみに出す。それによって支配と向き合う方法を考え、最終的には社会変革のために行動することを目標としている。決して「自己満足としての批判」で終わるのではなく、研究者自らも社会の問題解決に主体的に関わっていく学問的姿勢である。

　ヴァン・デイク (2010) は CDS について「一定のアプローチ等を指すのではなく、学問を行う上での一つの─批判的な─見解なのである。すなわち、いわば『姿勢を伴った』談話分析だと言える。その焦点は社会問題にあり、特に権力の濫用や支配の再生産および再生産における談話の役割にある」(p.134) と述べている。CDS の姿勢について野呂 (2014: 134–139) は以下のようにまとめている。

1) 研究目的：最終的な目的は分析者が問題視するのは社会状況の変革。
2) 学問の客観性・中立性：批判的なまなざしを向ける。
3) 真理、真実：真理や真実を述べる談話行為は政治的な意味付与の闘争。
4) 分析者の立場：中立はあり得ない。立場を明らかにして分析に臨む。
5) 内容か形式か：両方。言語学的側面も社会学的側面も両方分析する。
6) 言語外のコンテクスト：幅広い歴史的、社会的コンテクストも分析する。
7) 談話に対する考え方：表現し伝えることで社会的な何かを実践してい

る。

8）談話と権力：談話は権力の安定と崩壊に関わる「せめぎあいの場」。権力の再生産の場でもあり、権力との競合や挑戦の場でもある。

9）多元的研究：学際的な研究手法で、多元的に談話を分析する。

　CDS のアプローチには、弁証法的関係のアプローチ・社会認知学的アプローチ・談話の歴史的アプローチ・デュースブルグ学派のアプローチ等があるが、どれかに依拠しなければ CDS が実践できないということではない。分析する言説の特徴や研究者の問題意識等に応じて、取捨選択したり組み合わせたりすることも多い。本章でも特に 1 つのアプローチに限定することなく分析・考察を行う。具体的な分析・考察項目は、各キャラクターに設定されている名前や属性、キャラクターの外形的特徴、派生キャラクターとの関係、キャラクターの活用方法、ジェンダー性、である。

　分析と考察の結果、5 つの支配性・権力性を取り出すことができた。以下5・6・7 章と章を改めながら分けて論じる。5 章では、まず地域や組織への帰属性について考えてみたい。

3.　萌えキャラが作り出す関係性

3.1　ゆるやかなつながりについて

　これは「わたし」と萌えキャラとが、萌えキャラが媒介する何かを介してつながるという特徴である。一番わかりやすいのは京都市交通局のキャラクターである。中心となるのは京都市内の高校二年生「太秦萌」であり、その幼なじみに「松賀咲」と「小野ミサ」がいる。この 3 人の姓名には京都の地名が 3 つ入っている。「太秦」・「松ヶ崎」・「小野」である。これらは京都市交通局が運営する京都市地下鉄の沿線にある町である。図 1 の京都市交通局の路線図で言うと、太秦は T17、松ヶ崎は K02、小野は T04 である。興味深いのは、この 3 つの町を線で結ぶと大きな三角形ができ、その三角形の中に京都市のかなりの部分が入るという事実である。つまり潜在的な地下鉄利用者である京都市民の多くは、どこに住んでいようとこの 3 つの地名にはそれなりの親近感を覚える可能性がある[5]。

　太秦萌には、あとで述べるように、派生キャラクターが多く、その多くが

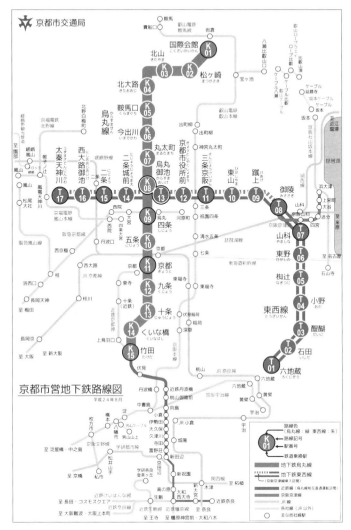

図1　京都市営地下鉄路線図
出典：京都市交通局HP

同じように地名を姓名に取り込んでいる。太秦萌には京都学園大学の大学生である「太秦その」という従姉妹がいる設定になっている。この太秦そのは京都学園大学の公式キャラクターとして作られたものである。太秦は萌の場合と同じく地名であり、「その」は学園の「園」の訓読みと一致する。そし

て実際に京都学園大学は太秦にキャンパスを有していて、キャンパスのHPには太秦そのが画面右下に小さくポップアップで登場している[6]。

図2　太秦その
出典：京都学園大学HP

　太秦萌が時々マンガミュージアムで見かける女性は「烏丸ミユ」という大学生である[7]。「烏丸」という名字は京都市の中心を南北に走る大通り「烏丸通り」と共通点がある。その烏丸通りの下には地下鉄烏丸線が敷設されており、「烏丸御池」という地下鉄駅（K08）も存在する。京都国際マンガミュージアムは京都市中心部にあるが、最寄り駅は地下鉄烏丸線の烏丸御池駅となっている。「ミユ」という名前はミュージアムから取っているのであろう。
　太秦萌の友人の小野ミサには兄がいる設定になっている。大学生の「小野陵」である。名前の「陵」は「みささぎ」とも読む。そして地下鉄東西線には「御陵（みささぎ）」という駅（T08）がある。小野陵の高校時代の同級生には「十条タケル」という青年がいる。この「十条」は烏丸線の南側の終点の手前3つ目の駅名（K13）と同じである[8]。
　以上の派生キャラクターも含めると、より親近感を持つポイント（地下鉄

図3　太秦萌を中心とするキャラクター相関図
出典：京都市交通局 HP

の駅）が増え、最初に描いた三角形は六角形になり、その真中を上下に烏丸通り（地下鉄烏丸線）が、左右に地下鉄東西線が走っている形となる。私たちはあるキャラクターに興味を持つことによってある地域との接点を持つことになる。そして、京都に馴染みがなかったり薄かったりする人であれば、キャラクターを通して京都との関係性が生まれるし、京都市民や私のような元京都市民にとっては、キャラクターを通して京都へのつながり感が活性化されることになろう。

　これもあとで触れるが、これらの萌えキャラには現実世界と同じような人間関係が設定されている。太秦萌を中心としたキャラクター相関図を見ると右下に次のような説明がなされている[9]。

　　キャラクターが、様々なコミュニティを結びつけるハブとなり、京都市
　　を盛り上げていきます。

　何かと何かを結びつけることは「何かが何かに帰属する」[10] という関係の

出発点である。つまり、キャラクターを使用している京都市交通局も「何かと何かの関係性」を作り出すことを意図していると考えられる。関係性というものは、たとえそれが緩やかなものであっても、なんらかの形で支配性を帯びたものに変化しうる点に注意が必要である。

3.2 ゆるやかなつながりから帰属性へ

そのゆるやかなつながりがさらに強くなると「片方が他方に帰属する」という関係性に発展する可能性が出てくる。たとえば、「わたしたち」は学校や職場といった組織に帰属している。住んでいたり働いていたりする地域や自治体に帰属しているとも言える。帰属とは自分が一方的に設定することができる意識である。ある集団や組織が人々に自分たちの集団や組織に対しての帰属意識を喚起させたいと意図した時に萌えキャラを使用すると、単なるキャラクターが帰属意識への刺激入力として機能することが起こりうる。先に例を挙げた、大学の公式キャラクター「太秦その」もそうである。太秦そのが出演するテレビCMがある[11]。それを見た大学関係者は自分がその大学に帰属していることを意識するであろう。そのキャラクターやCMを好意的に受け取る人はその帰属意識がさらに強くなったり、帰属に喜びを覚える人も出てくる可能性もある。

同じような役割を果たすのが自治体の使用するキャラクターである。まず

図4　京町セイカ

出典：精華町HP

「京町セイカ」を分析する。京町セイカは京都府精華町の広報キャラクターである[12]。それゆえ名前も町名の読み方と同じ「セイカ」となっている。

京町セイカは町のHPをはじめ、ポスターや3Dモデルなどさまざまな媒体に登場している。毎年京町セイカ誕生祭というイベントも開催されている。キャラクターの設定には町への同調性を強調して帰属意識を高めるためか、「町章と同じグリーンが好きで、服装は何を着てもいつも緑色！」と書かれている。その設定を反映して衣装や靴や装飾品に限らず目までもが緑色である。

三重県西部に伊賀市という自治体がある。その名の通り伊賀忍者の里として知られている。その伊賀市の伊賀上野NINJAフェスタ実行員会公式キャラクターとして作られた萌えキャラが17歳の女性忍者「伊賀嵐マイ」である[13]。

図5　伊賀嵐マイ
出典：伊賀嵐マイ公式ブログ

伊賀嵐は「いがらし」と読む。名前の「マイ」は地元特産の「伊賀米」とも通じる[14]。伊賀市の名称が姓に組み込まれているのはもちろんであるが、キャラクター設定を見ると、生年月日は忍者の日の2月22日、好きな食べ物は伊賀牛・伊賀米、将来の夢は「日本一のくノ一？？？」、必殺技は手裏剣と火遁の術、好きな場所は御斉峠（地元の峠）、好きな言葉は「伊賀弁はやっぱりホッとする」、と忍者づくしである。当然のごとく、服装やポーズは忍者のそれである。設定の説明にある通り「"伊賀市"の特性を多く取り入れ、地元に愛され、地元で育てあげるキャラクターを目指す」形となって

いることがわかる。

　ここで注意しておきたいのはキャラクターと「わたし」との関係性として、「地元に愛され」「地元で育てあげる」という表現が当てられており、単なる「つながり」よりも強いもの、キャラクターへの意図的な働きかけ性が顕著に表現されている点である。別の言い方をすれば、キャラクターが地元に帰属する関係性であるとも言えるが、その仮想キャラクターを現実世界で愛することは、そのキャラクターが地元の特性を反映させていること、しかし現実空間に存在するとはいえ仮想空間の人物であることゆえに、仮想世界と現実世界との間で一種の反転が生じ、その行為は「わたし」が「地元を愛する」こととなり、「『わたし』が地元を育てていく」こととなる。そして「わたし」と地域社会という「共同体」との関係性を踏まえると、それは「わたし」が地元共同体に帰属することにつながっていく。

　その「わたし」の地元への帰属意識をさらに顕著に刺激しているのが同じく「三重県の志摩市非公認」ご当地キャラクターの「碧志摩メグ」である。17歳、日本一の海女を目指す女子高校生である。

図6　碧志摩メグ
出典：碧志摩メグ公式サイトHP

　これまで見てきた萌えキャラと同様、姓に「志摩」という自治体名が入っている。「碧」は青い海を表現する連体詞「紺碧の」に通じる。名前の「メグ」は「自然(海)の恵み」の「めぐ」であろうか。志摩市は海がきれいで海産物など自然の恵みが豊かな自治体であることをイメージさせる名前である[15]。この碧志摩メグは一度は志摩市公認のキャラクターとなったが、体の

線を強調する磯着の着用や女性の体型を際立たせた絵に、海女やその家族などから海女を侮辱しているという批判の声が上がり志摩市が公認を撤回した経緯がある。HPに志摩市「非公認」ご当地キャラクターと書いてあるのはそのためである[16]。実はこの碧志摩メグと忍者の伊賀嵐マイは設定上は親友であり、共に同じ企業がデザインし活用している[17]。そのため、碧志摩メグの設定にも志摩市を意識させるものが多数取り込まれているが、重複するのでそれを分析することは割愛する。ここで見ておきたいのはキャラクターを設定した意図である。伊賀嵐マイのHP[18]に碧志摩メグを設定した意図が書かれているので引用する[19]。

　　日本の"萌え"文化を通じ、志摩市の観光PR・海女PR・地元愛につなげるべく生み出された。

　そこには「地元愛につなげる」という言葉が確認できる。「なにを」地元愛につなげるかは言語的に明示されていないが、文脈から考えればそのキャラクターに接する「人」であることは容易に推察できる。忍者の伊賀嵐マイのところで論じたように、地元の特徴を名前や設定に取り込んだ萌えキャラが、「わたし」が持つキャラクターへの親近感や「萌え」感情を受け止めつつ、一方で、仮想空間のキャラクターとして現実世界に登場して振舞うことで、「わたし」からの感情の向かう世界と対象とを共に反転させ、最終的には地元への親近感や「萌え」感情を喚起させようとしていることを明示的に語っている。キャラクターの後ろにいる組織や団体や自治体がそのように意図しているということである。この点は注意が必要である。

3.3　帰属性から支配性へ

　この「地元愛」それ自体は決して悪いことではない。しかし、それが「権力」によって回収され利用されるとなれば話は別である。単なるゆるやかなつながりや帰属意識といった関係性に「わたしと相手との力関係」が持ち込まれたとき、その関係性が支配性に発展する可能性を帯びるからである。一方が他方よりも強い力を持っていて、相手がその力を関係性に持ち込んだとき、「相手がわたしを支配する」という「支配関係」の芽が生まれる。

　本章で言う「権力」とは、警察などを指して言う「国家権力」を指すに留

まらない。なんらかの力をもって、誰かや何かを時には強圧的に、ときには柔軟で教育的に支配していこうとするものの総体を指す。それは言い方を換えれば、力という点において不均衡で、支配する支配されるという関係ある相対的に強い側のことである。そういう意味で言えば、あるものに対して弱者側に立つ「わたし」が、別のものに対しては強者側に立ち、支配のために権力を行使するということもあるわけである。また一般的に言えば、実体としてのまとまりが大きいものの方が小さいものよりも権力をもって支配側に立つことが多いと言えよう。たとえば、個人よりも家庭の方が権力的であるし、家庭よりは学校などの組織や地域の共同体の方が権力的であろう。学校組織や地方共同体よりは国家の方が権力的である。

　このような権力観は私だけのものではない。2016年10月7日の朝日新聞デジタルに「学校、家庭、地域の役割分担を議論へ　教育再生実行会議」という記事が掲載されている。記事の最初の段落を引用する。「家庭や親のあり方に国が関与しかねないことへの懸念」という表現が示すように、国が家庭に対して「関与」という行動で支配的に振舞うことが望ましくないこととして捉えられている。つまり「国＞家庭や親」という権力観や権力構造と個人や家庭への国家介入を懸念するという感覚が一般的なものとして社会に存在しているということである。

> 松野博一文部科学相は7日の記者会見で、政府の教育再生実行会議を再開し、学校、家庭、地域の役割分担をテーマに議論を始めることを明らかにした。学校や教員の負担が増しているとして「家庭、地域の教育力の向上」を検討するという。一方、家庭や親のあり方に国が関与しかねないことへの懸念もあり、どこまで踏み込むのかが議論の焦点になりそうだ。
> 〈http://digital.asahi.com/articles/ASJB70CYZJB6UTIL052.html〉
> （2016.10.7 配信）

　そのような階層的な権力観や権力構造を帰属愛に置き換えれば、キャラクターに対する「萌え」が地元愛へ発展し、地元愛は究極的には国家に対する愛、愛国という理念に行き着く、という可能性を排除できない[20]。萌えキャラではないが国旗という一種の記号に対する様々な感情を考えれば、愛の1

144

つの形に国家に対する愛があることが理解できるであろう。愛国と防衛というものは親和性があるし、防衛を担う組織である自衛隊は、国家的な組織であると同時に、実質的に武力を持っていて任務遂行のために非常に強固な上下関係・階級関係で組織されている。二重の意味で自衛隊は非常に権力的である。

　その自衛隊が、ゆるキャラや萌えキャラを主に自衛隊員募集の関連で積極的に活用している事実があることに目を向けておく必要があろう[21]。自衛隊の隊員募集は県単位で行われているようである。各県に地方協力本部という組織があり、そこが大学や高校にリクルーターを派遣したり、さまざまなイベントを行ったりして募集活動を行っているが、その中で萌えキャラやゆる

図7　左から右へ上から下への順で福島・茨城・三重・広島・山口の各地方協力本部のキャラクター
出典：自衛官募集 HP

キャラが積極的に使用されているという事実がある。地方協力本部が使用しているキャラクターが自衛官募集 HP「地方協力本部ポータルサイト＞全国"チホン"キャラクター総覧」[22] で一覧できる。図 7 の福島・茨城・三重・広島・山口の各地方協力本部のキャラクターは萌えキャラと言えよう。

　HP によると、「全国各地の自衛隊地方協力本部では数多くのキャラクターが自衛隊の啓蒙のために活躍しています」とのことである。その啓蒙とはどういうものであろうか。キャラクターの詳しい解説があった山口地方協力本部のキャラクターを見てみたい。山口地方協力本部 HP には「キャラクター紹介」というページがあり[23]、そこには「山口地方協力本部ではキャラクターを作成し、自衛隊に親しみをもっていただく取り組みを行っております」という挨拶文に続いて、山口美陸（みり）・山口美海（みみ）・山口美空（みく）の 3 姉妹"機"の自己紹介がなされている[24]。「著作権の関係で、無断での使用、転用、複製等は禁じます」とのことなので本章では山口地方協力本部 HP からの図の掲載を控えるが、ぜひ HP にアクセスして実物を確認し本章を読んでほしい。

　名前の「陸・海・空」・「機」という字からわかるように、これらの萌えキャラはそれぞれ陸上自衛隊・海上自衛隊・航空自衛隊の「自衛隊独自の装備・乗り物・システムなど」(HP より)をイメージ化している。名前に使用されている「美」は「美しい」をイメージさせ女性の名前に使われることもよくある漢字である。「みり・みみ・みく」という名前も女性の名前として違和感はない。一方、使用されている漢字は陸・海・空であり、これらは国土・領土を構成する要素である。山口県は安倍晋三首相の出身地であるが、安倍首相には『美しい国へ』(文春新書)という著書がある。「美・陸・海・空」を組み合わせた萌えキャラの名前と符合するものがあるのは偶然であろうか。

　HP の記載によると、そのキャラクターコンセプトは「幅広い年齢層に受け入れやすい萌えキャラクター」だそうである。詳しい説明がなされているのでその中からいくつかを引用する。

　　「幅広い年齢層に受け入れやすい萌えキャラクター」
　　他の自衛隊などの萌えキャラクターを参考にしつつも、自衛隊山口だけのオリジナリティを取り入れ、うまく他のキャラとの差別化を図りたい

と考えました。キャラクターの設定や世界観などを工夫し、幅広い年齢層に受け入れやすいキャラクターを創作。萌えの効果でメッセージを世間に浸透させやすくします。(下線引用者)
生身の女の子の萌えキャラはこれまでに多数存在します。他の駐屯地の萌えキャラも生身の女の子です。しかし生身ではイラストとして表現できるバリエーションが極端に少ないのです。そこで考えたのが自衛隊員の支援を目的に造られた「次世代支援機」という設定の「萌えメカ娘」です。
これならばイラストとしても様々なバリエーションが展開でき、なおかつ自衛隊独自の装備・乗り物・システムなど普段では解りづらいものをわかりやすく可愛く紹介することもできます。(下線引用者)

　注目すべきは下線を付した「幅広い年齢層に受け入れやすいキャラクターを創作。萌えの効果でメッセージを世間に浸透させやすくします」「わかりやすく可愛く紹介することもできます」という部分である。キャラクターを受け入れさせるために「萌え」を利用し、可愛い萌えキャラに語らせることで、自衛隊からのメッセージを社会に広めることが目的であると公然とその意図を明らかにしているのである。「世間に浸透させやすくします」という表現からは決してそのメッセージを強圧的に押し付けるのではなく、じわじわと時間をかけながらも自然な形で納得させて人々の心の奥深いところまでメッセージを送り込もうとしていることがわかる。ここで使われている「浸透させる」は「しみ込ませる」という意味であるが、一種の位相語と言えるかもしれない。「スパイを社会に浸透させる」というような軍事作戦の文脈で使用されるものと同類であろう。「可愛く紹介する」という部分からは「可愛さ」を利用していることがはっきりと確認できる。
　そのHPで述べているメッセージは、啓蒙的教育的活動を通して人々を納得させ自発的に権力に従わせるということであり、この自衛隊地方協力本部の目的の1つが自衛官募集にあるということを考えると、萌えキャラによって生じたつながりは自衛隊への入隊という自発的な帰属行動につながる可能性を持っていて、談話主体(山口地方協力本部)もそのことを認識して期待していると考えられる。しかしその結果生じるのは非常に強固な権力による「わたし」の支配・被支配という関係である。

仮想の世界に存在する萌えキャラである伊賀嵐マイや碧志摩メグに対する好意的な感情が、現実世界においてその萌えキャラと接することによって引き起こされた世界の反転によって、現実世界の共同体「地元」に対する愛情に置き換わったように、自衛隊の萌えキャラに対する好意的な感情も、何かをきっかけとしてどこかで反転し、自衛隊という権力組織（かつ自衛のために最小限の装備を備えた武力面を否定できない組織）やその自衛隊を支配する国家というものへの「愛国」感情へと置き換わってしまうおそれがある。自衛隊地方協力本部のHPでみたように、いくつも地方協力本部で仮想世界の萌えキャラやゆるキャラが、現実社会においてその支配する側と支配される側とを媒介しており、支配や誘導の手法・道具として機能しているのである。

3.4 萌えキャラが作り出す関係性についてのまとめ

以上の考察をまとめる。萌えキャラには地名や設定項目などを工夫することで種々の特徴が組み込まれており、それによってキャラクターに接した「わたし」は親近感やつながりを感じるように自然と仕向けられる。そこで生じた関係性がより強くなると帰属性を持つようになる。その1つの例が萌えキャラを通して「地元愛」を抱くようになる例である。しかし、地元というものと個人との関係は、現代社会においては支配・被支配の関係へと発展する特性を本質的に有している。この「地元」が拡張されていくと最後は国家というレベルに行き着く。つまり、「国家愛」「愛国」という心情へとつながり、自らを自発的に「支配される側」に立たせるようになっていくのである。

したがって、萌えキャラには企業や自治体や国家などへの帰属を促し、そこから支配・被支配関係へとつなげていくポリティクスが存在すると言えよう。「萌え」るわたしたちの気持ちとは無関係に、萌えキャラはその機能で働き続ける。「わたしたち」の「萌え」る気持ちは権力に回収されている[25]。

4. 萌えキャラが作り出す経済性・商業性

3節で「萌えキャラには企業や自治体や国家などへの帰属を促し、そこから支配・被支配関係へとつなげていくポリティクスが存在する」と述べた

が、そこに生じてくる「支配・被支配関係」にはさまざまなものがあると考えられる。その1つが「経済性・商業性」的な支配・被支配関係である。その3節では、萌えキャラが「萌えキャラとわたし」との間に何を接点として関係性を生じさせようとしているかを分析し、キャラクターの名称や設定によって「地元との接点」を組み込むことができ、それによって関係性を生じさせることが可能となる点を見てきた。その延長線上で、経済性・商業性による支配・被支配関係を構築することも可能である。個々のキャラクターを挙げて分析を加えていく。

4.1　自治体および関連サービスの利用を促す例

　「太秦萌」およびその派生キャラクターを例に説明をする。太秦萌およびその派生キャラクターは京都市交通局のキャラクターである。これらのキャラクターは京都市交通局の地下鉄・市バス応援キャラクターであるので、地下鉄・市バスの利用増加につながる広報活動が第一の仕事であり、実際に新サービスや関連各種イベントのポスター・ちらしなどに頻繁に登場し、人々の目に触れる機会が多い[26]。その意図は設定にも組み込まれている。太秦萌とその幼馴染の松賀咲・小野ミサをはじめ主要な派生キャラクター関係者は皆地下鉄で通ったり、地下鉄沿線の施設に出没したり所属していたりする設定になっている。たとえば、太秦萌の姉である「太秦麗」の設定は以下のとおりである[27]。

> 　語学力を生かし、京都市内で学芸員として日々活躍中のOL。妹の太秦萌の憧れ。趣味は漬け物を食べ歩くこと。国内はもちろん、世界の漬け物を求めて旅に出ることも。好きな漬け物は茄子の浅漬け。漬け物のお供に日本酒を飲むことも多く、そこそこの酒豪。街中で終電ギリギリまで飲むこともあり、今回のコトキン・ライナーを太秦家でいちばん喜んでいるのは麗。

　「コトキン・ライナー」というのは金曜日の地下鉄深夜便の愛称であり、「古都」と「金曜日」から取られたものである。太秦麗は「街中で終電ギリギリまで飲むこともあ」る人物であり、金曜の地下鉄深夜便があれば少しでも遅くまで飲んで帰れるのでその導入を喜んでいるという設定になっている

とともに、そのエピソードがサービスの宣伝になっている。

　キャラクターに親近感や「萌え」感情を抱く人とそうでない人を比べた場合、前者の方が地下鉄・市バスの利用に対し、より肯定的・積極的な考えや行動をとることが予想できる。6 章で述べる「多様性・拡張性」という支配・被支配関係とも関連するが、これらのキャラクターは磁気カード乗車券にも、また図 8 のようにカード購入を促すポスターなどにも使用されている。キャラクターに促されてキャラクターを所有する目的でカードを買えば売り上げ増に直結するし、さらには、スタンプラリーのような乗車を促すイベントも行われている[28]。

図 8　交通系 IC カードの宣伝をする太秦麗（京都市バス内で撮影）

　その効果があったのか、2016 年 8 月 3 日付の京都新聞には「京都市営地下鉄、34 年ぶり経常黒字　沿線に集客施設、利用増」という記事[29]が配信された。その記事では、黒字化の理由を「ロームシアター京都など沿線の集客施設の整備で 1 日平均の乗客数が前年度比 1 万 3 千人増の 37 万 2 千人まで伸びたことや、駅ナカビジネスの積極展開によるテナント料収入の増加などを挙げる」と報じているが、沿線の集客施設が整備されても地下鉄や市バス以外の交通機関を利用すれば乗客数の伸びが期待できないことを考えると、萌えキャラ使用による地下鉄・市バスへの親近感や好感の醸成が、利用者増に貢献した部分も否定できないであろう。

4.2 地元産業・地元特産品の利用を促す例

次に取り上げるのは地元産業・地元特産品の利用を促す例である。

萌えキャラの設定には現実世界の人物と同じように生年月日や趣味・好きな食べ物・職業観などが設定されていることが多い。先に例を出した「太秦麗」の設定を再度見てみると、「漬け物」と「日本酒」という語がキーワードとして埋め込まれていることがわかる。多くの人が知っているように漬け物は京都の特産品の1つである[30]。日本酒も伏見のような有名地域があり、一説によれば日本で一番古い歴史があるとも言われているという[31]。そこで「日本酒条例サミット in 京都2016」のイベントの1つとして、太秦麗の日本酒を発売するという企画も行われていた[32]。私が京都市市バスの中で見た広告にも「「太秦麗」の日本酒できました！」という呼びかけとお酒の写真が、「飲んだ帰りは地下鉄でっ♪」と大きく赤字で書いてあることもあってか、本来の「日本酒条例サミット in 京都2016」よりも目立つ形で確認できる（図9）。

図9　太秦麗が使用されているポスター（京都市バス内で撮影）

京都府精華町の広報キャラクターである「京町セイカ」の設定を見てみると、同じような特徴を確認することができる。京町セイカのプロフィールによると、身長は「151・5センチ（イチゴイチゴ）」となっている。数字の横に書かれている「（イチゴイチゴ）」は町の特産品である苺（いちご）の語呂合

わせである。

太秦萌の従姉妹という設定の「太秦その」は京都学園大学の大学生という設定であった[33]。HPの説明を引用する。

> 京都学園大学公式キャラクター「太秦その」は、2015年4月に「京都太秦キャンパス」（地下鉄太秦天神川駅から徒歩3分）が開学するのを記念して、京都学園大学と京都市交通局とのコラボによって誕生したキャラクターです。
> 京都市交通局の地下鉄・市バス応援キャラクター「太秦萌」とは従姉妹の関係で、2015年4月から京都学園大学に通っています。大学と新キャンパスの魅力の発信、公共交通の利用促進など、今後の幅広い活躍にご期待ください！

図10　太秦そのが使用されている大学広告（京都市地下鉄駅構内と車内で撮影）

京都市交通局とのコラボによって誕生したキャラクターであるため、「公共交通の利用促進」もその役目の1つになっていることがわかる。京都学園大学公式キャラクターとしての仕事は「大学と新キャンパスの魅力の発信」であるが、大学が何のためにそのような情報発信を行うかと考えれば、そこには入学者の確保という経営上の課題があることは否定できない。特に私立大学は一私企業であるので、教育はサービスであると共に商行為でもある。一定の利益を確保しなければ教育サービスの質も確保できないため、入学者の確保は経営上の最も優先される課題であろう。太秦そのも同大学の宣伝広告や入試案内に登場し、教育サービスの利用を呼びかけている（図10）。

なお、太秦そのの誕生日は5月15日で大学の創立記念日と同じ設定になっている。こういうところにも大学を話題化する意図と工夫が観察できる。

4.3　観光を促す例

人を惹きつけるキャラクターの力は、地元産業に対してもそうであるが、観光関連の組織にとっても非常に魅力的である。そこで当然の流れとして萌えキャラが観光関連施設の広報に現れることになる。

まず太秦萌の派生キャラクターである「烏丸ミユ」の分析を行う。烏丸ミユの出自やキャラクター設定は以下のようなものである。京都国際マンガミュージアムHPから引用する[34]。

　私、烏丸ミユ。21歳の大学3回生。
　「地下鉄に乗るっ」×「マンガミュージアムへ行くっ」の京都国際マンガミュージアムのPRキャラクターに抜擢され、これから、京都市営地下鉄と京都国際マンガミュージアムに貢献していきたいな！って思ってます！　もともと、マンガミュージアムが好きで、よく遊びにきていたの。
　私、実は、お父さんの仕事の関係で、アメリカやフランスなど、外国に暮らしていたの。普段はマンガミュージアムの近くのおじいちゃんの神社のお手伝いをしたりもしているけど、ホント、マンガミュージアムが近くにあってよかった！　だって、新旧問わないマンガや外国のマンガもあるので、幅広いマンガを読むことが大好きな私にとっては最高の場所です！

ぜひ、みなさんも一度訪れてほしいなぁ。

　本章の冒頭でも触れたように、また国際交流基金の調査でもわかるように、近年、日本の漫画や音楽などのポップカルチャーに興味を持ち、日本を訪れたり日本語の学習を始める人が増えている。たとえば調査結果の報告の中で国際交流基金は次のように述べている[35]。

> 「マンガ・アニメ・J-POP等が好きだから」は、「歴史・文学等への関心」を上回っており、日本のポップカルチャーが世界的に浸透し、日本・日本語への興味・関心の入り口となってきていることがよくわかる。ポップカルチャーをはじめとする日本文化は、旧来の各種マスメディアを通じて、さらに近年ではインターネットを通じて世界中からアクセスがしやすくなっていることが、こうした状況に拍車をかけているものと考えられる。

　そのような「国際化」を取り込んでいるのが上記プロフィールである。烏丸ミユは、漫画好きな帰国子女である[36]。そして京都国際マンガミュージアムを大変気に入っており、「ぜひ、みなさんも一度訪れてほしいなぁ」と「わたし」にも訪れるよう誘いかけている。

　太秦萌や小野ミサも図11のように各種観光施設への来場を呼びかけている。私が京都で入手したチラシとポスターの画像を掲載する。

　三重県伊賀市の伊賀上野NINJAフェスタ実行員会公式キャラクター「伊賀嵐マイ」と志摩市非公認キャラクター「碧志摩メグ」も観光PRをその目的の1つとして設定されたキャラクターであることは3.2節で述べた通りである。伊賀嵐マイの「忍者」という設定上の属性は、直接の地元産業ではないものの、観光を含め、伊賀市の「まちづくり」の重要な要素であることは明らかである[37]。志摩市の公認を取り下げられた碧志摩メグであるが、こちらは海女という伝統的な職業の若き後継者として設定されており、観光PRのみならず海女のPRも担っている。それは新鮮な海産物を活用した地元産業振興のPRにもつながっている。

　これまで見てきた萌えキャラと大きく異なる点は、伊賀嵐マイと碧志摩メグそのものが一私企業によって商品化されており、著作権者に利益をもたら

154

図11　太秦萌・小野ミサが使用されているチラシやポスター
出典：京都市交通局、ポスターは駅構内で撮影

す構造になっている点である[38]。一定の条件を満たし使用料を支払えば、他者による商業利用も可能となっている。このような点から、伊賀嵐マイと碧志摩メグについては、自治体の広報でもあり、地元産業・地元特産品の広報も行い、さらには観光PRも担うという経済性・商業性を有していると同時に、著作権者にとっても経済的な利益を生み出す商品であるという意味で二

5 章　萌えキャラのポリティクス 1　155

重の経済性・商業性という特徴を有している。この点については 6 章（特に
3.2 節）で再考する。

4.4　社会的活動を促す例

　先に分析した「地下鉄や市バスを利用し料金を支払う」、「地元産業の商品
や地元の特産物を購入する」、「観光地に足を運んで楽しく有意義な経験をす
る」、「キャラクター使用料を払って広報活動や商売を行う」、といった行為
においては、経済的・商業的主体と「わたし」との間を萌えキャラが媒介し
ている。金銭を支払うのは「わたし」であり、それと引き換えに、利便性や
具体的な商品、消費や知的な満足感、経済的な利益といった「なんらかの対
価」を得る、という共通点がある。それとは逆に、萌えキャラが「わたし」
に社会的な活動を働きかけ、「わたし」がそれを実施することで「萌えキャ
ラを活用している側」が「なんらかの対価」を得るという場合がある。
　2017 年 2 月 25 日、朝日新聞デジタルに「萌えキャラで温暖化対策　英語
頭文字「MOE」の環境省」という記事が配信された。下に引用する。

> 　地球温暖化対策が進んだ別世界から来た女子高生、君野ミライが「一
> 緒に世界を救おう」と、温暖化を悪化させる君野イマに訴えて生活を改
> めさせる。温暖化対策の重要性を広く知ってもらおうと、環境省は 24
> 日、こんな設定に基づくキャラクターを発表した。
> 　同省の英語の頭文字にちなんだ「MOE 萌（も）えキャラ」で、設定と
> キャラクターデザインを公募した。「女子高生キャラのスカート丈が短
> いのではないか」といった声も出たが、山本公一環境相が選んだ。10
> ～ 20 代の若者に、温暖化対策の国民運動「クールチョイス」を広めて
> いくという。（下線引用者）
> 〈http://digital.asahi.com/articles/ASK2S454YK2SULBJ00B.html〉
> （2017.2.25 配信）

　その「MOE 萌（も）えキャラ」は図 12 の 2 人である。
　新聞記事の中で使われている表現、特に下線部に着目すると、環境省が
「わたし」（記事では「10 ～ 20 代の若者」）に、温暖化対策の重要性を広く知
らしめ、温暖化対策を取らせようと意図していることがはっきりと見て取れ

図12　君野イマ（左）と君野ミライ（右）
出典：環境省 HP

る。それが最も端的に現れているのが使役形が使われている「生活を改めさせる」という部分であろう。ここでも興味深いのは、改めさせるのは「君野ミライ」であり、改めさせられるのは「君野イマ」であり、それらは共に萌えキャラであるが、実際には、改めさせるのは「環境省」であり、改めさせられるのは「わたし」（国民、記事では「10〜20代の若者」）であるという点である。つまりここでも仮想世界から現実世界への反転が生じており、それによって「わたし」が支配される対象になっている。3節で見たものと同様、萌えキャラが「現実世界における支配・被支配の関係」を媒介しているのである。

　環境省のサイトにも関連のページがあり、画像のダウンロードも可能である[39]。2017年8月14日の時点で、当初のバージョンに加え、夏服バージョン・着座バージョン・制服バージョンの計4バージョンの画像が設定されている。ここでも設定の差別化が行われていることが確認できる。

　本事例は環境省による「啓蒙（教育）」であり「支配・被支配」という分析は強すぎるという意見があるかもしれない。そこで、もう1つ別事例を分析し、萌えキャラが「現実世界における支配・被支配の関係」を媒介してい

ることを確認しておきたい。3.3節で取り上げた「自衛隊地方協力本部の
キャラクター」の場合である。

　仮に「わたし」が自衛隊地方協力本部の萌えキャラに興味を持ったことが
きっかけで最終的に自衛隊に入隊したとする。自衛隊は特別国家公務員なの
で「わたし」は「自分自身」を「労働力」という一種の商品として国家に提
供し、国防や災害救助といった「社会・国民への奉仕」というサービスを実
践することになる。そしてその対価として給与の支払いを受ける。この場
合、「わたし」は提供者であり、受益者は「国家」や「社会」や「国民」で
ある。これは先に見た、自治体および関連サービスの利用を促す例・地元産
業・地元特産品の利用を促す例・観光を促す例とは大きく異なる形態であ
り、環境省の萌えキャラの例と比べてもその「社会・国民への奉仕」の度合
いは著しく強い。

　また、支配性・被支配性という観点から見ても興味深いことがわかる。地
下鉄や市バスを利用し料金を支払う、地元産業の商品や地元の特産物を購入
する、観光地に足を運んで楽しく有意義な経験をする、という場合、それら
の行為は「わたし」の自由意志に基づいている。モノやサービスを購入した
場合に、多くの場合は金銭の支払いが必須となるが、それは貨幣経済社会の
商取引では当然のこととして前提視されており、支配性・被支配性はそれほ
ど強くないと言えよう。キャラクター使用料を払って広報活動や商売を行う
場合は、「わたし」の自由意志で行う点に変わりはないが、一度著作権者と
契約を締結した場合は、一定の法的拘束力を受けることになる。つまり、支
配性・被支配性が先の例に比して強くなる。そして自衛隊に入隊した場合は
どうであろうか。この場合は、就労関係であり、特別国家公務員であり、実
質的に軍隊に準ずる組織であり、それゆえに非常に高度な階級性と規律性が
求められる組織である点などからわかるように、その支配性・被支配性は最
も強固なものとなる。

　このように、環境省の萌えキャラや自衛隊地方協力本部のキャラクター
は、キャラクターによって媒介されている「わたし」と「相手」との関係性
を逆転させ、その上で、非常に強固な支配性・被支配性の中に「わたし」を
取り込み、被支配者として位置づけるという特性を持っている。誤解のない
ように書くが、環境省の萌えキャラに萌えた若者がすべて温暖化防止策をと
るとは限らないし、自衛隊地方協力本部の萌えキャラに熱を上げた者がすべ

て自衛隊に入隊するわけでもない。特に自衛隊への入隊は徴兵制ではなく自由意志による職業選択なのだから問題視するのはおかしいという意見もあろう。しかし、私は物事の本質について理解をすることは重要であると考えるし、その本質を知ろうとする批判的なリテラシーこそが市民社会の構成員一人ひとりに求められるものであると考えている。したがって、環境省や自衛隊地方協力本部の萌えキャラに組み込まれている、顕在化されていない支配性・被支配性やそれが萌えキャラによって媒介されていることについて目を向けておくことは必要であろうと考える。

5. 萌えキャラのポリティクスを考える

5.1 萌えキャラとは何者か

　自治体および関連サービスの利用を促す例、地元産業・地元特産品の利用を促す例、観光を促す例、社会活動を社会活動に対する指導を行う例を分析し、キャラクターの種々の設定がその目的達成のために工夫されていることを確認した。また中にはキャラクター自身が商品となって売買されているものがあり、非常に典型的な資本主義構造を萌えキャラ自体が内部に取り込んでいる例も観察された。程度の差こそあれ、萌えキャラはその内部に経済性・商業性を取り込んでおり、それによって「わたし」と「誰か」との間に支配・被支配の関係を作り出す潜在的特性を有している。それがもっとも顕著で、かつ、他の事例の場合とは関係性が逆転した複雑で極端な形で現れるうるのが、環境省の萌えキャラや自衛隊地方協力本部の萌えキャラであった。

　結局のところ、萌えキャラとは何なのだろうか。ここで少し論理的に考察してみたい。まず【前提】となるのが、社会には相対的に「力を持っている集団」と「力を持っていない集団」とがあり、前者が後者を支配する（または支配しようとする）という事実である。親が子供を支配する、教師が生徒を支配する、学校が教師を支配する、上司が部下を支配する、会社が従業員を支配する、自治体や国家が「わたし」を支配する、というようにである。これは良いか悪いかに関係なく、現実に社会において広く観察され、その事実関係を否定できない前提である。

　次に【現状1】として、これまで分析してきたように、国家組織や自治体

や企業や学校といった集団が萌えキャラを活用し、その萌えキャラを通して「わたし」がそれらの集団とつながるという実態がある。【前提】のところで確認したように、その萌えキャラを活用している集団は「わたし」との相対的な関係で言えば「力を持っている」側である。そして【現状2】として、「わたし」がそれらの萌えキャラに一定の肯定的な興味を示しているということがある。興味の程度は個人によって異なるので、好感を抱いている程度の場合もあれば、いわゆる「萌え」ている場合もあろう。重要なことはそれらの「わたし」が「萌えキャラ」と「萌えキャラからのメッセージ」を「肯定的に受け入れている」ということである。

　力を持っている集団から「萌えキャラ」を介して発せられるメッセージを「肯定的に受け入れる」と、その結果どういうことが起こるか。【帰結】として生じるのは「同意」や「自発的従属」である。簡単に言えば、自ら主体的に自治体サービスを利用したり経済行動を起こしたりするということである。権力は萌えキャラを利用して「わたし」を支配していると言えよう。ここまでを整理すると以下のようになる。

　　【前提】権力と「わたし」との間には支配・被支配関係が存在する。
　　【現状1】萌えキャラは権力と「わたし」とを媒介する。
　　【現状2】「わたし」は萌えキャラを肯定的に受け入れている。
　　【帰結】権力は萌えキャラを利用して「わたし」の中に自発的従属を引
　　　　　　き起こし、それによって「わたし」を支配する。

5.2　萌えキャラによる支配の内実

　ここで注意しておかなければいけないのは、「自発的」という点である。「わたし」は決して力を持っている集団から強制的に行動を促されているわけではない。自らが望んでそのような行動をとっているのである。なぜそのような「同意」や「自発的従属」が可能になるのだろうか。それはそこに「萌えキャラ」が介在しているからである。力を持っている集団からの支配力は直接「わたし」に及ぶのではなく、「萌えキャラ」を媒介して「わたし」に届くシステムになっている。そして「わたし」は「萌えキャラ」を「肯定的に受け入れている」ので、力を持っている集団からの支配につながるメッセージも肯定的に受け入れることになる。そのため自らが望んでそう

あろうとするように行動するわけである。萌えキャラは、力を持っている集団からの「トップダウン的支配」を媒介しつつ、「わたし」を萌えさせることで、その「トップダウン的支配」を「わたし」による「ボトムアップ的受け入れ」に変換させ、「わたし」から「同意」や「自発的従属」を引き出す。萌えキャラは、そのような働きを担っている一種の支配装置として機能していると言える。

　これはグラムシのいう「知的文化的ヘゲモニー」のわかりやすい具体的な事例である。グラムシは、「広範な民衆から多少とも恒常的に同意を獲得して成立している一社会階級の全社会に対する指導機能」（日本社会学会（編）2010: 42）をヘゲモニーと呼び、それには「政治的強制力にもとづく『支配』」という政治的指導としてのヘゲモニーと、「国民からの自発的合意を調達するための『知的文化的指導』」という文化的知的ヘゲモニーとがある（見田他 2012: 1145）とする[40]。そして、自らの政治上の「主導権や支配権」を獲得し維持し強化する手段として「他の社会集団に対する政治的・文化的指導」が行われ、自発的な同意を得ることで支配を盤石にすると考えている。見田他（2012: 1145）によると、この文化的ヘゲモニーは「市民社会（教会、学校、組合、結社、政党、マス・メディアなど）の領域での日常的合意形成と緊密に関連している」という。

　上で述べたように、「萌えキャラ」は、力を持っている集団からの「トップダウン的支配」、すなわち「政治的指導」を、「わたし」による「ボトムアップ的受け入れ」すなわち「知的文化的指導」に変換し、「同意」や「自発的従属」、言い換えれば「国民からの自発的合意を調達する」装置として機能していると言える点で、グラムシの言う「知的文化的ヘゲモニー」を機能させるヘゲモニー装置であると言えよう。環境省の萌えキャラ採用に関する新聞記事や、自衛隊地方協力本部のキャラクターのサイトで使用されていた言語表現にもあったように、萌えキャラは「わたし」にいろいろなことを「知らせ」、「広め」、「浸透させ」、「～しよう」と誘いかけ、時には行いを「改めさせ」る。まさに、「萌え」という「わたし」からの肯定的な同意を取り付け、それ利用し、教育的活動を通して「わたし」を納得させ自発的に権力に従わせているわけである。

　続いてグラムシの別の指摘に目を向けよう。グラムシは「国家の市民社会への再吸収」ということを述べており、「国家—強制の要素は自己規律的社

会(あるいは倫理国家ないし市民社会)の要素が顕著になっていくにつれて、ますます衰退していく」という文章を残しているという(黒沢 2007: 115)。私は「国家―強制の要素」は衰退するのではなく形を変えて巧妙に表層から隠されていくのだと考えるが、もしグラムシの指摘した社会の史的変化が真であるならば、「いま、ここ」にある社会、多くの自治体や企業が萌えキャラを利用し萌えキャラがあふれている社会[41] は、国家や自治体や企業などによる「トップダウン的支配」、すなわち「政治的指導」よりも、「わたし」による「ボトムアップ的受け入れ」すなわち「知的文化的指導」による自発的な従属がより好まれているということであり、「国家―強制」の側面が弱くなり、自己規律的社会の側面が強くなっていくという社会の史的変化のありさまをリアルタイムで見せているのかもしれない。3.3 節で見たように、最も「国家―強制」の側面が強いと思われる自衛隊が、広報活動や隊員募集活動に萌えキャラを積極的に活用し、可愛さを利用してアピールをしていることはまさにその現れなのであろう[42]。

　そしてそれに関連して非常に興味深い点は、グラムシの、知的文化的ヘゲモニーが「市民社会(教会、学校、組合、結社、政党、マス・メディアなど)の領域での日常的合意形成と緊密に関連している」という主張である。本章で分析・考察してきた萌えキャラがどのような集団で活用されていたか思い出してみると、自治体および関連団体・学校・国家組織などであった。ここにもグラムシの指摘と合致する萌えキャラの特性を見出すことができる。いかに萌えキャラが「わたし」に対する支配に緊密に関与しているか容易に想像できよう。

6.　萌えキャラに組み込まれている支配性・権力性についてのまとめ

　以上の分析と考察をまとめ、言語文化教育への提言を行いたい。

　萌えキャラは支配する側と支配される側とを媒介し、支配や誘導の手法・道具として機能している面がある。誰がどのような目的でどのような人々を支配し誘導しようと思っているかによって違いがあるものの、萌えキャラにはさまざまなポリティクス(社会的な力関係)が組み込まれており、「わたしたち」が萌えキャラに接触することは、そのポリティクスに取り込まれるこ

とにつながり、結果的に萌えキャラに支配されていく結果となる。

　また、萌えキャラに組み込まれている理念や考え方を当然視するようになることで、知らず知らずのうちに自らが支配する側に立ってしまい、その理念や考え方を強化したり再生産したりしてしまうことも充分にありうる。これはフランスの思想家・哲学者フーコーが、社会には権力による支配が網の目のように張り巡らされていて支配される側が容易に支配する側になりうるという趣旨のことを指摘しているのと同じである。

　したがって、萌えキャラと関わる行為には自らが支配される面と自らが支配に加担する面という二重の支配性があることを認識すべきである。日本語教育のような言語文化教育において萌えキャラを教材の一部として取り扱う際にも、その組み込まれた権力性や支配性ゆえに、自覚のないまま教師が支配側に立つ場合が起こりうる点に注意が必要である。

　とはいえ、公共の福祉に反しない限り自由な活動が保証されている日本社会であるから、萌えキャラにそのような特性があり、その特性を利用して経済活動や商取引が行われてもそれ自体は問題ではない。もし問題になるとしたら、それはそういうことを知らないまま支配・被支配関係の中に取り込まれ、もし知っていたら避けることができた不利益を甘受せざるをえなくなる場合や他者に不利益を与えてしまう場合であり、それはそういう不利益を被ったことを自覚することができた「わたし」の問題であろう。しかし「わたし」が複数になれば「わたしたち」の問題であり「社会の問題」ともなる。

　そのような問題を避けるためにも、また少しでも早く自覚して被害を最小限に抑えるためにも、市民である「わたし」には、表面的には魅力たっぷりに見える萌えキャラに組み込まれたポリティクスを読み解く批判的リテラシーが求められるのである。

付記：本章は、「言語文化教育研究学会　第3回年次大会」（於　関西学院大学、2017.2.25）における口頭発表、「萌えキャラのポリティクス」を基に大幅に加筆修正を行ったものである。

注

1 国際交流基金の Web サイトでも実写の動画だけでなくマンガでも学べるように
なっている。「エリンが挑戦　日本語できます」
〈https://www.erin.ne.jp/jp/〉(2016.10.6 リンク確認)。

2 〈https://ja.wikipedia.org/wiki/%E8%90%8C%E3%81%88〉(2017.1.9 リンク確認)。

3 太秦萌：京都市交通局 HP「ページ番号 215552」「地下鉄に乗るっ」
〈http://www.city.kyoto.lg.jp/kotsu/page/0000215552.html〉、
〈https://www.facebook.com/kikaku.j〉(2017.7.5 リンク確認)、京町セイカ：精華町
HP「精華町広報キャラクター「京町セイカ」」
〈http://www.town.seika.kyoto.jp/contents_detail.php?co=kak&frmId=8256〉(2017.7.5
リンク確認)、碧志摩メグ：公式サイト HP
〈http://ama-megu.com/〉(2017.75 リンク確認)。

4 kindle 版のためページ数の設定は行われていない。

5 京都市交通局 HP「ページ番号 8995」地下鉄路線図
〈http://www.city.kyoto.lg.jp/kotsu/page/0000008995.html〉(2017.7.5 リンク確認)。

6 京都学園大学 HP「太秦その(京都学園大学公式キャラクター)」
〈https://www.kyotogakuen.ac.jp/sono〉、「京都太秦キャンパス」
〈https://www.kyotogakuen.ac.jp/outline/campus/uzumasa/〉(共に 2017.7.5 リンク確
認)。

7 京都国際マンガミュージアム HP「烏丸ミユ」
〈https://www.kyotomm.jp/karasuma/〉(2017.7.5 リンク確認)。

8 京都市交通局 HP「ページ番号 206106」「【広報資料】"地下鉄に乗るっ"シリー
ズに新キャラクター登場！〜「小野陵(おのりょう)」と「十条タケル(じゅうじょ
うたける)」の 2 名が地下鉄の魅力を PR 〜」
〈http://www.city.kyoto.lg.jp/kotsu/page/0000206106.html〉(2017.7.5 リンク確認)。

9 京都市交通局 HP「ページ番号 206106」「(参考 2)"地下鉄に乗るっ"相関図につ
いて」
〈http://www.city.kyoto.lg.jp/kotsu/page/0000206106.html〉(2017.7.5 リンク確認)。

10 あくまで帰属であって従属ではない点に注意されたい。帰属という関係性は成立
するためには「片方が一方的に思い込んでるだけ」でもよく、上下関係や支配・
被支配関係は必須の条件ではない。

11 京都学園大学 HP で動画が閲覧できる。
〈https://www.kyotogakuen.ac.jp/category/sonouzumasa〉(2017.6.19 リンク確認)。

12 精華町 HP「精華町広報キャラクター「京町セイカ」」
〈http://www.town.seika.kyoto.jp/contents_detail.php?co=kak&frmId=8256〉(2017.7.5
リンク確認)。

13 伊賀嵐マイ公式ブログ
〈http://ninja-mai.com/〉(2017.7.5 リンク確認)。

14 このキャラクターは、後で触れる「碧志摩メグ」と同様、有限会社 Maribon がデザインしている。本章執筆後に HP を確認したところ、名前は公募で決定したそうである。命名の理由は「伊賀市の伊賀」「嵐という字でくノ一を連想させる」「伊賀の特産物の伊賀米」ということで、本章の分析とほぼ一致していた。
〈http://maribon.jp/〉(2017.8.14 リンク確認)。

15 本章の執筆が一通り終わってから、キャラクターを作成した有限会社 Maribon の HP の情報を得て確認をしたところ、名前は公募で決定したそうである。命名の理由は「志摩市の綺麗な海の青」「海の恵み」「17 歳らしく可愛らしい」だそうである。本章の分析とほぼ一致している。
〈http://maribon.jp/〉(2017.8.14 リンク確認)。

16 この公認撤回の経緯については 7 章において分析する。

17 志摩市公認撤回が問題になった当時、各新聞社は株式会社マウスビーチから画像の提供を受けていたが、本来キャラクターの版権は有限会社 Maribon にあるようである。新聞掲載時の画像にも Maribon の社名が組み込まれているものがある。

18 伊賀嵐マイ公式ブログ
〈http://ninja-mai.com/〉(2017.7.5 リンク確認)。

19 碧志摩メグの公式サイト HP には設定などについての説明はない。
〈http://ama-megu.com/〉(2017.7.5 リンク確認)。

20 これと関連するものとして、名嶋(2016)に触れておく。名嶋(2016)では教育に関する新聞記事を取り上げ、グローバルなものの価値に言及しつつ、それと相対するローカルなものの重要性を説く言説の存在を明らかにしている。そして、道徳教育のディスコースの中に、国際化・グローバル化のディスコースとローカル化のディスコースとが流れ込んでいる記事があり、グローバル化のディスコースとローカル化のディスコースが、道徳教育が愛国心教育としての特徴を持つことを正当化するストラテジーとして機能していることを指摘している。

21 そのように考えると、自衛隊の駐屯地や自衛隊の艦艇などに常に国旗が掲げられているのは決して国家機関だからというだけではないと思い至る。国旗には単なる国の識別記号としての意味だけではなく、愛国心を喚起させる意味もあると考えられる。もう少し身近な例で言えばオリンピックのようなスポーツ大会などでの国旗にも同じことが言えるであろう。そのような状況で掲げられる国旗は一種の言説であると考えられる。

22 自衛官募集 HP「地方協力本部ポータルサイト＞全国〝チホン〟キャラクター総覧」
〈http://www.mod.go.jp/gsdf/jieikanbosyu/chihon/character.html〉(2017.8.2 リンク確認、ただし 2017 年 8 月 24 日時点でリンクが切れている地方協力本部もいくつかある)。

23 自衛隊山口地方協力本部 HP
〈http://www.mod.go.jp/pco/yamaguchi/〉(2017.8.13 リンク確認)。

24 自衛隊山口地方協力本部 HP「キャラクター紹介」<「山口地方協力本部キャラクター」

〈http://www.mod.go.jp/pco/yamaguchi/character.html〉(2017.8.13 リンク確認)。なお、キャラクターデザインは、下関市在住の「とだ　かづき」氏によるものとのことである。

25 自衛隊のキャラクター使用について論じた部分で触れたが、いわゆる「ゆるキャラ」やアイドルも同じ特性を有していると考えるべきであろう。

26 私も京都の地下鉄駅やバスの車中でチラシや広告を実際に複数回確認している。

27 京都市交通局 HP「ページ番号 215552」「地下鉄に乗るっ」「Characters」

〈http://www.city.kyoto.lg.jp/kotsu/page/0000215552.html〉(2017.7.4 リンク確認)。コトキン・ライナーの告知ポスター「"地下鉄深夜便"「コトキン・ライナー」」も確認できる。

28 京都市交通局 HP「ページ番号 203770」「"地下鉄に乗るっ"×"アニメイト"スタンプラリーの実施について〜アニメイトを巡って、オリジナルポストカードをゲットしよう〜」

〈http://www.city.kyoto.lg.jp/kotsu/page/0000203770.html〉(2017.7.4 リンク確認)。

29 〈http://www.kyoto-np.co.jp/economy/article/20160803000127〉(2016.8.3 配信)。

30 京都名産品協同組合 HP で「漬物」をキーワードにして検索すると京都市内だけで 15 件のお店がリストアップされる。

〈http://www.kyoto-meisan.jp/db/database.cgi?keys5=%E6%BC%AC%E7%89%A9&or16%2C17=&key=&sort=up4〉(2017.7.5 リンク確認)。

31 SAKE TIME「京都の日本酒ランキング」

〈http://www.saketime.jp/ranking/kyoto/〉(2017.7.5 リンク確認)。

32 産経新聞「あの萌えキャラ美少女を飲める！　帰りは地下鉄でっ♪「太秦麗の酒」19 日から限定発売」(2016.11.18 配信)。

〈http://www.sankei.com/west/news/161118/wst1611180100-n1.html〉

33 京都学園大学 HP「太秦その（京都学園大学公式キャラクター）」

〈http://www.kyotogakuen.ac.jp/sono〉(2017.7.5 リンク確認)。

34 京都国際マンガミュージアム HP「烏丸ミユ」

〈https://www.kyotomm.jp/karasuma/〉(2017.7.4 リンク確認)。

35 「2012 年度　日本語教育機関調査　結果概要(抜粋)」p.4「(2)日本語学習の目的」を見ると、「マンガ・アニメ・J POP が好きだから」は学習目的の 54％を占め、3 番目に多い理由となっている。

〈http://www.jpf.go.jp/j/project/japanese/survey/result/dl/survey_2012/2012_s_excerpt_j.pdf〉(2017.6.19 リンク確認)。

36 住んでいた国として名が挙がっているのは「アメリカやフランス」で、共に西欧圏である。しかし、上記の「2012 年度　日本語教育機関調査　結果概要(抜粋)」、pp.6–7「3. 地域別の概況」によると、学習者の割合は、東アジアは 54.1％にあた

る 2,154,344 人、東南アジアは 28.4％にあたる 1,132,701 人、この 2 地域で全体の 82.5％を占める。北米は 7.9％、フランスが含まれる西欧は 4.2％、両方を合わせても 12.1％しかない。日本語学習者が多い国は、1 位中国、2 位インドネシア、3 位韓国であり、アメリカは 6 位、フランスは 10 位以内に入っていない。国際的イコールアメリカ・ヨーロッパという一般的なステレオタイプを反映したキャラクター設定であると言えよう。

37　伊賀市 HP を見るといろいろな箇所に忍者関係の写真や表現や催事が観察できる。〈http://www.city.iga.lg.jp/〉(2017.7.4 リンク確認)。

38　公式ブログ「【キャラクターの使用諸条件】」〈http://ninja-mai.com/〉(2017.7.5 リンク確認)。

39　「COOL CHOICE」〈http://ondankataisaku.env.go.jp/coolchoice/〉、ダウンロードは〈http://ondankataisaku.env.go.jp/coolchoice/tool.html〉(共に 2017.8.14 リンク確認)。

40　後者を「知的・道徳的」と翻訳している文献もあるが、ここでは引用先の記述に従う。

41　たとえば「萌えキャラグランプリ 2016」のページには多くの萌えキャラがエントリーされている。
　　〈https://moechar.jp/〉(2017.7.4 リンク確認)。

42　先に紹介した「地方協力本部ポータルサイト＞全国"チホン"キャラクター総覧」〈http://www.mod.go.jp/gsdf/jieikanbosyu/chihon/character.html〉では複数の地方協力本部で使用されている萌えキャラが確認できるし、山口地方協力本部 HP「キャラクター紹介」のページでは多数の「3 姉妹"機"」のイラストが確認できる。〈http://www.mod.go.jp/pco/yamaguchi/character.html〉(両 URL 共、2017.8.13 リンク確認)。

参考文献

アントニオ・グラムシ (著)、松田博 (編訳) (2013)『グラムシ『獄中ノート』著作集Ⅲ　知識人とヘゲモニー「知識人論ノート」注解』、明石書店

井手口彰 (2009)「萌える地域振興の行方—「萌えおこし」の可能性とその課題について」、『地域総合研究』37 (1)、鹿児島国際大学附置地域総合研究所、pp.57–69.

大橋純 (2015)「官の立場のディスコース—原発事故後記者会見、収束宣言そしてクールジャパン政策—」、名嶋義直・神田靖子 (編)『3.11 原発事故後の公共メディアの言説を考える』、ひつじ書房、pp.101-136.

黒沢惟昭 (2007)『現代に生きるグラムシ　市民的ヘゲモニーの思想と現実』、大月書店

テウン・A・ヴァン・デイク (2010)「学際的な CDA—多様性を求めて」、ルート・ヴォダック、ミヒャエル・マイヤー (編著)、野呂香代子 (監訳) (2010)『批判的談話分析入門—クリティカル・ディスコース・アナリシスの方法』第 5 章、三元社、pp.133–165.

名嶋義直(2016)「教育をめぐる新聞記事の批判的談話研究」、言語教育の「商品化」と「消費」を考えるシンポジウム運営員会(編)『言語教育の「商品化」と「消費」を考えるシンポジウム報告集』、Kindle 版電子書籍(ページ採番なし)

名嶋義直(2017)「萌えキャラのポリティクス」、『言語文化教育研究学会　第 3 回年次大会予稿集』(2017.2.25 関西学院大学)、pp.95–100.

日本社会学会社会学事典刊行委員会(編)(2010)『社会学事典』、丸善

野呂香代子(2014)「批判的談話分析」、渡辺学・山下仁(編)『講座ドイツ言語学　第 3 巻』第 7 章、ひつじ書房、pp.133–160.

松田博(2007)『グラムシ思想の探求　ヘゲモニー・陣地戦・サバルタン』、新泉社

松原実香・サトウタツヤ(2013)「対象、評価、情動の観点から検討する「萌え」」、『立命館人間科学研究』26、立命館人間科学研究所、pp.21–34.

ミシェル・フーコー(著)、田村俶(訳)(1977)『監獄の誕生　監視と処罰』、新潮社

見田宗介(顧問)、大澤真幸・吉見俊哉・鷲田清一(編)(2012)『現代社会学事典』、弘文堂

6章　萌えキャラのポリティクス2
―その多様性と拡張性

1.　支配されていることを意識させずに支配できるのはなぜか

　前章では萌えキャラの批判的談話研究を行い、萌えキャラが、ゆるやかな関係性や帰属性を生み出す機能を持つ装置として使用されていることを確認し、そこに力関係が介在することで支配・被支配関係に発展する可能性を明らかにした。その支配性は社会の中で広く観察できるが、前章ではそれを経済性・商業性という観点でさらに分析を行った。その結果、自治体および関連サービスの利用を促す例・地元産業や地元特産品の利用を促す例・観光を促す例・社会的活動を促す例が確認できた。金銭的な消費・観光などの消費行動だけでなく、人間そのものの支配につながりかねないような例もあり、萌えキャラの持つ支配性と権力性を裏づけることができた。

　萌えキャラには、支配する側と支配される側とを媒介し、支配や誘導の手法・道具として機能している面がある。社会に自立的に存在するのではなく、誰かや何かと「わたし」とをつなぐために生み出され、そのために存在し機能している萌えキャラにはさまざまなポリティクス(社会的な力関係)が組み込まれている。このことは萌えキャラの本質的な特性上避けることができない。したがって、「わたしたち」が萌えキャラに接触することは、好むと好まざるとにかかわらず、そのポリティクスに取り込まれることにつながりかねず、結果的になんらかの形で萌えキャラに支配されていく結果となる。また、萌えキャラに組み込まれている理念や考え方を当然視するようになることで、知らず知らずのうちに自らが支配する側に立ってしまい、その理念や考え方を強化したり再生産したりしてしまうことも充分にありうる。萌えキャラと関わる行為には自らが支配される面と自らが支配に加担する面という二重の支配性があることを認識すべきである。

　このように前章では萌えキャラが本質的に持つ支配性とその支配性の具体

的な現れ方について考えたわけであるが、本章ではその萌えキャラが本質的に持つ支配性をうまく機能させるものについて考えていきたい。「わたし」に働きかけ、ゆるやかなつながりや帰属意識を感じさせつつも、支配されていることを意識させずに支配が可能なのはなぜか。それを支える具体的な仕掛けを萌えキャラそのものの中に探したい。表面的には見えないものを可視化するということで引き続き批判的談話研究 (CDS) の姿勢で分析と考察を行う。

2. キャラクターの多様性・拡張性

2.1 キャラクター設定の差別化による多様性について

　井手口 (2009) にあるように、萌えキャラと「地域おこし」とが結びついている例は多い。「地域おこし」という言葉も結局のところ「地域の経済的な活性化」が 1 つの目標になっていると考えてよいであろう。

　「地域おこし」の主体はさまざまで、国家であっても自治体であっても企業であってもよいが、ある集団が萌えキャラを利用して、より多くの人を「経済性・商業性」的な支配・被支配関係の中に取り込もうと考えるとき、その 1 つの帰結として萌えキャラは多様性を帯びることになる。なぜなら、1 つのキャラクターが多様化してアピールできる特徴が多くなれば多くなるほど多様な他者に対応できるからである。しかし、視覚的な特徴を最も強い訴求力として持つ萌えキャラは、逆に言うと自身が持つ多様性によって制約を受けることがあり、外見的な多様化には限界がある。髪型を変えたり服装の傾向を変えたりすると、別のキャラクターとして認知されてしまいかねず、萌えファンが離れていくという逆効果になることも考えられるからである。そこで使われる方策が「派生」である。いくつも派生キャラを生み出しキャラクター同士の差別化を実践する。それぞれの萌えキャラに異なる設定を設けることで、それらのキャラクターたちを類似性から 1 つのキャラクターにまとめつつ、一方で差別化によって独自性を保つことができる。

　京都市交通局のキャラクターである太秦萌の場合を見てみる。太秦萌には幼馴染の高校生「小野ミサ」と「松賀咲」という 2 人がいることは 5 章ですでに述べた。京都市交通局の萌えキャラ社会において 3 人が中心的な存在となっている。3 人の外見的な特徴を見ると、図 1 にあるように太秦萌は

長髪で茶色い髪に赤いリボンを結っている。小野ミサは黒髪を左右で結っている。松賀咲は金髪をショートカットにしている。小野ミサだけメガネをかけている。それだけを見ても、上品なイメージ・個性的なイメージ・快活なイメージという多様性が実現されていることがわかる。3人は幼馴染であるが高校はそれぞれ違う高校に通っているようで、制服はブレザータイプやセーラー服など三者三様である。設定上の部活や趣味は太秦萌がカメラ、小野ミサは軽音楽部でギターを担当、松賀咲は陸上部だが手芸もできる、という形になっていて、こちらも多様なものとなっている[1]。

図1　左から太秦萌・小野ミサ・松賀咲
出典：京都市交通局 HP

　三重県志摩市と伊賀市に関連する萌えキャラにも同じ特徴が観察できる[2]。志摩市の非公認キャラクターである碧志摩メグの外見で特徴的なのは長い黒髪である。衣装はかつて海女の仕事着であった白の磯着である。それに赤い帯を巻いている。小道具としては潜ってつかまえた獲物を入れる磯桶である（図2）。
　その碧志摩メグの親友という設定が伊賀市に関連する伊賀嵐マイである（図3）。マイの髪型はメグとは対照的に栗毛色のショートカットである。衣装はピンク色でやや誇張された感があるが忍者風の衣装である。小道具として背中に刀を背負い、手に手裏剣のようなものを持っている。2人の年齢は同じであるが、性格・身長・体重・生年月日・血液型・ボーイフレンドの有無・好きな食べ物・将来の夢など、設定上に共通点は見られない。

図2　碧志摩メグ
出典：碧志摩メグ Facebook ページ

図3　伊賀嵐マイ
出典：伊賀嵐マイ公式ブログ

　5章で取り上げた自衛隊地方協力本部が使用している萌えキャラにもこのキャラクター設定の差別化が確認できる。福島地方協力本部HPを見ると、「モモろう」という「ゆるキャラ」と「福島3姉妹」という萌えキャラが自己紹介をしている[3]。3姉妹の名前は「福島美空(みそら)・陸花(りくか)・夏海(なつみ)」という。それぞれ航空自衛隊の航空管制職種の1等空尉・陸上自衛隊の3等陸曹で普通科職種・海上自衛隊の2等海士で航海科職種というように、陸海空の各自衛隊所属、階級も差別化されている。性格も差別化されており長女の美空は「容姿端麗、頭脳明晰、まさに才色兼備。でも、天然でおっちょこちょいな一面を見せることも・・。」、次女の陸花は「ス

ポーツ万能、性別問わず好かれる気取らない性格」、三女の夏海は「ひとなつっこく、いたずらっ子。でも、実は感受性が豊かで強い優しさを持つ女の子」とのことである。キャラクターの画像をHPから引用する(図4)。

図4　福島3姉妹
出典：福島地方協力本部HP

　非常に単純化すれば、1人の萌えキャラしか存在していない場合、その萌えキャラに好感を持つか持たないか、つまり萌えるか萌えないかの確率は50%である。もし2人や3人の萌えキャラが友人同士のような関係性で存在していたとすると、あるキャラクターには好感を持たなくても他のキャラクターには好感を持つということが起こりうるため、全体に占める萌える人の割合は高くなる。多様な特徴を持つキャラクターを複数存在させることで、全体的な萌えの受け皿層が広がるわけである。キャラクター設定における多様性は萌えキャラの持つ支配力の及ぶ範囲と支配力の作用を強化している。
　具体例を挙げる。福島3姉妹の次女の陸花である。その設定には「昔はひきこもりで、病弱だったが、自衛隊に入隊してからは健康が取り柄の元気っ子に大変身。」という記述がある。これは何を意図しているのであろうか。実際にひきこもりや病弱な子供を持つ親やその本人がこのキャラクターに萌えてその設定を読んだとしよう。多くの人が、自衛隊というものに関して持っている既存の知識、集団行動・規律の厳しい生活・高い運動能力といったものが活性化され、「自衛隊に入れば、ひきこもりや病弱な子供でも

元気で健康になる」「自衛隊の生活は人を元気で健康にする」という推論が誘発されるのではないだろうか。一般的には「ひきこもりや病弱」という状態はできることなら解決したい状態であると認識されることが多いであろう。そう考えると、「元気で健康になってひきこもりや病弱な状態が治るなら、自衛隊に入れてみようか／自衛隊に入ってみようか」と考える人が出てくる可能性がある。つまりこの設定は入隊を勧誘する暗示的メッセージになりうる。「陸花が昔はひきこもりや病弱だった」という設定は自衛隊というイメージから見ると弱さを想起させるためマイナスイメージにも感じられるが、現実世界で今ひきこもっている人や病弱な人、およびその関係者を萌えキャラの持つ支配力の及ぶ範囲内に取り込み、入隊を考えさせるという支配力の作用を潜在的に可能にしている。そしてその可能性を利用してひきこもりや病弱な状態に困っている人たちを勧誘しようとしていると考えることもできる。設定の多様化が働きかける対象層を広げているのである。

2.2 キャラクター社会における多様性について

その多様性をさらに追求すると、派生キャラクターの数が増え、萌えキャラ同士の人間関係がますます複雑なものとなり、1つのキャラクター社会ができあがることになる。

また太秦萌を例に挙げる。京都市交通局の HP には太秦萌を中心としたキャラクター相関図が用意されており、それを見ると、11 人のキャラクターが存在していることがわかる[4]。その社会は一言で言うと家族社会・交友社会である(図 5)。

太秦萌には姉の「太秦麗」がいる(萌の左斜め上)。英語が堪能な 25 歳の学芸員で、お酒も好きだとのことである。従姉妹には 20 歳の大学生「太秦その」がおり(萌の右)、蝶の研究に夢中だそうである。HP には白の実験着を着ている絵もあり、今流行りの「リケジョ(理系の女子学生)」をイメージしているのであろう。太秦麗は黒髪の長髪で OL らしい服装をしている。名前の通り「麗しい雰囲気」を醸し出しているのに対し、太秦そのは明るい茶系で短めの髪型、服装は黄色を主体にピンクのカーディガンのようなものをあしらった「若者らしい雰囲気」をイメージしたファッションである。

キャラクター相関図には、絵が小さいのであまり重要な位置づけではないと思われるが、萌の両親とそのの父親も描かれている(萌の上と右斜め上)。

6章　萌えキャラのポリティクス2　175

図5　太秦萌を中心としたキャラクター相関図
出典：京都市交通局 HP

萌とそのとは父親同士が兄弟という設定になっている。年齢は萌の母親が45歳、父親が50歳、そのの父親が45歳である。家族・親族外としては、萌がよく見かける知人として「烏丸ミユ」が設定されている（萌の左）。ミユはマンガミュージアムでよく見かけるという設定なので、頭の上で髪を丸く団子のように結わえている少し芸術家を思わせる外見である。そのミユと同じ大学に通う大学生として「小野陵」がいる（左、下から2番目）。小野ミサの兄である。ミサと同様にメガネをかけていてクールなイメージがする。小野陵の友人として十条タケルがいる（左、1番下）。こちらはパン屋を目指しているという設定を反映してか短髪で髪もツンツン立っており体も大きくがっしりとした体格で描かれていて、元気いっぱいの外観である。ともに21歳である。小野陵と十条タケルは、萌とそのの父親を除けば、数少ない

男性萌えキャラである。

　このように萌を中心とした萌えキャラ社会は、年齢・学校・職業・趣味・性別・外見・関係性などを少しずつ違えた多様なキャラクターで成り立っている。そのため極端な例で言えば、45 歳の萌の母親や 50 歳の父親に萌えるということも、このキャラクター社会では可能なのである。キャラクターの数が増えれば増えるほど多様性が豊かになり、全体的な萌えの受け皿が広がることが確認できるであろう。「萌え」させたい対象をマーケットとしてみたとき、さらにそのマーケット周辺には多様な「萌え予備軍」が存在している。その萌え予備軍の潜在的なニーズを広範囲にカバーするために、複数のキャラ間で設定の棲み分けを行い、複数のキャラ同士からなる社会を構成し、多様性を獲得したわけである。これは相関図で確認できるように「静的な」ポリティクスである。前章の 3.1 ～ 3.2 節で見てきたものも静的なポリティクスである。

　一方で萌えキャラには、相対的に見てより「動的な」ポリティクスも有していると考えられる。次節でそれについて考える。

2.3　キャラクター社会における拡張性について

　2.2 節で太秦萌を中心として形成されているキャラクター社会を「静的な」ポリティクスとして位置づけたが、そのキャラクターたちが全て最初から存在していたわけではなく、そのキャラクター社会は今まさに新しいキャラクターが派生しつつあるという「動的な」側面も持っている。

　京都市交通局の HP をみると、小野ミサの兄「小野陵」とその友人「十条タケル」は生まれたばかりであることがわかる。2 人の新キャラクターについての広報資料はその日付が 2016 年 10 月 4 日となっている[5]。太秦萌の従姉妹である「太秦その」が京都学園大学と京都市交通局とのコラボによって誕生したキャラクターとして、京都市交通局キャラクター社会の構成員となったのは、京都学園大学の太秦キャンパスができた 2015 年 4 月である[6]。このように、今もキャラクター社会は拡張を続けている。それは見方を変えれば、萌えキャラのポリティクスが作用する世界を広げつつあるということであり、そこに「動的な」ポリティクスを見ることができる。

　もう 1 つ「動的な」ポリティクスを確認することができる。それは太秦萌を中心にした、家族・親族・知人関係ではない人間関係の発生である。太

秦萌を中心にした家族・親族・知人関係を一次的な関係性・直接的の関係性とすれば、今後展開を予感させるのは二次的な関係性・間接的な関係性である。

当初は太秦萌を核としていわば放射線状の関係性が構築されていたが、最近は上で見たように、派生キャラクター同士の関係性が生まれ始めている。小野ミサの兄「小野陵」とその友人「十条タケル」がその関係性を具現化している。小野陵は太秦萌と直接の接点はなく、自分の妹で太秦萌と幼馴染の小野ミサを介してつながっている。また萌が時々見かける「烏丸ミユ」と小野陵とは同じ大学に在籍しているという設定になっているので、その点でも間接的な関係性を有している。小野陵の友人である十条タケルにおいては、さらにその間接性が高くなる。萌から見れば幼馴染の友人小野ミサの兄である小野陵の友人というつながりになるからである。今後の展開では、もう一人の幼馴染の松賀咲を起点にした人間関係や、姉である「太秦麗」や従姉妹の「太秦その」からつながっていくキャラクターの登場などが予想されようか。たとえば麗の友人や上司、そのの先輩や後輩などである。

このようにキャラクター社会のポリティクスは静的な面のみならず、今まさに拡張を続けているという点において動的なポリティクスも有しているのである。そして静的なポリティクスと同様、それによって関係性を拡張し続けているのである。

3. 商品としての多様性・拡張性

3.1 仮想世界と現実世界とをつなぎ消費者を誘導する

萌えキャラが持つ多様性・拡張性にはもう一つの側面がある。それは商品としての多様性・拡張性である。本章で取り上げている萌えキャラは、どの萌えキャラも自治体や企業や地域団体などの公式キャラクターや応援キャラクターとして登場したものであり、当初、本来の仕事は広報であり広告塔であり消費者の目を引くためにいわゆる「花を添える」ことであった。しかし、いまや萌えキャラはそれ自身が商品となり、その商品のバリエーションも増えている。多様化し拡張するとともに商品化され消費もされているのである。

京都市交通局の応援キャラクター「太秦萌」の「商品としての多様性と拡

張性」をみてみたい。読売新聞が2016年6月4日に配信した「「想定以上の反響」に驚き、自治体美少女キャラ」という記事を読むと、太秦萌の展開と使用のされ方の推移がよくわかる。新聞記事の抜粋を3回に分けて引用する。引用からわかるように、太秦萌の最初の仕事は「ポスター」であった。これは地下鉄構内やバスターミナル内などに掲示されていたものと思われる。図6のようなものであろう[7]。

　京都市交通局の女子高生キャラ・太秦萌は2011年、若手職員の発案で誕生した。市内の高校2年生との設定で、幼なじみ2人とポスターなどに登場し、地下鉄利用を呼びかける。

図6　マナー向上を呼びかけるポスター（京都市地下鉄駅構内で撮影）

　新聞記事によると、その後リメイクされるとネット上で話題になり、動画投稿サイト「ユーチューブ」に登場したとのことである。

　元々は職員の妻がデザインしたが、13年にイラストレーターにリメイクを依頼したところインターネットなどで話題になった。14年には声優を公募し、動画投稿サイト「ユーチューブ」に15秒のCM動画を公

開。「かわいい」「応援したい」など、多くの反響が寄せられた。

　それを契機に認知度が高まって人気が出たようで、そのあとはさまざまな企画が進行する。イラスト入りの特別乗車券が毎年発売されるようになったが、毎回数分で売り切れる人気ぶりである。それにとどまらず太秦萌を主人公にした小説が発表され、インターネットで広く出資を募るクラウドファウンディングで資金を集め、アニメを作成する予定だそうである。

　　同年以降、毎年5月29日の「地下鉄の日」に合わせ、イラスト入りの特別乗車券を限定発売すると、毎回、販売前から長い列ができ、わずか数分で完売。萌と幼なじみ2人を主人公にした小説も出版された。さらには今年3〜4月、アニメ化を望むファンの声を受け、制作会社がネット上で資金を募ったところ、約600人から目標額の10倍の計約1000万円が集まった。

〈http://www.yomiuri.co.jp/culture/20160602-OYT1T50186.html〉

（2016.6.4 配信）

　このような「商品としての多様性と拡張性」を持つ太秦萌であるが、その商品としての多様性と拡張性は現在も進行中である。2016年7月25日付の京都市交通局HPを見ると、「【広報資料】“地下鉄に乗るっ”シリーズオリジナルグッズの販売について」というページがあり、地下鉄烏丸線開業35周年を記念して以下の商品を限定販売すると告知している[8]。

　　「太秦萌」「松賀咲」「小野ミサ」うちわ（3種類）、「太秦萌」Tシャツ、「小野ミサ」リングノート、「太秦萌」「松賀咲＆小野ミサ」クリアファイル

　これらの商品は「7月30日土曜日に国立京都国際会館で開催する「地下鉄に乗って国際会館に行くっ」の会場で、数量限定で販売」とのことで、商品を購入するためには京都市交通局と公益財団法人国立京都国際会館が主催するイベントに参加しなければならない。萌えキャラの商品が集客を行っているわけである。私も資料としてこのイベントのA4サイズのチラシを入手

している。5 章の図 11 上半分がそれである。

　2016 年 8 月 30 日付の「【広報資料】地下鉄・市バス応援キャラクターを主人公にしたライトノベル第 2 弾の発行について」では、太秦萌の幼馴染である松賀咲を中心にした小説が発売されることが告知されている[9]。

　さらに、2016 年 9 月 14 日付【広報資料】「京まふ 2016」における "地下鉄に乗るっ" シリーズオリジナルグッズの発売について～「太秦萌」フィギュアの完成披露や新キャラクターの発表もあるよ～」では、新しい商品の発売と、「「太秦萌」フィギュアの完成披露及び展示」の告知がなされている[10]。フィギュアは商品として発売されるものではないが、商品化を視野に入れている可能性は充分にあろう。新たに発売される商品は以下のものである。

　　「太秦萌・松賀咲・小野ミサ・太秦麗」のメタリッククリアファイル
　　セット、「太秦萌」アクリルキーホルダー缶バッジセット A セット「太
　　秦萌・太秦麗」・B セット「松賀咲・小野ミサ」

　なお、今回の商品も「京都国際マンガ・アニメフェア 2016（略称：京まふ 2016）」の会場において販売されるため、購入希望者は会場に赴きイベントに参加する必要がある。このイベントは、太秦萌の派生キャラクター「烏丸ミユ」が、その設定上でよく行くことになっている京都国際マンガミュージアムが共催しており第二会場ともなっている。現実世界でのビジネスパートナーシップを結ぶ一方で、仮想空間においては萌えキャラを核にする形でその関係性を違う形で再構築し、今度はその萌えキャラに現実世界での広告機能や集客機能を持たせることで、巧みに消費者を仮想世界から現実世界に誘導し、商業イベントにも誘導していることが見て取れる。2017 年になってからもさまざまな商業イベントに関わっていることが Facebook でも確認できる[11]。

　太秦萌の従姉妹である「太秦その」も商品化されている。京都学園大学学生チャレンジショップ京學堂においてクリアファイルセットが限定販売されていた[12]。販売店の名称からわかるように、この店は京都学園大学学生が主体的に関わる店である[13]。太秦そのが京都学園大学の公式キャラクターであることを思い返すと、ここでも仮想世界のキャラクターが現実世界の商店と

関係性を構築し、仮想世界で獲得したファンを現実世界に消費者として誘導していることが確認できる。

以上のように、萌えキャラには「わたしたち」を消費に誘導し支配するという動的なポリティクスが存在している。

3.2 キャラクターを派遣し幅広い市場に消費者を誘導する

その萌えキャラの持つ消費への誘導性をさらに拡張させている事例が、図2・図3の三重県志摩市非公認の伊勢志摩海女萌えキャラクターの「碧志摩メグ」と伊賀上野 NINJA フェスタ実行委員会公認の伊賀流忍者萌えキャラクター「伊賀嵐マイ」である。

碧志摩メグは太秦萌と同様、さまざまな商品として活用されている。お菓子・缶バッジ・ストラップ・ポスター・LINE スタンプ・ジャージなどが販売されている[14]。しかし、この2つのキャラクターに関して特に見ておきたいのは「【キャラクター使用に関する事項】」が設定されており、条件を満たせば他者でもこれらのキャラクターを使用することが可能である点である。ある商品の一部にキャラクターが組み込まれることでその商品がキャラクター商品になるという通常の形態だけではなく、キャラクターそれ自体が金銭的対価を伴った商品として流通する形になっているのである。これは京都市交通局応援キャラクターの太秦萌が部外では協力関係にある一部の団体のイベントでしか使用が確認できないことと比べて大きな違いである。

その原因は、碧志摩メグが萌えキャラとして使用されるようになった経緯にある。7章で詳しく取り上げるが、碧志摩メグが当初は志摩市公認キャラクターとして登場した。しかし志摩市が独自で企画立案して碧志摩メグが生まれたのではなく、三重県内の私企業が碧志摩メグというキャラクターをデザインし、志摩市にその使用を持ちかけ、市が採用したという経緯があった。つまり、碧志摩メグは誕生当初から一個の商品だったわけで、その商業性は生得的に備わっているものであると考えられる。その後、ジェンダー面での批判が起こり、最終的に市は碧志摩メグの公認を撤回することになったが[15]、むしろ公認を撤回されて碧志摩メグはより自由に商業活動に従事することができるようになったのかもしれない。「志摩市非公認キャラクター」を名乗るあたりは公認撤回を逆手に取った宣伝とも言え、一種のしたたかさを感じる。

その碧志摩メグと伊賀嵐マイのキャラクター使用条件で興味を引くのは、自治体や公共団体と共同で利潤を上げるというビジネスモデルとなっている点である。詳しくはキャラクターの公式HPを見てほしいが[16]、観光や海女や志摩市のPRが目的なので自治体などの広報的な使用は無料になるとしながらも、公共のために配布するノベルティ商品などの製作物が発生する場合は、原則著作権先への発注が条件となっており、他社に発注する場合は製作定価の15％（税別）を支払う契約となっている。つまり、使用料は無料でも別の商契約で利益があげられる構造になっているわけである。

　誤解のないように書くが、私は私企業が萌えキャラで利潤を上げることを批判しているのではない。それを萌えキャラの拡張性の1つの形と見たいのである。今まで活動範囲が限られていた1つの萌えキャラを、商契約を交わすことで今までとは異なる世界へと派遣し、そこで新たな活動をさせる。萌えキャラを一人の人格を備えた者と見たときに派遣社員や非正規雇用のようにも捉えることができる。その特性によって、より多くの人を、仮想世界から現実世界へ、バーチャルな「萌え」だけの世界からリアルな「消費」の世界へ誘導することができる。それは新しい市場開拓でもあり、新しい消費者を発掘し獲得する行動でもあり、つまり複数の社会を越境して行き来する「横断的」なポリティクスである。萌えキャラの商品としての多様性・拡張性はこのようなポリティクスの実践形態そのものにも見られるのである。

4.　支配性を生み出すもの

　3節ではキャラクターの多様性・拡張性という側面に注目をして考察を行った。その結果、キャラクターの多様性・拡張性は「キャラクター設定」と「派生キャラクター」の2つの点に顕著に見られることを明らかにした。キャラクター設定の多様性は「1つのキャラクターにさまざまな設定を施す」ことと同時に「他の派生キャラクターにはそれとは異なる設定をする」ことで相互の差別化を図ることを通して達成されていた。これは共時態的特徴であり、「静的な」面として捉えることができる。一方で、今述べたように多様性を実現するためには派生キャラクターを生み出していくことが不可欠であり、実際、いくつかの萌えキャラには派生キャラクターが存在してい

る。特に「太秦萌」を中心とするキャラクター群は多数にのぼり、現実社会と同じような人間関係性を築いている。現時点でも新しい派生キャラクターが加わっており、そこには通時態的特徴としての「動的な」面を見ることができる。

　１つのキャラクターの持つ多様性が増えれば増えるほど、人に興味関心を抱かせる可能性が高くなり、派生キャラクターが増えれば増えるほど、多くの人に興味関心を抱かせる可能性が高くなる。一般に、ある記号が多くの意味的特徴を持てば持つほどその記号が指し示す範囲は狭くなり、逆に指し示す対象を広くしようとすると記号内部の意味特徴が少なくなったり抽象化されたりする。しかし、１つの記号ではなく複数の記号を組み合わせることができれば、個々の記号にいくつもの意味特徴を持たせた上で、幅広い指示対象をカバーすることが可能になる。本章が指摘した萌えキャラの実態はそれを実践していると言える。

　潜在的なニーズを広範囲にカバーするために、萌えキャラは１つのキャラクターの中の静的な多様性とキャラクター社会における静的な多様性を備えていると考えられるが、その２つの多様性を獲得するための方策は、派生キャラを生みだしてキャラクター社会を拡張し続けるという動的な拡張性であった。その多様性という萌えキャラの静的なポリティクスと、拡張性という動的なポリティクスが交差することで、「ポリティクスの網の目」が生まれる。網の目が細くなればなるほど、極端な言い方をすれば、どのような嗜好の人であれ、いずれかのキャラクターのいずれかの設定に「萌え」ることになるわけである。「わたしたち」は「萌え」から逃れられなくなる。

　萌えキャラを利用する側は、その特性を積極的に活用することで、萌えキャラを通して「わたしたち」を仮想空間から現実世界へ誘導し、「萌え」るという情緒の世界から「市場」という消費の世界へ誘導することが可能になるわけである。ここで見逃してはならないことは、その支配を、「強制」ではなく「わたしたち」自らが納得して自発的に行動する形で実現させることができるということである。その証拠に、多くの「わたしたち」は萌えキャラに支配されているという自覚はなく、またグッズを購入したりイベントに参加したりして萌えキャラに関わることを楽しみや快楽として感じているであろう。「萌え」という感情は複雑ではあるが本質的に肯定的で快楽的な感情である。人は快楽を希求する動物である。そこを刺激する萌えキャラ

は、使い方によっては、自ら望んで支配を受け入れるという形で「わたした
ち」を強固に支配するポリティクスとなるのである。

　このように、潜在的なニーズを広範囲にカバーするために、萌えキャラは
多様性を備えているが、その多様性を獲得するための方策は、自らが派生
キャラを生みだして拡張を続けることであった。その多様性という萌えキャ
ラの「静的な」ポリティクスと、その多様性を生み出すための拡張性という
「動的な」ポリティクスが交差することで、「ポリティクスの網の目」が生ま
れる。それを活用することで、萌えキャラは「わたし」を仮想空間から現実
世界へ誘導し、「萌え」るという情緒の世界から「市場」という消費の世界
へ誘導することが可能になるわけである。ここで見逃してはならないこと
は、その支配を、「強制」ではなく「わたし」が自発的に「萌え」、自らが納
得して自発的に行動する形で実現させることができるということである。

　グラムシは、「広範な民衆から多少とも恒常的に同意を獲得して成立して
いる一社会階級の全社会に対する指導機能」(日本社会学会（編）2010: 42) を
ヘゲモニーと呼び、それには「政治的強制力にもとづく『支配』」という政
治的指導としてのヘゲモニーと、「国民からの自発的合意を調達するための
『知的文化的指導』」という文化的知的ヘゲモニーとがある (見田他 2012:
1145) とする[17]。そして、自らの政治上の「主導権や支配権」を獲得し維持
し強化する手段として「他の社会集団に対する政治的・文化的指導」が行わ
れ、自発的な同意を得ることで支配を盤石にすると考えている。見田他
(2012: 1145) によると、この文化的ヘゲモニーは「市民社会（教会、学校、
組合、結社、政党、マス・メディアなど）の領域での日常的合意形成と緊密
に関連している」という。そう考えると、萌えキャラの持つ多様性と拡張性
によって構成される「ポリティクスの網の目」は１つのヘゲモニーである。

　また、萌えキャラが、さまざまなメディアにおいて使用されていくという
商品としての多様性・拡張性も重要な特性であった。萌えキャラは、商品の
多様性と拡張性を軸にして、また新たな市場開拓のため萌えキャラ自体が単
独の商品となり、「静的な」ポリティクスと「動的な」ポリティクスを兼ね
備えた形で、潜在的なマーケットやニーズを自ら開拓し、拡張し、それに
よってその「わたしたちを自発的に消費させる」というポリティクスを強化
していることが確認できた。これも萌えキャラが持つ１つのヘゲモニーで
ある。

すでに5章で萌えキャラの本質的な支配性をヘゲモニーとして捉えたが、そのヘゲモニーを作用させる要素の1つが本章で分析した、萌えキャラが持つ多様性・拡張性であると考えられる。その多様性・拡張性には2つあった。1つは萌えキャラというキャラクターそのものの多様性・拡張性である、もう1つは商品としての萌えキャラが持つ多様性・拡張性である。多様性・拡張性を有したキャラクターが、多様な商品となって拡張していく。ここにも「静的な」ポリティクスと「動的な」ポリティクスが融合した「ポリティクスの網の目」がある。萌えキャラのヘゲモニーの特徴の1つは、この複層化した「ポリティクスの網の目」にある、というのが本章の結語である。

ここで、そのヘゲモニーという視点から「萌え」を逆説的に定義しておく。「萌え」とは、「ある対象物に向けて、美的・性的などの特定の面において傾きを帯びた形で生じる好意や同意や信頼の感情、およびその対象物を介して実践される支配や指導に対する自発的受け入れ承認の心的表象」である。

この「萌え」を利用した「ポリティクスの網の目」によるヘゲモニーは萌えキャラだけではなく、いわゆる「ゆるキャラ」や、AKB48を筆頭とする数十人からなる女性アイドルグループにも当てはまる。特にAKB48に関しては、その派生グループがいくつもあること、メンバーが非常に多いことなど多様性と拡張性が顕著である。また、CDを購入することでイベントへの参加権を得ることができたり、「選抜総選挙」と呼ばれる大イベントを観光地で行うことで当地への観光客誘致の装置として機能するなど[18]、経済性・商業性も非常に強く、その支配性・権力性・多様性・拡張性という点で、5章・6章における分析と重なるところが多い。つまり非常に強固なヘゲモニーとして見ることができる。このように私たちの身の回りには「萌え」によって媒介されている「ポリティクスの網の目」が縦横無尽に張り巡らされているのである。

注
1 京都市交通局HP「ページ番号215552」「地下鉄に乗るっ」「Papers 2013」
〈http://www.city.kyoto.lg.jp/kotsu/page/0000215552.html〉（2017.7.5 リンク確認）。

2 伊賀嵐マイ公式ブログ〈http://ninja-mai.com/〉(2017.7.5 リンク確認)、碧志摩メグ
  FB ページ〈https://www.facebook.com/meguaoshima/〉(2017.8.14 リンク確認)。

3 「福島地方協力本部キャラクター」
  〈http://www.mod.go.jp/pco/fukushima/tihon/kyara.html〉(2017.8.14 リンク確認)。

4 京都市交通局 HP「(参考 2)"地下鉄に乗るっ"相関図について」
  〈http://www.city.kyoto.lg.jp/kotsu/page/0000206106.html〉(2017.7.4 リンク確認)。

5 京都市交通局 HP「【広報資料】"地下鉄に乗るっ"シリーズに新キャラクター登
  場！ 〜「小野陵(おのりょう)」と「十条タケル(じゅうじょうたける)」の 2 名
  が地下鉄の魅力を PR 〜」
  〈http://www.city.kyoto.lg.jp/kotsu/page/0000206106.html〉(2017.7.5 リンク確認)。

6 京都学園大学 HP「太秦その(京都学園大学公式キャラクター)」
  〈http://www.kyotogakuen.ac.jp/sono〉(2017.7.5 リンク確認)。

7 機会は少ないが、今でも京都市内でその当時の太秦萌が使用されている広告など
  を見ることがある。私も 2017 年の 2 月後半と 7 月後半に、京都駅のバス乗り場
  内やバスの車体に掲載された広告で 2 回ほど見たことがある。当初の太秦萌・松
  賀咲・小野ミサの様子や設定は下の URL で見ることができる。京都市交通局 HP
  「燃え燃えチャレンジ班―若手職員増客チーム―」(ページ番号 96959)
  〈http://www.city.kyoto.lg.jp/kotsu/page/0000096959.html〉(2017.8.14 リンク確認)。

8 京都市交通局 HP「ページ番号 203179」「【広報資料】"地下鉄に乗るっ"シリー
  ズオリジナルグッズの販売について」
  〈http://www.city.kyoto.lg.jp/kotsu/page/0000203179.html〉(2016.11.1 リンク確認)。

9 京都市交通局 HP「ページ番号 204553」「【広報資料】地下鉄・市バス応援キャラ
  クターを主人公にしたライトノベル第 2 弾の発行について」
  〈http://www.city.kyoto.lg.jp/kotsu/page/0000204553.html〉(2017.7.5 リンク確認)。

10 京都市交通局 HP「ページ番号 205459」「【広報資料】「京まふ 2016」における
   "地下鉄に乗るっ"シリーズオリジナルグッズの発売について〜「太秦萌」フィ
   ギュアの完成披露や新キャラクターの発表もあるよ〜」
   〈http://www.city.kyoto.lg.jp/kotsu/page/0000205459.html〉(2017.7.5 リンク確認)。

11 太秦萌 FB〈https://www.facebook.com/kikaku.j〉(2017.8.13 リンク確認)。

12 2016 年 10 月 11 日付「京都国際映画祭についてのお知らせです♪」
   〈http://kyogakudo.net/?m=20161011〉(2017.7.5 リンク確認)。

13 店の由来について HP に説明がある。「京學堂とは」
   〈http://kyogakudo.net/?page_id=2〉(2017.7.5 リンク確認)。

14 碧志摩メグ公式 HP「商品案内」
   〈http://ama-megu.com/category/%E5%95%86%E5%93%81%E6%A1%8
   8%E5%86%85/〉(2017.7.5 リンク確認)。伊賀嵐マイについては、公式 HP で確認
   する限り、LINE スタンプのみの商品化となっている。
   〈http://ninja-mai.com/〉(2017.7.5 リンク確認)。

15 この経緯は各種新聞で記事になった。本章で記載した経緯は朝日新聞の記事を参照している。朝日デジタル、「海女萌えキャラ、三重・志摩市「公認撤回」抗議相次ぐ」
〈http://digital.asahi.com/articles/ASHC54QS7HC5OIPE018.html〉（2015.11.5 配信）。

16 伊賀嵐マイ「公式ブログ」【キャラクターの使用諸条件】
〈http://ninja-mai.com/%E3%80%90%E3%82%AD%E3%83%A3%E3%83%A9%E3%82%AF%E3%82%BF%E3%83%BC%E3%81%AE%E4%BD%BF%E7%94%A8%E8%AB%B8%E6%9D%A1%E4%BB%B6%E3%80%91/〉（2017.7.5 リンク確認）。

17 後者を「知的・道徳的」と翻訳している文献もあるが、ここでは引用先の記述に従う。

18 2017 年 6 月に第 9 回 AKB48 選抜総選挙が沖縄県豊見城市で開催されることになっていた。イベント自体は悪天候のため中止となったが、後日、このイベントが観光客誘致を目的として沖縄県に交付された振興予算が使用されたことが判明し問題となった。毎日新聞「政府の沖縄振興予算使われる　問題視も」
〈https://mainichi.jp/articles/20170806/k00/00m/040/020000c〉（2017.8.5 配信）。

参考文献

アントニオ・グラムシ（著）、松田博（編訳）（2013）『グラムシ『獄中ノート』著作集Ⅲ　知識人とヘゲモニー「知識人論ノート」注解』、明石書店

井手口彰（2009）「萌える地域振興の行方—「萌えおこし」の可能性とその課題について」、『地域総合研究』37(1)、鹿児島国際大学附置地域総合研究所、pp.57–69.

日本社会学会社会学事典刊行委員会（編）（2010）『社会学事典』、丸善

見田宗介（顧問）、大澤真幸・吉見俊哉・鷲田清一（編）（2012）『現代社会学事典』、弘文堂

7章　萌えキャラのポリティクス3
　　―そのジェンダー性

1.　萌えキャラのジェンダー性が問題となっている

1.1　人工知能学会の学会誌『人工知能』の表紙をめぐる論争
　萌えキャラのポリティクスとして最後に取り上げるのはジェンダー性である。キャラクターにおけるジェンダー性についてはジェンダー論の分野を中心にこれまでにいくつかの研究がある。たとえば、松原・サトウ (2013) や村瀬 (2005)、田川 (2009)、などがある。それらを見ると、「萌え」を複数の特性の束で捉えようと試みたり、「オタク」について性的差異を1つの切り口として分析したり、今までとは異なる女性性「戦う女性」について論じたりしているが、研究の方向性はいわゆるポップカルチャーとしての分析と考察である。また、2014年1月に刊行された人工知能学会の学会誌『人工知能』Vol. 29, No. 1 の表紙の絵をめぐる論争もあった。萌えキャラ風の女性がレトロな部屋を掃除しているのであるが、よく見ると女性の背中からケーブルのようなものが出ており、ロボットのようなキャラクターであった。

図1　『人工知能』Vol. 29, No. 1 の表紙
出典：人工知能学会HP

つまりそれは萌えキャラ掃除機だったのである[1]。それを見た人々の反応は大きく、ネット上でも賛否両論の意見が飛び交ったという事件である。それに対する人工知能学会の対応は誠実かつ研究者として責任のあるものであり、学会は翌月号でこの問題に関する小特集を組んでいて、そこに興味深い論考が収録されている。

この論争に関するツイートの分析を行った鳥海・榊・岡崎 (2014) はさまざまな分析を行っているが、本章と関連するものとして、「28 日には「萌え」、「美少女」という単語が現れ、ジェンダーの問題という観点から表紙の少女に対する評価が含まれた tweet が増加した」(p.176 左) と述べている。ツイートの中には「表紙が女性蔑視や性差別にあたるとの指摘、そもそも表紙が女性であること自体を問題視しているもの、およびこれらの批判に対する反論」があったことを指摘し、これを「ジェンダー」という内容でまとめ、「描かれているのが女性かどうかは関係なく、人間が人工知能やロボットを使役しているように解釈できることへの批判、およびそれらの批判に対する反論」も存在していたことを述べ、これについては「奴隷的」という内容でまとめている (p.177 左)。絵の持つ視覚的特徴とそこから私たちが想起する世界の知識から考えると、「女性であること」と「掃除という家事をしていること」と「ケーブルが示すように誰かに支配されていること」とを結びつけて考えることは難しくない。しかし残念なことに、この論文では「萌え」「ジェンダー」「隷属的」という 3 要素の関連については言及がない[2]。

同じ問題に関して、池田・山崎 (2014) は以下のように述べている。

> 多くの批判では、ロボットが女性であること、背面、腰のあたりでコードにつながれている点、そして箒をもっている点に注目が集まった。女性身体をかたどった掃除機として表されたロボットの表象は、女性が家事労働を担うという現実社会に残存するステレオタイプを肯定的に反復し、固定化する危険があるとも指摘された。繰返しになるが、この表象が「女性」と「掃除機」という記号を重ねることで、女性と家事労働の結び付きを自明視するものであるゆえに性差別的であるという批判は妥当であろう。(p.168 右)

しかし続けて池田・山崎 (2014) は「上記のように性別役割分業を固定化

する危険性があること、そしてそうしたイメージを無意識であれ強調してしまったことが批判としてあがっていることは理解できるとして、私達はジェンダー表象の研究者という立場からここでもう一歩踏み込んだ議論をしたい」(p.168右)と述べ、次のように課題を設定する。

> もし、上記のような批判があったとしても、それは誰かが現実に女性に掃除をさせ続けた、あるいは家事ロボットのようにこき使ったという話ではない。「あくまでイラスト」であり人の想像力の賜であるところの作品である。この1枚の絵から「かわいくて従順な女の子が毎日掃除してくれる光景」を妄想した人もいるかもしれないが、そのこと自体が別に法的にも倫理的にもとがめられることではない。では、一体何が問題で、なぜこのような批判が出て、そして表紙に対する意見が二極化するのだろうか。(p.169左)

これについて池田・山崎(2014)の解答を私なりに解釈してまとめると以下のようになる。端的に言えば、学会の権威性と表紙に組み込まれている(と読者が解釈した)意図とが要因であるということである。

> これは学会が刊行する学会誌の表紙であり、そこには学会の意図が凝縮されている。しかし学会が意図的に描く「未来」には「現存する差別が温存」されているように見える。そのため、この表紙をめぐる批判は「学会が描く未来が現存する差別を温存する社会であってほしくないと願う意識から生まれたものである」。(p.171左を要約)

池田・山崎(2014)は最後にこう述べて論考を締めくくっている。

> 現代のサブカルチャーイメージの中に内在する女性表象の在り方や、その受容をめぐる課題も視野に入れたうえで、今一度「表紙」に何を描き出すべきかを問い直すことから、すべては始まるのではないだろうか。一つのイメージを選択するということは、その背後にある表象の力学の選択であり、そこに自らの研究の未来像を凝縮する行為であることを、私達は肝に銘じる必要がある。

「人工知能」表紙の表象をめぐる議論の地平は広く、射程は遠く及んでいる。表象を生み、用いる行為が、目に見えないメッセージを誰かに伝えるものであるならば、その内容とともに、伝える実在の相手について深く想像をめぐらすほかなかろう。そして進むべき未来を描くときに、どんな過去を参照しながら再現(＝表象)するのかを模索する必要があろう。それは人工知能学会が考える未来のビジョンを、既存のイメージに安易に頼らず考えることによってしか解決できない問題であると思われる。(p.171 右)

　この池田・山崎(2014)は、執筆者自身が明確に語っているわけではないが、その姿勢から見て批判的談話研究の実践として萌えキャラを論じていると言える論考であり、かつ批判的談話研究の有益性をはっきり示してるものである。そこで本章でも、批判的談話研究という視点でもう一度萌えキャラについて考えてみたい。まだ考えなければならない問題が残っているからである。それはやはりジェンダー性についてである。とはいえ、私はジェンダー論を専門とする者ではない。だから批判的談話研究の実践でしかできない分析や考察を目指したい。そこで具体的には、萌えキャラのジェンダー性が一般市民社会においてどのように語られたか、という問題意識でテクストを分析し、萌えキャラや萌えキャラを活用しようとする人々の言説の中に、ジェンダー性がどのような形で組み込まれていて、その言説を通して誰がどのような支配や指導を実践しているかを明らかにすることを目標とする。

1.2　碧志摩メグの志摩市公認撤回事件報道を分析する

　焦点を当てる萌えキャラは 5 章・6 章でも取り上げた海女を目指す 17 歳高校生「碧志摩メグ」である[3]。碧志摩メグをめぐっては、すでに 5 章・6 章で何度か触れているが、志摩市公認撤回事件があり、そのことが新聞記事となって一定期間報じられた。そのため、ジェンダーの問題を社会的なテクストを通して分析することが可能だからである。詳しくは以下で新聞報道の分析を通して確認していくが、その事件の概要を簡単に説明すると、三重県志摩市が碧志摩メグを公認キャラクターとしたところ、市民から反対の声があがり、話し合いを経て最終的に市側が公認を撤回したという事件である。本章ではその事件が複数の新聞においてどのように報じられたのかを見てい

きたい。

　繰り返しになるが、分析姿勢は批判的談話研究である。分析するテクストは事件をめぐる新聞報道である。私は読売新聞・朝日新聞・毎日新聞・産経新聞・東京新聞のWebサイトの新着記事欄を継続的に閲覧して萌えキャラに限らずさまざまな話題の新聞記事を収集している。そこで収集した記事の中から当該事件に関するものを取り出し分析の対象とした。

　分析において特に着目する点は、談話主体、つまり「誰が言ったか」と、談話内容「何を言ったか」である。それを、時間軸に沿ったコトの展開も視野に入れつつ、複数の新聞記事を参照しながら分析し、新聞報道という1つの談話実践を通して萌えキャラのジェンダー性がどのような形で社会の中で繰り返し提示され再生産され強化されたのか、それに対して誰がどう抵抗をしたのかなどを考える。その前にまず「碧志摩メグ」を確認しておく。次のセクションで最初に取り上げる新聞記事に掲載されていた絵を引用する[4]。

図2　朝日新聞記事に掲載された「碧志摩メグ」

2. 誰がどのような批判的な声を上げたか

2.1　誰が声を上げたか

　下に引用した朝日新聞の記事によると、公に批判的な声を上げたのは39歳の女性であり、その女性の母親は現役海女であるという。その女性が中心となって海女ら309人の署名を市に提出したとある[5]。中心となった女性は主婦であり海女ではないが、母親が現役海女であり当事者であるといえよ

う。ここで注目したいのは、碧志摩メグと同性の女性、同じ職業の女性から批判の声が上がったということである。

（１）　母親が現役海女の地元主婦（39）が「女性蔑視で海女への侮辱」と抗議。公認撤回などを求め、海女ら 309 人分の署名を市に提出した。

（２）　主婦とともに署名を集めた母親の海女（66）は「公認撤回はうれしい。でも当たり前のことだと思う」と話した。
　　　「海女萌えキャラ、三重・志摩市「公認撤回」抗議相次ぐ」
　　　〈http://digital.asahi.com/articles/ASHC54QS7HC5OIPE018.html〉
　　　　　　　　　　　　　　（以上 2 例、朝日デジタル 2015.11.5 配信より抜粋）

　309 名分の署名は「海女ら」と書いてあるので、海女以外の人が賛同している可能性がある。実際、毎日新聞の報道には次の説明があった。

（３）　署名は現役・元海女ら 211 人分と、市民 98 人分が集まった。市内には昨秋時点で 256 人の海女が就業しているとされるが、宇坪さんによると、現役海女からは 97 人の署名が寄せられたという。
　　　「萌えキャラ：「碧志摩メグ」に反対署名「市は公認撤回を」／三重」
　　　〈http://mainichi.jp/area/mie/news/20150814ddlk24040145000c.html〉
　　　　　　　　　　　　　　　　　　　（毎日新聞地方版 2015.8.14 配信）

　そこから 309 人の内訳は、97 人（現役海女）、114 人（元海女）、98 人（市民）であり、海女の占める割合は 68％に上る。男女数は、現役海女と元海女を合わせると女性 211 人である。市民の署名に関しては男女双方が署名しているであろうと思われるので正確な数字ではないが、仮のその半数が女性だとすると、署名者の 84％が女性となり、市民 98 人が全員男性だとしても女性 68％となる。署名の 7 割弱が海女関係者であり、7 割弱から 8 割以上にかけてが女性であると推察されることから、批判的な声は「海女」という「萌えキャラ：碧志摩メグ」と同じ属性を持つ集団から上がったと言える。つまりこれは単なる女性の問題ではなく「海女という生業を持つ女性たちの問題」であると考えるべきである。

2.2　どのような批判的な声を上げたか

次のそれらの人々がどのような声を上げたのかを新聞記事から確認する。その報道されている内容を大きく分けると、5つの内容に類型化できた。

まず1つ目は、ことさらに女性であることを強調しているという「性的な問題」を批判する声である。性的な面に焦点を当てた碧志摩メグの視覚的特徴は、なによりも同性として不快であり「蔑視」と感じられたことがわかる。

（4）　胸の形がはっきり分かり、衣装の裾もはだけるなど、性的な部分を過剰に強調して不快
　　　「碧志摩メグ：公認巡る騒動通じ全国区…行政お墨付きが問題」
　　　〈http://mainichi.jp/select/news/20151201k0000e040206000c.html〉

（毎日新聞 2015.12.1 配信）

（5）　女性蔑視で不快感を与える
　　　「萌えキャラ：「碧志摩メグ」に反対署名「市は公認撤回を」／三重」
　　　〈http://mainichi.jp/area/mie/news/20150814ddlk24040145000c.html〉

（毎日新聞 2015.8.14 配信）

それだけはなく、プロとしての職業意識を持つ海女にとって自らへの侮辱とも感じられたようである。またそれは海女という職業を誤解させることにもつながりかねない。次に見られるのはそのような「直接的な感情の吐露や危機感の表明」である。これを2番目の類型とする。

（6）　海女をバカにしている
　　　「碧志摩メグ：志摩市公認キャラ撤回問題「公認反対」「今のままで」海女の間で賛否／三重」
　　　〈http://mainichi.jp/area/mie/news/20151001ddlk24040244000c.html〉

（毎日新聞 2015.10.1 配信）

（7）　性を強調する描き方だ／女性蔑視で海女への侮辱
　　　「海女萌えキャラ、三重・志摩市「公認撤回」抗議相次ぐ」
　　　〈http://digital.asahi.com/articles/ASHC54QS7HC5OIPE018.html〉

（朝日デジタル 2015.11.5 配信）

（８）　胸など若い女性の体を強調して描き、誤った海女のイメージが発信される
　　　「「萌えキャラは海女を侮辱」三重・志摩市に公認撤回要求」
　　　〈http://digital.asahi.com/articles/ASH8F41HTH8FONFB005.html〉
　　　　　　　　　　　　　　　　　　　　　　　（朝日デジタル 2015.8.17 配信）

　3 番目の類型は「本来発信すべきものへの言及」である。海女文化として守るべきものは何か、海女文化として発信すべきものは何か、それはこのような萌えキャラの姿ではない、もっと別のものを発信すべきだ、という一種の文化的・社会的な問題提起と提言である。

（９）　県文化財に登録された海女の信仰や潜水技術、知識こそ発信すべきだ
　　　「「萌えキャラは海女を侮辱」三重・志摩市に公認撤回要求」
　　　〈http://digital.asahi.com/articles/ASH8F41HTH8FONFB005.html〉
　　　　　　　　　　　　　　　　　　　　　　（朝日新聞デジタル 2015.8.17 配信）

（10）　多くの海女さんは「私たちをバカにしている」と言っている。海女の信仰心や潜水技術など先人が築いてきた海女文化をねじ曲げ、後世に残したくない。行動を通し市民の共感を期待したい
　　　「萌えキャラ：「碧志摩メグ」に反対署名「市は公認撤回を」／三重」
　　　〈http://mainichi.jp/area/mie/news/20150814ddlk24040145000c.html〉
　　　　　　　　　　　　　　　　　　　　　　　　（毎日新聞 2015.8.14 配信）

　4 つ目の類型は「行政の問題」である。1 つの記事の中に出てきた複数の意見を列挙する。

（11）　「行政が、未成年の女性を性的なものとして表現し、市役所などの多くの公共の場所で公開していることは問題」「民間なら構わないが、市公認には強く反対する」
　　　「碧志摩メグ：公認巡る騒動通じ全国区…行政お墨付きが問題」
　　　〈http://mainichi.jp/select/news/20151201k0000e040206000c.html〉
　　　　　　　　　　　　　　　　　　　　　　　　（毎日新聞 2015.12.1 配信）

最後の5つ目の類型は「反対ではない」「反対することを懸念する」という意見である。

(12)　宣伝効果があるなら今のままでもよいのでは／表現の萎縮につながる
　　　　「碧志摩メグ：公認巡る騒動通じ全国区…行政お墨付きが問題」
　　　　〈http://mainichi.jp/select/news/20151201k0000e040206000c.html〉
　　　　　　　　　　　　　　　　　　　　　　　（毎日新聞 2015.12.1 配信）

(13)　今の海女は磯着ではなく、ウェットスーツを着る。空想の漫画で仕事
　　　　への誇りが揺らぐことはない
　　　　「「萌えキャラは海女を侮辱」三重・志摩市に公認撤回要求」
　　　　〈http://digital.asahi.com/articles/ASH8F41HTH8FONFB005.html〉
　　　　　　　　　　　　　　　　　　　　　　（朝日新聞デジタル 2015.8.17 配信）

以上から、反対意見として、「性的な対象化」「職業や人間性の否定」「正統的な海女文化の発信」「行政の倫理観」といったものがあることがわかった。決してジェンダーの問題だけではなく、職業や一人の人間としての尊厳、行政としてのあるべき姿など、反対の声を上げた人々は多くの点に問題を見出していることがわかる。一方で特段に「問題視しない」意見もあった。

では次に、「海女という女性として」上げた批判の声に、誰がどのようにして対応したのかを新聞記事で確認する。

3.　誰がどのようにして批判的な声に返答したか

3.1　誰が批判的な声に対応したか

毎日新聞の記事によると[6]、公認撤回を求める署名は宇坪伊佐子さんという女性によって市と市議会宛に提出されたということであり、宛先は大口秀和市長と井上裕允議長とある。ただし、掲載されている写真を見る限りでは、実際に受け取ったのは市長でも議長でもなさそうであり、その周囲の様子から管轄部署の男性職員であると思われる。

直接の管轄部署は、署名受け取り後に「「大口市長にも確認したが、企画は続行していきたい。公認撤回やポスターなどの撤去も考えていない。今後

の PR 活動については今回の指摘を考慮しながら進めたいが、『女性蔑視』などはあくまで個人的な感じ方の問題だ」として、申し入れに応じない方針を示した」とコメントしたことが記事に書かれていることから考えると、市観光戦略室だと思われるが、責任者名はこの時点では不明である。

　署名提出は 8 月 13 日であり、それから 1 ヶ月半ほど経過した 9 月末に市側と海女側とが会合を持った。毎日新聞によると[7]、「同市には 256 人の海女（海の博物館調べ）が暮らしており、話し合いには市内 11 地区のうち 7 地区から 24 人が参加」したという。同市における海女人口の約 1 割でしかない。同記事によると、その会見後に記者会見をしたのは原口吉弘・市商工観光部長とのことである。会場では参加者に公認撤回かデザインを変更して続行するかのアンケートも実施され、原口氏が参加者の意見とアンケート結果とを市長に報告するとのことであった。その会合に市長は参加していなかったことになる。

　その会合から約 1 ヶ月後の 11 月 5 日に会見が開かれ、大口秀和市長が公認撤回を発表した。朝日新聞の記事と共に掲載された写真では市長と並んで、碧志摩メグの版権を持つ四日市市のイベント企画会社の関係者と思われる男性が写っているが、写真に説明がついていないためその記事からは確認ができない[8]。

　以上が複数の新聞記事に登場する「市側」およびキャラクター関係者の当事者である。対応した側として確認できた人物すべて男性であることが特徴的である。「海女という女性たち」からの批判を受け止めたのは「公務員という男性たち」であり、「企業の関係者という男性」であったということである。

　そこには 3 つの構図が絡み合って存在している。まず「海女という生業」である。2.1 節で確認したように、署名や抗議活動の中心は女性であり、その女性たちの 7 割近くが現役・元海女であった。一方、その署名を受け取り対応をした男性たちは公務員や企業経営者である。志摩市という地理的特性から公務員は業務遂行上で海女と関わることがあるとしても、その直接の生業として海女ではない。これも 2 節でみたように、碧志摩メグの公認撤回問題が「海女という仕事」「海女のイメージ」「海女の文化」という問題をはらんでいたことを考えると、批判の声を上げた集団とそれに対応する集団とは「海女という当事者性の有無」で対立する。

2つ目の対立軸は性差である。異議申し立てを行った7割以上が女性であると推察できるのに対し、その異議申し立てを受けたのは、数こそ少数であれ、すべて男性である。少なくとも報道から把握できた異議申し立ての受け手側は男性であった。そして2.2節で確認したように、碧志摩メグの公認撤回問題が「過度な性的描写」というジェンダー的な問題も抱えていたことを考えると、両者は「女性という当事者性の有無」でも対立する。

3つ目の対立軸は、異議申し立てを行った側が「わたしたち」・「市民」という「私」であり、その異議申し立てを受ける側が「市」・「企業」という「公」[9]であるという点である。その「私」と「公」とが、「公共」の場における「萌えキャラ」という「記号」[10]の使用をめぐって、利害が対立したという構図になる。市民側の批判的意見として「行政が、未成年の女性を性的なものとして表現し、市役所などの多くの公共の場所で公開していることは問題」「民間なら構わないが、市公認には強く反対する」という意見[11]があったことから、この問題は単なる「海女という生業」の問題や「性差」の問題にとどまらず、自分たちの社会の問題を自分たちで解決していこうという「市民性」や「公共性」の問題でもあることがわかる。それは、署名を提出した代表者の「行動を通し市民の共感を期待したい」という発言からも読み取れる[12]。

これら3つの構図を統合すると、当事者性ではない「男性」中心で構成された「公」が、当事者である「私」の感情や尊厳に充分な配慮を示さず、自分たちの論理で既定の方針を貫こうとしたこと、言い換えれば、「公」が「市民」を支配しようとしたことに対し、個々の「私」が署名運動などを通して連帯し、「市民」として公然と異議申し立てを行ったという構図が見えてくる。これはもはや「政治」の問題である。

3.2　誰がどのような返答をしたか

ではその「海女としての女性たち」による「当事者の声」に対して、「公」という立場以外では当事者性を欠く男性たちはどのような内容の発言を行ったのだろうか。複数の新聞記事から時系列に確認していく。

まず公認撤回の署名が提出された段階での発言である。当事者たちの不快感や自己の尊厳・職業の尊厳を否定された感覚を市は「個人的な感じ方の問題」と述べ、公認撤回やポスター撤去も考えていないし応じない方針である

と発言している。社会の問題・公共の問題を「個の問題」に矮小化し、その声に向き合おうとしていないことがわかる。

(14)　これに対し市観光戦略室は「大口市長にも確認したが、企画は続行していきたい。公認撤回やポスターなどの撤去も考えていない。今後のPR活動については今回の指摘を考慮しながら進めたいが、『女性蔑視』などはあくまで個人的な感じ方の問題だ」として、申し入れに応じない方針を示した。
　　　「萌えキャラ：「碧志摩メグ」に反対署名「市は公認撤回を」／三重」
　　　〈http://mainichi.jp/area/mie/news/20150814ddlk24040145000c.html〉
　　　　　　　　　　　　　　　　　　　　　　　（毎日新聞 2015.8.14 配信）

　また、朝日新聞の報道によると、当事者から批判の声が上がり署名提出に至るまでに、キャラクター企画会社が「描き方を変更した」ことがわかる。そしてそれを根拠にして要求に応じないと発言していることが記事となっている。また会社側も「メグには好意的な意見も多い。今後も志摩や三重のPRに役立てば」と述べ、同じキャラクターの継続使用を意図するような発言をしている。「好意的な意見」を当事者である海女たちが持っているのかどうかは触れられていない。

(15)　市は「意見を会社側に伝え、キャラの描き方が変更された」として、いまのところ要求には応じない方針。会社側は「批判は受け止めるが、メグには好意的な意見も多い。今後も志摩や三重のPRに役立てば」としている。
　　　「「萌えキャラは海女を侮辱」三重・志摩市に公認撤回要求」
　　　〈http://digital.asahi.com/articles/ASH8F41HTH8FONFB005.html〉
　　　　　　　　　　　　　　　　　　　　　（朝日新聞デジタル 2015.8.17 配信）

　ここで考えておきたいことは、「『女性蔑視』などはあくまで個人的な感じ方の問題」「メグには好意的な意見も多い」という意見には全く当事者性が欠如している、ということである。実際に「女性蔑視」だと感じて抗議している当事者がいるにもかかわらず、属性も不明の不特定他者の声が「多い」

ことを根拠に出して、その抗議を「個人差」に帰すのは自分が当事者の目線
で感じよう受け止めようとしないからである。「メグには好意的な意見も多
い」ことを使用継続の理由に挙げるのは「メグに批判的な意見も多い」事実
を受け入れず、嫌な気持ちにされたり傷つけられたりしながらメグを見てい
る当事者の立場に立っていないから言える発言である。「キャラの描き方が
変更された」ことについても、問題を視覚的な情報が喚起させる性の問題と
してのみ捉えていることが明らかで、海女という生業に持つ職業意識が侵さ
れているという個人の尊厳に関わる問題であるという意識がないから発言で
きるのであろう。それができるのは海女としての当事者性、つまり女性性と
生業性を持っていないからである。

　しかし批判の声がさらに強くなったせいか、市は海女側と会合を持った。
そこでは当事者性を帯びた発言が観察できる。「一部の方に不快な思いをさ
せた」と謝罪したのである。「一部の方に」という表現は文法的に間違いで
はないが、先に触れたように、同市には256人の海女がいて、署名数309
名のうち一般市民が98人だったことを考えると、海女は211人であり、そ
の全員が志摩市に住んでいるとは限らないとしても、署名者全体に占める海
女の割合、女性の割合を見れば、「不快な思い」にされた人が決して「一
部」ではないことがわかる。

(16)　市は「好意的な意見も多く、デザインを変更したい」と公認継続の姿
　　　勢を示す一方、9月末に市内の海女代表24人を集め、「一部の方に不
　　　快な思いをさせた」と謝罪した
　　　「海女萌えキャラ、三重・志摩市「公認撤回」抗議相次ぐ」
　　　〈http://digital.asahi.com/articles/ASHC54QS7HC5OIPE018.html〉
　　　　　　　　　　　　　　　　　　　（朝日デジタル 2015.11.5 配信）

　同じ会合のことを毎日新聞は次のように報じている。2ヶ所抜粋する。後
半の「本音が聞けて良かった。キャラクターのデザインを変更するにして
も、事前に海女さんに相談したい」という発言から当事者の側に立って調整
を行い問題解決を図っていこうとする姿勢が読み取れる。

(17)　原口部長がキャラクターの市公認に至る経緯を説明し、「一部で不快

な思いをさせた」と謝罪。［中略］原口部長は「本音が聞けて良かった。キャラクターのデザインを変更するにしても、事前に海女さんに相談したい」と話した。

「碧志摩メグ：志摩市公認キャラ撤回問題「公認反対」「今のままで」海女の間で賛否／三重」

〈http://mainichi.jp/area/mie/news/20151001ddlk24040244000c.html〉

（毎日新聞 2015.10.1 配信）

　しかし最終的にこの問題は「公認を撤回する」という市の決定で終わった。会合からの1ヶ月に何があったのかは配信された記事からは読み取れないが、朝日新聞の記事には、会合の場で行った「アンケートでは、約3割が公認を撤回すべきだと答えたという」という文や、市長が記者会見で「撤回とサミットとの関係は否定した」という説明があった[13]。約3割という撤回意見は多数決という視点でみれば決して全体に占める割合としては多くない。むしろ少数派である可能性も否定できない。繰り返しになるが、志摩市内の海女人口は256人、その約1割の24人がアンケートに応じ、その約3割が撤回意見だったということになる。計算上は7人強、志摩市内の海女人口は256人から見れば3%弱でしかない。

　「好意的な意見も多く、デザインを変更したい」ということを述べ、歩み寄りは見せつつも公認撤回に否定的だった市側が突如わずか3%弱の意見を受け入れて撤回をするにはそれなりに考慮すべき別の理由があったと考える方が合理的に思える。と考えれば、2016年5月の主要国首脳会議（サミット）まで半年となった11月というタイミングで公認撤回をした背景には長引く「政治」の問題が市のイメージを悪くするという懸念があって解決を急いだのかもしれないということも1つの理由として充分に成り立つように思われる。しかしそれ以上は確かめる術もなく憶測になるので控えたい。

　その上でここで見ておきたいのは、その公認撤回記者会見時の「公」側の発言である。まず市長は次のように述べている。

(18)　大口秀和市長は5日に会見し、「（公認撤回は）企画会社から申し出があった。海女さんたちに応援していただきたいが、そういう現状ではない」と述べた。

「海女萌えキャラ、三重・志摩市「公認撤回」抗議相次ぐ」
〈http://digital.asahi.com/articles/ASHC54QS7HC5OIPE018.html〉

（朝日デジタル 2015.11.5 配信）

「（公認撤回は）企画会社から申し出があった」という部分は「（公認撤回は）市の決定ではない」ということを暗に伝えている。「海女さんたちに応援していただきたいが、そういう現状ではない」という部分は「自分たちに原因があるとしても、相手側の行動などにも原因があるのだ」という読みを誘発しうる。市は自らの意思で撤回したのではないと述べ、現状が公認を許さないと述べることで、客観的・中立的立場を演出し、意図的に当事者性を持っていないように見せかけている。「公」の中で唯一当事者性を持つ企画会社の関係者は、毎日新聞の記事によると次のように発言している。

(19)　制作会社が「メグに共感していただける皆様と力を合わせる舞台に進みたい」と公認撤回を申し出る形で騒動を決着させた。
　　　「碧志摩メグ：公認巡る騒動通じ全国区…行政お墨付きが問題」
　　　〈http://mainichi.jp/select/news/20151201k0000e040206000c.html〉

（毎日新聞 2015.12.1 配信）

「メグに共感していただける皆様と力を合わせる舞台に進みたい」という発言は「撤回を求めてきた海女としての女性たち」に何を伝えているのだろうか。私はそれを「当事者性の放棄」と「関係性の一方的破棄」と見る。卑近な言い方で言えば「嫌なら嫌でいいですよ。私はメグを好きと言ってくれる人たちとだけ一緒にやっていきます」という一方的な縁切り宣言である。当事者として問題に関わろうとするのではなく、当事者としての責任も行動も放棄することで、問題から無関係になることで、問題を解決するのではなく、その本質を改善しないまま問題から離脱し逃亡したのである。そしてその結果、萌えキャラとしての碧志摩メグは「非公認キャラクター」として今も存在している[14]。

　本節の最初に「「海女としての女性たち」による「当事者の声」に対して、「公」という立場以外では当事者性を欠く男性たちはどのような内容の発言を行ったのか」という課題を立てた。その答えがこれである。「公」の

立場に立つ以外に当事者性のない男性たちは、市は企業側の判断として距離を取り、企業側は当事者との関係性を断ち、最終的に「公認撤回」することで「公」という市民に向き合うべき当事者性を放棄し、萌えキャラとしての碧志摩メグに、これからも非公認キャラクターとして「公共」の場で活動できる余地を残し、「性的な対象化」・「職業や人間性の否定」・「正統的な海女文化の発信」という本質的な問題を解決せずに、それを市民側に置き去りにしたまま問題から逃亡しうやむやにしてしまったのである[15]。

4. 問題解決に向けて

4.1 ジェンダー性をめぐる問題の根源について

　萌えキャラというものが人間と同じように性を持ち、その外見的・内面的な性的特徴をキャラクター設定として持つ以上、萌えキャラはジェンダー性をめぐる問題を潜在的に内在する。そのことから自由になることはできない。いわばジェンダー性の問題は萌えキャラに符号化され焼き付けられていると言えよう。

　しかし一方で、その符号化されたジェンダー性をめぐる問題が、たとえば碧志摩メグの例のように顕在化する場合と、5章6章で取り上げた京都市交通局のキャラクターである太秦萌のように顕在化しない場合とがある。それを分けるものは何であろうか。碧志摩メグの事例を再検討すると、問題は「性的描写」と「職業への侮辱」に行き着く。後者の「職業への侮辱」も突き詰めれば、胸を強調した描き方やはだけた磯着という「性的描写」にその原因があった。つまり問題の根源は「強調された性的描写」ということになる。

　それに関して新聞記事の中に興味深い言説がある。毎日新聞の記事の中に次のような説明がある。

(20)　騒動を、各地の萌えキャラたちはどう見たのか。
　　　伊賀忍者で知られる同県伊賀市の「伊賀上野 NINJA フェスタ実行委員会」が公認するくノ一の萌えキャラ「伊賀嵐(いがらし)マイ」は、碧志摩メグの「親友」という設定。2人とも同じ会社が制作しており、容姿や雰囲気が似ている気もする。ただしマイには批判の声はな

いといい、実行委は「現役海女が意見を寄せたメグに対し、こちらは
忍者が実在しないので」と環境の違いを語る。
「碧志摩メグ：公認巡る騒動通じ全国区…行政お墨付きが問題」
〈http://mainichi.jp/select/news/20151201k0000e040206000c.html〉

(毎日新聞 2015.12.1 配信)

　碧志摩メグの親友である「伊賀嵐マイ」[16]は記事が指摘するように確かに
容姿や雰囲気が似ている。ぱっと見ただけではあまり目立たないが、実際は
碧志摩メグと同様に胸を誇張した描き方となっているようにも見える。しか
し忍者の衣装で足が隠れている点や体に密着していない衣装とその色ゆえに
あまり性的な印象は受けないかもしれない。
　ただし「現役海女が意見を寄せたメグに対し、こちらは忍者が実在しない
ので」という実行委員会の見解は妥当と言えない面もある。他地域でも架空
のキャラクターをめぐって同じような騒動も起きているからである。

(21)　岐阜県の美濃加茂市観光協会が胸元を強調した女子高生のアニメキャ
　　　ラクターを使ったポスターを作製したところ、「不適切だ」といった
　　　批判が相次ぎ、同協会がJR美濃太田駅に掲示したポスターを撤去し
　　　ていたことが分かった。
　　　ポスターは、農業高校が舞台のアニメ「のうりん」に登場するキャラ
　　　クターをデザインしたもの。モデルは同市内の県立加茂農林高校とい
　　　い、協会はアニメと連携したスタンプラリーを企画し、同駅構内に先
　　　月4日に掲示。公式ツイッターにも投稿していた。
　　　だが、「女性の目から見て不愉快」「セクハラになるのではないか」と
　　　いった批判が相次ぎ、協会は同29日に撤去した［以下省略］
　　　「胸元強調に批判、アニメキャラのポスター撤去」
　　　〈http://www.yomiuri.co.jp/national/20151202-OYT1T50015.html〉

(読売新聞 2015.12.2 配信)

　このキャラクターは実在のアニメキャラクターで過去にも同協会がパンフ
レットに使ったことがあるという。モデルが同市内に実在する県立加茂農林
高校であること、「美濃加茂市観光協会」という「公」が使用したことに原

図3 (21)読売新聞記事に掲載された「撤去されたポスター」の画像

因があると考えられる。その点で言えば、「行政お墨付きが問題」という(20)の毎日新聞記事の主張も、「忍者が実在しないので」(裏返せば、海女は実在するので)という実行委員会の見解も一定の説得力がある。しかし、その「強調した性的描写」がなければ「行政お墨付きが問題」にはならないわけで、やはり根源的な問題は「強調した性的描写」にある点は否定できない。

4.2 ジェンダー性をめぐる問題の解決のために

ではどうすればこの種の問題を回避することができるのだろうか。まず漫画家の一人は次のように「活用には様々な配慮が必要だ」と述べている。

(22) こうした流れについて、漫画家で京都精華大学長の竹宮惠子さんは「実在する人物よりアニメなどの方が見る側の想像をかき立て、感情移入もしやすい利点がある」と分析。一方で、「他県では、過度な描写でセクハラとの批判を招いたケースもある。活用には様々な配慮が必要だ」と指摘する。
「「想定以上の反響」に驚き、自治体美少女キャラ」
〈http://www.yomiuri.co.jp/culture/20160602-OYT1T50186.html〉

(読売新聞 2016.6.2 配信)

ではその「様々な配慮」とは具体的にどういうものであろうか。識者は次

のように提案している。一言で言えば、多様な見方を考慮するということである。

(23) 男女共同参画に詳しい静岡県立大の犬塚協太教授（ジェンダー社会学）は「男性が提案した案なら、さまざまな年代の女性から意見を募るなどして『一般的な市民』の意見を幅広く理解することが大切」と指摘している。
「〝美少女、萌えキャラ〟誰にどう配慮すればいいのか？「性的で不快」「セクハラ」…自治体困惑」
〈http://www.sankei.com/west/news/151224/wst1512240025-n1.html〉
（産経新聞 2015.12.24 配信）

　では本章が中心的に取り上げてきた碧志摩メグと、その比較対象とした太秦萌の場合はその多様性を反映させたものだったのであろうか。すでに見てきたように、碧志摩メグはイベント企画会社が作って志摩市に売り込んだという経緯があった。実際にデザインした担当者は不明であるが、公認撤回記者会見時に同席したイベント会社担当者は男性であった。その諸判断に、部外者として視点、ビジネスとしての視点、男性的な視点や価値観といったものが反映されていた可能性が多分にある。一方、太秦萌をデザインしたイラストレーターは「賀茂川」という人物である。ネットで検索しても性別は意図的に明らかにしておらず不明であった[17]。しかし次の新聞記事にあるように、太秦萌の出自は明らかに碧志摩メグのそれとは大きく異なっている。

(24) 京都市交通局の女子高生キャラ・太秦萌は 2011 年、若手職員の発案で誕生した。市内の高校 2 年生との設定で、幼なじみ 2 人とポスターなどに登場し、地下鉄利用を呼びかける。
元々は職員の妻がデザインしたが、13 年にイラストレーターにリメイクを依頼したところインターネットなどで話題になった
「「想定以上の反響」に驚き、自治体美少女キャラ」
〈http://www.yomiuri.co.jp/culture/20160602-OYT1T50186.html〉
（読売新聞 2016.6.2 配信）

まず若手職員という内部の関係者による発案だった点が異なる。次に当初のデザインが職員の妻によってなされたという点に着目したい。つまり、太秦萌はその誕生において「組織内部の女性の視点」を持って生まれたということである。賀茂川というイラストレーターによる再デザインは、「リメイク」とあることを考えると、最初から新しいキャラクターを作るのではなく、原点の特徴をより際立たせるものだったのであろう。太秦萌の当初のデザインと賀茂川による再デザインの過程はネットでも確認できる[18]。後者の記事ではその再デザインを「太秦萌の"進化(リファイン)"」と呼んでいる。

その「賀茂川による再デザインの過程」の記事からもわかるが、この太秦萌の再デザインは複数のイラストレーターによるコンペであったという。下の記事からは、おそらくその選考過程において、内部の人間である京都市交通局の職員が積極的に関わっていたことが読み取れる。

(25)　地下鉄通学する女子高生キャラ「太秦萌(うずまさもえ)」などを生かし、公共交通の利用促進を目指す京都市交通局。制作時には「公共の場で不特定多数の人の目に留まるので、スカート丈などは慎重に見極めた」。
「碧志摩メグ：公認巡る騒動通じ全国区…行政お墨付きが問題」
〈http://mainichi.jp/select/news/20151201k0000e040206000c.html〉
(毎日新聞 2015.12.1 配信)

ここで着目したいのは「公共の場で不特定多数の人の目に留まるので、スカート丈などは慎重に見極めた」という部分である。まさにそこには「公共」という「場」を踏まえた視点、「不特定多数の人」という「メッセージの受け手」がどう感じるかという多文化的視点が取り込まれている。人が個としてもつ価値観や評価などは皆それぞれ異なるものである。絶対的な1つの価値観や評価のみを採用するのではなく、「公共の場」を異なる価値観や評価などが共在する場所と考えていることが見て取れる。実際に私も京都で確認をしたが、バスの中、地下鉄の中、駅構内、交通局窓口、バス車体外部の広告など、京都でこのキャラクターたちを目にする機会は多い。デザイナーにリファインされてすでに4年近く経過していることを考えると、それだけ公共の場で不特定多数の人々に受け入れられていると言えよう。

海女という職業に関わらない「外部の企業」によってデザインされ、海女という職業人とは異なる性を持つ「男性」責任者によって商品として売り込まれて登場した「17歳女子高生の碧志摩メグ」と、職員の妻という「内部関係者」の「女性」によってデザインされ、外部イラストレーターによって「進化」し、内部関係者によって「公共」という視点、「不特定多数の人の見方」という多様な視点からチェックを受けて最終的に誕生した「17歳高校生の太秦萌」とは、大きな違いがあることが明らかになった[19]。この多様性を志向したプロデュースこそが、萌えキャラが生得的に持たざるを得ないジェンダー性の問題を解決する鍵であると考えられる。簡単に言えば、時間や空間こそリアルタイムで共有してはいないが、「相手を想定した双方向的で柔軟な対話」という「調整」を見ることができるからである。

そして、それを別の方向から見れば、その多様性を持ち得なかった碧志摩メグや岐阜県美濃加茂市観光協会使用のキャラクターに対して湧き上がった「不快である」や「撤回を求める」という市民の声は、ややもすれば「うるさい人が文句を言っている」とだけ取られがちであるが、私はそれを、「力を持っている側」の「単一的な視点」による「硬直的な支配」に対し、「多様な考え方や価値観」の存在の承認と「共に生きる人との対話」を要求するものであり、「権力による一方向的な支配に対抗する談話」であると位置づけたい。

5.　碧志摩メグをめぐる事件から見えてくること

一時は三重県志摩市の公認キャラクターだった碧志摩メグの、その公認撤回に至るまでの経緯を、新聞記事を読みながら、誰が誰に対しそのような声を上げ、その声に誰がどのように応えたのかを中心に分析した。そこから見えてきたのは、女性が「性的に不快だ」「職業をバカにしている」「海女文化の正統な発信を」という声を上げ、男性がそれに配慮を示しつつも抜本的な対策を取らず、最終的には謝罪をして公認を撤回し、キャラクター自体を温存させたという展開であった。そこに存在するのは自らの権力性を維持し再生産していこうという意図と実践であったと言えよう。

生業としての職業や文化という面も無視できないが、海女という職業が女性に限ってのものである以上、最後にたどり着くのはジェンダー性の問題で

ある。そのような問題がなぜ起こるのかを考えるため、碧志摩メグの事例と対比させる形で、太秦萌の事例を分析した。そこで明らかになったのは、碧志摩メグの場合は、「外部」の「男性」を中心に「強調された性的描写」と「キャラクターの商品化」が展開していったという流れであった。男性から見た女性像がキャラクター化されていき、それが世に出たとき、その過程に関与しなかった（できなかった、またはそこから排除された）女性が抵抗の談話を発表したわけである[20]。

　それとは対照的に、太秦萌の事例を分析することで見えてきたのは、「内部」の「女性」を出発点として、「抑制された性的描写」と「キャラクターの商品化」が「公共の視点」や「不特定多数の視点」を考慮しつつ、「内部のチェック」も経て展開していったという流れであった。そこには「自分の主張だけを通すのではなく、共に暮らす他者とうまく折り合いをつける」という民主的市民性があったと言えよう。

　碧志摩メグの事例を、男性が主導権を握っていて、市民側との対話を経ずに行政トップダウン的にキャラクターの公認を行ったという意味で「非多様性で対話コミュニケーション不在」と呼ぶなら、太秦萌の場合は、女性の視点もあり、内部の視点もあれば、公共の視点・不特定多数の視点という外部の視点もあり、対話を経て生まれたという点で、「多様性共存で対話コミュニケーション存在」と呼べるだろう。

　男性が支配し、女性がそれに抵抗するという構図となった碧志摩メグの事例でもう1つ問題の契機となったのは「自治体の公認」という点であった。このことは萌えキャラが現実の社会（その社会は多くの場合多様性を帯びている）と無関係ではいられないということを示唆する。5章・6章で用いた言い方で言えば、碧志摩メグは志摩市公認となった時点で、仮想空間と現実社会とを反転させたのである。イラストレーターが作画し、組織や自治体の内部で留まっている場合はいいが、一旦それが外の社会に出た場合、もはやそのキャラクターは自分の好きなように振る舞うことはできない。仮想世界のキャラクターも「共に生きる人」との間で社会性を要求されるのである。

　葛城（2008）は萌えキャラではなく「戦隊もの」のキャラクターのジェンダー性を分析している研究であるが、「戦隊もの」のキャラクターの描かれ方が変わってきていることについて次のように述べている。

ジェンダーをめぐる議論における男女の捉えられ方の変化が関係していると考えられる。すなわち、一昔前のジェンダーをめぐる議論では、男女が対立軸で捉えられており、そのため、「女性よりの女性」と「男性よりの女性」という描き分け方がなされる傾向があった。これに対し、近年のジェンダーをめぐる議論では、男女が対立軸で捉えられるのではなく、男女それぞれの生き方を認め合うというように男女の捉えられ方が変化してきた。(p.14)

　この視点で言えば、碧志摩メグをめぐる問題は、メグが「男性の側から見た女性」という描き方で表象化されたために起こった問題であるとも言えよう。碧志摩メグが活動する場が仮想世界から現実社会に反転したとき、碧志摩メグが自分自身に反映させているジェンダー性が「一昔前」のそれであり、現実社会のそれとずれていたわけである。繰り返しになるが、そのような「一昔前」のジェンダー性を背負わせたのは、「公」の「男性」であった。一方、多様な「私」から成る現代社会は「男女が対立軸で捉えられるのではなく、男女それぞれの生き方を認め合うというように男女の捉えられ方が変化してきた」社会であった。その反転は碧志摩メグにとっては不幸な出来事であったと言えよう。

　また葛城(2008)の指摘のように、現在の社会が「男女それぞれの生き方を認め合う」社会へと変化しつつあるなら、萌えキャラの問題は単に仮想空間の、またはメディア上のジェンダーの問題だけではなく、生業や評価や尊厳などと関連し、その社会でいかに生きるかという政治の問題[21]にまで発展することを示している。実際に今回のメグをめぐる批判は、「海女」という三重県の伊勢志摩地域の誇りと歴史のある伝統的な生業を職業とする女性たちから発せられた。それは単なるキャラクターの性的描写に限った問題ではなく、個人の尊厳、職業人としての誇りを賭けた生き方の問題、生身の人間の問題だった。そこでは萌えキャラを触媒にして、一種の反転が生じ、仮想世界の人物である萌えキャラが、「わたし」の生きるこの世界で「わたし」とインターラクションするという、融合した世界が構築されていたのである。

　現実世界の中に潜んでいたジェンダー性という問題を、仮想世界の萌えキャラが可視化した。言い方を変えれば、萌えキャラが「わたし」と「社会

におけるジェンダー性の問題」とを媒介し、「わたし」を意識化し、市や企業の関係者という「公」を意識化し、両者のジェンダー性の違いを可視化したのである。「公」はそのキャラクターを使用する使用しない、公認する公認しないに関する決定権を持っており、「わたし」との相対関係において権力的であり、当初は市民の声に配慮しつつも公認を撤回しようせず公認の受忍を強制していたという点で支配的でもあった。つまりそれは「公共」の場における「政治」の話でもあった。

　そのように考えると、この問題をどう解決するかについては、人工知能学会表紙問題について論じている池田・山崎（2014）の主張がそのまま当てはまるであろう。当事者の部分を今回の片方の当事者である志摩市に置き換えて引用する。

　　進むべき未来を描くときに、どんな過去を参照しながら再現（＝表象）するのかを模索する必要があろう。それは「志摩市」（引用者が置き換えた。原著は「人工知能学会」）が考える未来のビジョンを、既存のイメージ（非当事者の男性が考える海女像のこと。引用者加筆）に安易に頼らず考えることによってしか解決できない問題であると思われる。（p.171右）

　しかし、志摩市とキャラクターをデザインした企業関係者は、今回の市民からの声を受け、地域や地域の伝統文化・伝統的な生業に関する未来のビジョンについて、もう一度「既存のイメージに安易に頼らず考える」ことを行わず、この問題を解決する責任を放棄し、自分たちの「公」としての権力を維持したり強化したりすることができる「別の未来」を目指して「考えることを無効化」してしまった。これは大きな問題である。

　なぜなら、この種の萌えキャラやゆるキャラをめぐるジェンダーの問題は、岐阜県美濃加茂市の事例のように、他地域でも起こっているからである。決して志摩市だけの特殊な事例ではなく、普遍性を帯びた日本社会全体の問題である。萌えキャラが活動する地域にはその地域特有の社会があり、萌えキャラはその地域で「共に生きる人」であり、萌えキャラをめぐる問題は、決して仮想空間の中だけの問題ではなく、「いま、ここ」にある社会の中で生じている問題であるという認識が必要である。逆説的な言い方になる

が、萌えキャラにおけるジェンダー性というポリティクスは、決してそれだけが問題なのではなく、それが社会に深く根ざした問題であり、そこから幅広い社会問題につながっていくという点で問題なのである。仮想世界やメディア「だけ」におけるジェンダー性の問題「だけ」でものごとを捉えていては根本的な問題解決には至らないであろう。実際に、萌えキャラが関わる問題はジェンダー性の問題だけではなかった。これまでさまざまな例を見たように、地域経済・地域文化・職業・教育・倫理の問題などにも関わってくるのである。

このようなことを考えれば、「わたしたち」は萌えキャラと言語教育との関係にも無批判ではいられない。萌えキャラは単なる「日本文化」の一部、単なるポップカルチャーの1例、「社会と切り離された記号」として教材や教室に存在しているのでなく、それに関わる教師や学習者を不可避的に巻き込んで教室という実際の社会、「わたしたち」が生きている「いま、ここ」に存在していると考えられる。そこで最後に全体のまとめとして教育と萌えキャラとの関係について考察を行い提言を行う。

6. 萌えキャラを通して学ぶ批判的リテラシー

6.1 萌えキャラと言語文化教育との関係

いわゆる近年の「日本文化」の一側面として取り上げられ、日本語教育の場でもしばしば利用されているであろう萌えキャラは、さまざまなポリティクスを内在させている。それらは普段は社会において前提視されたものとして表面には現れにくいが、時には、たとえば新聞が取り上げるような事件をきっかけにして顕在化され目に見える形で現れることもある。

そして「わたしたち」はさまざまな媒体を通して現実世界や仮想世界でそれらの萌えキャラに接触するよう仕向けられている。その接触を通して、「わたしたち」はそのポリティクスに関与することとなり、場合によってはそのポリティクスを受け入れ、それによって支配されることも起こりうる。たとえば、必要でもないのにその萌えキャラが使われているだけである商品を買ってしまうような場合である。知らず知らずのうちにそのポリティクスを再生産し、いつの間にか支配する側に立っていることもある。つまり、萌えキャラは一種の支配装置として機能しており、日本語教育の授業で取り上

げることによって、教師はその支配に加担し、受講生をその支配に巻き込む
おそれもある。

　その一方で、日本のポップカルチャーの1つの具現形とも言える萌えキャ
ラには、授業で取り上げることにより、受講生の異文化に対する批判的思考
を伸ばす活動に寄与することも期待できるプラス面もある。萌えキャラの中
に存在するポリティクスに気づき、それを切り口にして社会を考える授業を
展開すれば、より深い日本社会への理解を促すことが可能となるからであ
る。萌えキャラのポリティクスを可視化し、受け止め、批判的に検討すれ
ば、そのポリティクスを乗り越えていく方策を考える契機となる。「毒を
持って毒を制す」「毒を薬にする」「現代社会の問題を未来社会の糧にする」
ような転回が期待できるところに言語文化教育の可能性がある。

　それを可能にするのは、授業に参画する教師と受講生双方の批判的リテラ
シーと市民的協働である。教師が無批判に「ことばや事象だけ」を教えるの
ではなく、文化を1つの固定した所与のものとして紹介するのでもなく、1
つの考え方や解釈を押し付けるのでもなく、「批判的なものの見方や着目
点」を教え、教師による学習者支配という「支配—被支配の権力的なポリ
ティクス」ではなく、「この教室で共に考える」という「共同体・協働の民
主的なポリティクス」で授業を展開していくことが肝要である。

　「教室という一種の社会」の中で、「授業に関わるすべての人が、共に生き
る人」として問題解決のために考える。教師も受講生も自分の中にある「萌
え文化」に気づき、萌えキャラを通して自分の中にあるポリティクスに気づ
き、一旦はそれを受け入れた上で、他者との話し合いを通して、よりよい形
に作り上げていく。それができるのが、生身の人間が集い共に同じ時間を同
じ空間で生きる「授業」というものである。

6.2　批判的思考や批判的リテラシーの教育へ

　本章では、日本語教育でも話題にする機会がある萌えキャラを取り上げ、
その内在化されたポリティクスを批判的談話研究の姿勢で分析し可視化する
こころみを行った。その結果、関係性・帰属性、経済性・商業性、キャラク
ターとしての多様性・拡張性、商品としての多様性・拡張性、ジェンダー性
といった多種多様なポリティクスを内在化していることを明らかにした。

　また本章は、その萌えキャラを使った言語文化教育に、批判的思考力、批

判的リテラシーを伸ばし、社会の中の問題を社会で共に生きる人々と一緒になって考え、よりよい社会を目指すために不可欠な市民性教育としての可能性を見た。萌えキャラは今「わたしたち」が住む社会の前提を反映して仮想世界に生まれ、その仮想世界からさまざまな物やメディアを媒介して現実社会に現れる。萌えキャラは「わたし」と社会とを媒介する。「わたし」の見方を社会に持ち込み、その一方で、社会の見方を「わたし」に組み込み、「わたし」と社会との両方を変えていく力を持っているのである。その萌えキャラを現代社会の1つの在り方として批判的に見ることで、「わたしたち」の社会に存在する種々のポリティクスに気づき、考えることができるからである。まさに「生きた教材」である。

　最後に言えば、社会の諸問題をめぐるポリティクスは萌えキャラだけが媒介するのではなく、何か別のものの中に自然を装って組み込まれており、なにかをきっかけにして支配のための実践を発動する。たとえば、絶対善と言えそうなスポーツや教育といった内容の言説の中にも支配・被支配のポリティクスは存在する[22]。その意味で、「解決に取り組むべき課題」や批判的思考力、批判的リテラシーをのばすための「生きた教材」はたくさん存在している。それを見出して解決に取り組んだり主体的に生きる術として活用するためにも、「わたしたち」には批判的思考力・批判的リテラシーが求められる。

付記：本章は 2017 年 12 月 16 日に京都工芸繊維大学で開催された日本語用論学会第 20 回大会でのワークショップ発表の内容を含んでいる。また本章は科学研究費補助金事業(学術研究助成基金助成金)挑戦的萌芽研究　課題番号：16K13218 代表者：名嶋義直による研究成果の一部である。

注

1　人工知能学会 HP, AI 書庫から、学会誌学会誌「人工知能」＞Vol. 29＞No. 1 (2014
　年 1 月)＞表紙と進んでダウンロードできる。なおイラストは学会が外注したも
　のである。
　〈https://jsai.ixsq.nii.ac.jp/ej/?action=pages_view_main&active_action=repository_
　view_main_item_detail&item_id=1539&item_no=1&page_id=13&block_id=23〉
　(2017.6.19 リンク確認)。本節で言及している 2 つの論文の同じようにダウンロー

ド可能である。

2 当該論文には「続報」もあるが、そちらでも分析はなされていない。

3 碧志摩メグ：公式サイト HP〈http://ama-megu.com/〉(2017.7.5 リンク確認)。

4 朝日デジタル「海女萌えキャラ、三重・志摩市「公認撤回」抗議相次ぐ」
〈http://digital.asahi.com/articles/ASHC54QS7HC5OIPE018.html〉(2015.11.5 配信)。

5 別の記事によるとインターネットで約 7,000 人分の署名が集まり、それも同時に提出されたとのことである。毎日新聞「碧志摩メグ：公認巡る騒動通じ全国区…行政お墨付きが問題」(2015.12.1 配信)。
〈http://mainichi.jp/select/news/20151201k0000e040206000c.html〉

6 「萌えキャラ：「碧志摩メグ」に反対署名「市は公認撤回を」／三重」
〈http://mainichi.jp/area/mie/news/20150814ddlk24040145000c.html〉(毎 日 新 聞 2015.8.14 配信)。

7 「碧志摩メグ：志摩市公認キャラ撤回問題「公認反対」「今のままで」海女の間で賛否／三重」
〈http://mainichi.jp/area/mie/news/20151001ddlk24040244000c.html〉(毎 日 新 聞 2015.10.1 配信)。

8 碧志摩メグという名などをキーワードにしてネット上で検索した結果、写真の男性は株式会社マウスビーチ代表取締役(当時)であることが確認できた。2017 年 8 月現在、同社では同姓の女性が代表取締役となっているが、この男性の同社への関与も HP で確認できる。また碧志摩メグの版権は有限会社 Maribon にあるとなっているが、この有限会社 Maribon の HP と株式会社マウスビーチの HP とは相互にリンクを張っている。株式会社マウスビーチ HP、〈http://mouthbeach. co.jp/htm/company.htm〉(2017.8.14 リンク確認)、有限会社 Maribon HP、〈http:// maribon.jp/〉(2017.8.14 リンク確認)。

9 ここでは碧志摩メグを企画した企業も、市の公認を得て共に活動していたこと、どのような企業にも公共性が求められることなどから「公」として位置づけた。

10 使用者がそこに種々のメッセージを込めているのであれば池田・山崎(2014)のいう「言説」といってもよいであろう。

11 「碧志摩メグ：公認巡る騒動通じ全国区…行政お墨付きが問題」
〈http://mainichi.jp/select/news/20151201k0000e040206000c.html〉(毎 日 新 聞 2015.12.1 配信)。

12 「萌えキャラ：「碧志摩メグ」に反対署名「市は公認撤回を」／三重」
〈http://mainichi.jp/area/mie/news/20150814ddlk24040145000c.html〉(毎 日 新 聞 2015.8.14 配信)。

13 「海女萌えキャラ、三重・志摩市「公認撤回」抗議相次ぐ」
〈http://digital.asahi.com/articles/ASHC54QS7HC5OIPE018.html〉(朝日デジタル 2015.11.5 配信)。

14 碧志摩メグの HP には「三重県志摩市非公認　ご当地　伊勢志摩萌えキャラク
ター」と記してあり、はっきりと「三重県志摩市非公認」と謳っている。〈http://
ama-megu.com/〉（2017.7.6 リンク確認）。

15 この顛末には後日談がある。公認を撤回した萌えキャラ「碧志摩メグ」がこの記
者会見から約 5 ヶ月後、三重県志摩市観光協会のポスターとして 2,000 枚が配布
されたという。毎日新聞によると協会の理事は「協会は市の補助団体ではあるも
のの、民間事業者の集まり。市の PR になると判断し配布することにした」と話
しているという。産経新聞の記事によると、この企画会社が市が公認を撤回した
直後に志摩市の観光協会に加盟していることを指摘した上で、理事の「加盟して
いる会員の事業を後押しするのは当たり前だ」という発言を引用している。公認
撤回時の「メグに共感していただける皆様と力を合わせる舞台に進みたい」とい
う発言はこういうことを意味していたのだろうか。公認撤回運動に関わった男性
は毎日新聞記事の中で「公認撤回時から、再登場の筋書きができていたと疑って
しまう」と語っている。
「公認撤回時から、再登場の筋書きができていたと疑ってしまう」〈http://
mainichi.jp/articles/20160326/k00/00m/040/163000c〉（毎日新聞 2016.3.25 配信）、
「観光協会が海女キャラポスター配布　苦情相次ぎ志摩市公認撤回も「女性蔑視
に当たらない」と判断」
〈http://www.sankei.com/west/news/160328/wst1603280084-n1.html〉（産経新聞
2016.3.28 配信）。

16 伊賀嵐マイ公式ブログ〈http://ninja-mai.com/〉（2017.7.6 リンク確認）。

17 本人によると、「イメージを固定したくなくて、年齢も性別も伏せています」と
のことである。pixivisionHP、「仕事場拝見　たった半年の修行でプロデビュー！
　異色の経歴を持つ賀茂川さんのマッチョで乙女（!?）な制作環境とは」
〈http://www.pixivision.net/ja/a/1739〉（2016.11.15 リンク確認）。

18 京都市交通局 HP で確認できる。「燃え燃えチャレンジ班―若手職員増客チーム
―」〈http://www.city.kyoto.lg.jp/kotsu/page/0000096959.html〉（2016.11.15 リンク確
認）、「はてなニュース」「「太秦萌」のイラストレーター・賀茂川さんに聞く！
ラフ絵を交えた制作エピソード」
〈http://hatenanews.com/articles/201407/20802〉（2016.11.15 リンク確認）。

19 共に「17 歳高校生」という設定は偶然に思えるかもしれないが、私はそこにも
「社会におけるモノの見方」が反映されているように思われる。「JK ビジネス」と
いうような「女子高生であること」に付加的な商品的価値を持たせてサービスを
行うことが社会問題になっている現状を見れば、女子高校生というものが 1 つの
アイコンになっていると思われるからである。ただし、ここでそれを論ずる用意
はない。

20 その点から考えれば、抵抗の談話を発信した女性たちは、志摩市や関連企業の持
つ権力構造から疎外された人々ということもできる。彼女たちは、グラムシが初

めて使い、その後ポストコロニアル理論で盛んに論じられ、G・C・スピバック氏にとっての重要なテーマになった「サバルタンの女性」であると考えることもできよう。G・C・スピバック(1988)によれば、「サバルタンの女性」とは「従属的地位に置かれている女性」である(p.2)。その意味でこの碧志摩メグの問題はポストコロニアルの視点で論ずることもできると思われる。

21 ここでいう「政治」とは「相異なる利益の創造的調停」(クリック 2011: 58)という意味で使用している。日常生活のあらゆることが政治なのである。

22 名嶋(2016)・名嶋(2017)は教育をめぐる新聞記事やオリンピック教育・道徳教育に関する新聞記事を批判的談話研究の姿勢で分析考察している。近年社会問題化している中学校や高校のクラブ活動の問題を考えても、教員にとっても生徒にとっても、そこに支配・被支配のポリティクスが存在すると言えるであろう。

参考文献

アントニオ・グラムシ(著)、松田博(編訳)(2013)『グラムシ『獄中ノート』著作集Ⅲ 知識人とヘゲモニー「知識人論ノート」注解』、明石書店

池田忍・山崎明子(2014)「「人工知能」誌の表紙デザイン意見・議論に接して―視覚表象研究の視点から―」、『人工知能』Vol. 29 No. 2. pp.167–171.

葛城浩一(2008)「ジェンダー的要素はどう描写されてきたのか―「スーパー戦隊シリーズ」を事例として―」、『こども社会研究』14. pp.3–16.

G・C・スピヴァク(著)、上村忠男(訳)(1988)『サバルタンは語ることができるか』、みすず書房

田川隆博(2009)「オタク分析の方向性」、『日本文理大学紀要』9. pp.73–80.

鳥海不二夫・榊剛史・岡崎直観(2014)「「人工知能」の表紙に関する Tweet の分析」、『人工知能』Vol. 29 No. 2. pp.172–181.

鳥海不二夫・榊剛史・岡崎直観(2014)「「人工知能」の表紙に関する Tweet の分析・続報」、ARG「Web インテリジェンスとインタラクション」研究会、『ARG WI2』No. 04、(ページ採番なし)

名嶋義直(2016)「教育をめぐる新聞記事の批判的談話研究」、言語教育の「商品化」と「消費」を考えるシンポジウム運営員会(編)『言語教育の「商品化」と「消費」を考えるシンポジウム報告集』、Kindle 版電子書籍(ページ採番なし)

名嶋義直(2017)「道徳教育とオリンピック教育に関する新聞記事の批判的談話研究」、香港日本語教育研究会(編)『第 11 回国際日本語教育・日本研究シンポジウム論文集』、pp.176–190.

バーナード・クリック(著)、関口正司(監訳)、大河原伸夫・岡崎晴輝・施光恒・竹島博之・大賀哲(訳)(2011)『シティズンシップ教育論 政治哲学と市民』、法政大学出版局

松原実香・サトウタツヤ(2013)「対象、評価、情動の観点から検討する「萌え」」、『立命館人間科学研究』26. pp.21–34.

村瀬ひろみ（2005）「日本の商業アニメにおける女性像の変遷と「萌え」文化：新しいジェンダーを求めて」、*Gender and sexuality: journal of Center for Gender Studies*, ICU 01. pp.77–91.

8章 社説に見る「反・脱原発」の イデオロギーとヘゲモニー

1. 原子力発電と「わたしたち」との関係はどうなるのか

1.1 原発をめぐるヘゲモニー

　5章から7章では萌えキャラを取り上げ、そこに見られるポリティクスを分析した。その結果明らかになったのは萌えキャラを介したヘゲモニーであり、萌えキャラはヘゲモニー装置であるということであった。「わたしたち」は萌えキャラに萌えることによって、社会的・経済的・国家的・差別的といったさまざまな権力の支配に同意し、自らそれを受け入れていくのであった。その同意と呼応するかのように、萌えキャラは多様化し拡張し、ますますその影響力を広げていく。

　それと似たような光景をどこかで見たことがあった。原子力発電と「わたしたち」との関係である。2つ例を挙げる。1つは福島第一原子力発電所事故前の状況である。原発をめぐる歴史的な経緯は神田（2015）にまとめられているが、「わたしたち」は、核兵器に対する拒否感とは対照的に、核の平和利用を掲げた原子力発電に対しては、科学の進歩や明るい未来を夢見て肯定的に受け入れてきた。その結果、日本全国に原子力発電所が50基以上も存在するようになったのである。地域によっては根強い反対運動があり建設を阻止した例もあるし、地域を越えて連帯し長年にわたり原発に反対している人たちも存在する。しかし、圧倒的多数の「わたしたち」は、消極的であれ原発に同意し無批判に無関心にそれを受け入れてきた。「安全神話」と言われることがあるが、もはや原発は「神話」ですらなく、一種の社会的インフラのようなものとなり、「そこに当然のこととして在るもの」として社会の中で前提視されていた。そして2011年3月11日を迎えたのである。

　もう1つの「原子力発電と「わたしたち」の関係」は2011年3月11日以後のそれである。2011年3月11日の東日本大震災に続いて起こった福島

第一原発事故は、「わたしたち」が事故の前には気づかなかったさまざまなことや、知らされていなかったこと、真実だと思わされていたことが嘘だったことなどを暴露した。「いま、ここ」での放射能への恐怖だけではなく、一度事故が起きた時のリスク、未来の社会への影響を考えた時の不安、原発の非倫理性、安いと言われてきた発電コストが事故にかかる費用を含めば実は非常に高かったこと[1]などから、原発反対運動はまたたく間に世代や社会的属性を超えて日本中に広がった。世論に押された当時の民主党政権は将来の脱原発を国民に約束した。それはすでに脱原発に舵をきっていたイタリアやドイツといった国々の決定とも呼応し、妥当な方向であると思われた[2]。しかし民主党政権から自民党政権に政権が変わり、原発推進の動きが勢いを取り戻してきた。それでもまだ脱原発の世論は多数であった[3]。にもかかわらず、その世論に反し、徐々に再稼働が行われるようになり、この原稿を書いている 2017 年 6 月 6 日にも高浜原発の再稼働が報道された。全体としてみたときには、積極的であれ消極的であれ、社会が再稼動を受け入れていると言わざるを得ない状況である。再び「わたしたち」は原発のヘゲモニーに晒され取り込まれ支配されつつある。

1.2 「わたしたち」は原発のヘゲモニーに抗えるか

　「わたしたち」はもうはっきりわかっている。電力会社は単に電気を供給している事業者であるのではなく、電気を通して「わたしたち」を支配している権力的存在であり、電力会社も政府も原発を再稼動させたいと考えていることを[4]。にもかかわらず、多くの人は原発問題に関わっているつもりはない。いわゆる原発問題の利害関係者であるという意識はないであろう。しかし「わたしたち」は毎日電気を使用している消費者である。もし消費者が原発によって発電された電気をもっと使いたいと声に出して言えば電力会社や政府にとっては願ったり叶ったりであろう。ここからわかるように、電力や原発に関する問題において、「わたしたち」も当事者なのである。その一方で原発反対という世論も一定の程度で認められる。市民と電力会社・政府との利害が衝突しているわけである。であれば、もはや原発再稼働を堂々と主張するようになった電力会社と政府であっても、ものごとを有利にそして迅速に進めるため、「わたしたち」市民にさまざまな働きかけをしてくるであろうことは想像に難くない。強引に再稼働を進めれば利害の衝突も生まれ

ることがわかっているからである。

そこで本章では、その実践を批判的談話研究の姿勢で分析・考察し、電力会社と政府の説得の仕方を明らかにし、その働きかけに対して、原発再稼働問題は自分たちの問題であるという意識を持った「わたしたち」に何ができるか、原発再稼働ヘゲモニーにどう向き合うべきかについて考えてみたい。

1.3 原発再稼働に対抗する姿勢

残念ながら、2017 年の今の日本はもはや原発推進社会と言ってよいであろう。再稼動の必要性は原発推進派の言説を通して「わたしたち」に向けてさまざまな方法で発信され拡散されている[5]。原発再稼働を意図する集団は、どのようにしてその力を取り戻し、社会を再稼働容認へと導いていったのだろうか。原発推進派は「わたしたち」に対して何をどう語ってきたのだろうか。

それら原発推進派の声の多くはマスコミを通じて「わたしたち」に届けられる。今の原発再稼働の流れの発端となったのは鹿児島県の川内原発であろう。そこで本章では、まさにその川内原発の再稼働問題が仮処分という法的措置をめぐって問題となっていた 2015 年 4 月時点にさかのぼり、新聞の社説を分析し、「反・脱原発」という姿勢と談話実践の実態を明らかにする。それによって今後もしばらくの間は続くであろうと思われる原発推進の動きと言説とを読み解く力、「対抗する談話」につながる視点を提供する。そして「対抗する談話」を生み出すための方向性を考えたい。また、それを通して、他の文章を批判的な姿勢で読む時にも役に立つ「目の付けどころ」を示すことも試みる。

2011 年 3 月 11 日の東日本大震災とそれに続いて起こった福島第一原子力発電所事故は社会に大きな影響を与えた。それは私にとっても当てはまることである。それまで私は現代日本語文法の語用論的考察を研究テーマとしていたが、震災と原発事故とを境として、言葉の分析を通して社会の問題に取り組むという姿勢に変わった。そして模索を続けるうちに、言葉を介して行われている「権力による支配や誘導」の一端を明らかにすることを通して、その支配や誘導に抵抗する術を考えたり「対抗する談話」を発したり批判的なリテラシーの教育にかかわったりする研究者たちが存在することを知った。批判的談話研究という分野に出会ったのである。そして自分もそのよう

な実践を志向することとなった。本章の文章もその実践の 1 つである。

2. 原発再稼働を主張する新聞記事を批判的に分析する

2.1 読売新聞と産経新聞の社説を分析する

　種々のソーシャルメディアが乱立するこのネット社会の時代になぜ新聞を分析するのか、それにどのような意味があるのかという疑問を呈する人もいよう。しかし、新聞は依然として大きな影響力を持っているメディアである。その影響力の大きさは紙媒体で購読するかどうかということだけでは計れない。むしろ逆に、インターネットの興隆は新聞にとって追い風となる。なぜなら、インターネットの恩恵を受け、今やウェブサイトで世界中の新聞を読むことができるのである。新聞社のウェブサイトを閲覧しなくても、ヤフーなどのいわゆるポータルサイト経由で新聞記事にアクセスして読む人も多くいるし、ツイッターやフェイスブックといったソーシャルメディアを介してシェアされた新聞記事を読むこともごく普通の読み方である。

　また、アクセスの機会が広がっただけでなく、新聞は未だに信頼できるメディアとして一定の評価を得ている。たとえば、読売新聞の以下の記事を読むとそれがわかる。共に現時点ではリンク切れとなっているため、記事の一部を引用する。

> 情報や知識を得るために、新聞はこれからも「必要だ」と思う人は 88％に達した。新聞の報道を「信頼できる」とした人は 77％だった。調査方法が異なるため単純な比較はできないが、昨年 9 月の面接方式による調査でも、「信頼できる」は 80％だった。新聞が高いレベルの信頼を保っていることが分かる。
> 読売新聞「新聞「必要」88％、「信頼できる」は 77％」
> 〈http://www.yomiuri.co.jp/national/20151010-OYT1T50080.html〉
>
> （2015.10.10 配信）
> 「情報源として欠かせないメディア」（複数回答）は新聞が 50.0％で、調査開始以来 8 年連続のトップ。NHK テレビ 43.5％、インターネット 42.9％などが続いた。情報の信頼度を 100 点満点で採点してもらうと、1 位は NHK テレビで 70.2 点。新聞が 69.4 点で続き、インターネット

は5位で53.7点だった。この1年間の信頼感の変化を聞くと、新聞は「変わらない」が84.5％を占め、「低くなった」は7.9％（前回10.2％）に下がった。

読売新聞「報道の自由「常に保障を」83.2％…世論調査」

〈http://www.yomiuri.co.jp/national/20151024-OYT1T50078.html〉

（2015.10.25 配信）

直近の調査でも新聞の信頼度は高いことが明らかになっている。

メディア別の信頼度については、新聞が70.1％と最も高く、テレビ65.6％、ネット33.8％、雑誌20.5％と続いた。

産経新聞「若者の「テレビ離れ」顕著に 10、20代はインターネット利用時間の方が長く」

〈http://www.sankei.com/entertainments/news/170822/ent1708220002-n1.html〉

（2017.8.22 配信）

分析する社説は読売新聞と産経新聞とした。読売新聞は神田（2015: 164）の指摘にあるように、ビキニ環礁で行われた米国水爆実験による第五福竜丸乗組員被曝事件の後、社会の反核運動の盛り上がりやそれと関連して左傾化が進むことを避けるために大々的に行われた「原子力の平和利用」のキャンペーンの中心的役割を担った正力松太郎を社主としていた歴史を持つ新聞社である。産経新聞は非常に頻繁に右派的言説を配信する新聞社である[6]。たとえば、2017年6月11日付の社説の社説の見出しは「プルトニウム被曝 再稼働の機運に水差すな」であった[7]。日本原子力研究開発機構の茨城県大洗研究開発センターで作業員がプルトニウムなどの粉末を浴びて被爆した事件を取り上げ、それによって「原子力への信頼」が揺らぐことに強い懸念を表している。この社説は産経新聞社が原発推進の姿勢を持っていることを明確に主張している。

両紙の記事には、このような姿勢の新聞社であることの当然の帰結として、政府寄りの言説が記事として頻繁に確認できる。原発の再稼働に関しても、先に挙げた産経新聞の例を待たず、原発推進の姿勢を鮮明にしている。

そこで原発推進をしようとする権力側の言説を分析するために上記2紙を選んだ。新聞記事のジャンルとしては社説を選んだ。社説は新聞社の姿勢や考え方が明確に主張され、読者に強く働きかけるものであり、もっとも再稼働の意図が強く作用している記事であると予想できるからである。分析対象とした社説は章末に引用して掲載した。適宜参照願いたい。

2.2　批判的談話研究の姿勢で分析する

　本章は本書に収録されている他の論考と同じく、批判的談話研究の姿勢で取り組まれた研究の結果をまとめたものであるが、本章は特に特定のCDS研究者によって提唱されている枠組みに依らずに分析を進める。それは、理論に裏づけされていない分析や考察でも充分に批判的な姿勢で談話を分析することが可能であることを示したいと考えるからである。言い方を換えれば、本章は、CDSの専門的知識がなくても一定のレベルまで批判的な読みの実践が可能であることを示すことを目論んだ一種の実験的取り組みであり、そこから得られた知見を社会にフィードバックすることも目標とする。

　分析と考察は大きく2つの視点に分けて行う。まず「言語形式に着目した分析と考察」である。ここでは誰にでもアクセスすることが可能な開かれている言語情報に着目する。言い方を変えれば、分析しやすいところから手をつけていく、ということである。とは言え、重要なことから分析する姿勢は堅持する。社説が新聞社からの読者に対する明確なメッセージであるという点を考えると、どういう主題についてどういう姿勢で執筆しているのかを、大まかにでもいいので理解するということが、まず最初の読み方として肝要であると思われる。談話全体の主題をつかむためには談話の中に現れる複数の話題(トピック)を連鎖構造で捉え抽象化していく必要がある。主題や話題は談話の中で連鎖して1つの談話を構成するため、話題の結束性と全体の一貫性を分析することも不可欠である。個別の言語形式は最も着目しやすい要素ではあるが、上で述べたようなマクロ的分析を行わずに語や表現だけに着目してその意味を考えると、表層的な分析に留まってしまうおそれがある。意味論や文法論的な分析は別として、談話の意図を読み解く目的で分析と考察を行うのなら、ミクロな部分の分析は、マクロな分析と共に行い、両者の分析結果を総合的に考察してこそ意味を持つものである。

　そこで、本章でも、まず最初に談話全体を捉えたマクロ的な分析を行う。

文字数や段落数という談話全体の形態的な特徴を把握したあとで、次にどのような話題がどのように連鎖していくかという話題の結束性に目を向け、それらがどう描かれているかという叙述態度などにも注意しながら、ボトムアップ的に主題とその叙述態度を取り出す。その後で、主題や話題が前提とするものや、前提と主張との論理関係について、一貫性に着目した分析を行う。これらの分析は談話構造・情報構造・談話レベルでの意味・言語形式の字義的意味や付随的意味などが相互に、そして密接に関連し合う部分であり、マクロとミクロのインターフェイスのような分析となる。そしてそこまでの分析を知的な文脈として踏まえた上で、最後に個別的具体的な言語形式のミクロ的な分析へと進む。本章で分析した項目と分析順は以下の通りである。

- 段落数と文字数(どれくらいのボリュームの記事か)
- 話題展開(どのような話題がどのようにつながっていくか)
- 叙述態度(肯定的か否定的か)
- 叙述の偏り(各話題についてどの程度の字数で語っているか)
- 主題(社説全体を貫くテーマはなにか)
- 前提(語りの土台となっている事実や考え方はなにか)
- 論理の整合性(または不整合性)
- 興味深い表現(談話主体の姿勢が読み取れるもの)

大きく分けた2つ目の視点は「イデオロギー性」である。本章で言うイデオロギーとは「右か左か」や「○○党の考え方」といった単純なものを指してはいない。イデオロギーとは「一定集団の価値観や利害を正当化する思考形態」という説明で定義されることもあるが、本章で言うイデオロギーは名嶋(編)(2017: 3)の定義に従い、以下のように考える。

人々に一定の影響を与える人や一定の集団や制度などの「権力」は、他者を支配しようとする「意図」を持ち、その意図を行動に移し、その実践としての言説を作り出し、それらを通して「自らが持つ価値観や理念、思考構造、行動様式など」を発信します。それを「イデオロギー」と呼ぶことにしましょう。

そして、それは談話の中に自然な形で組み込まれていて、読者に作用すると考える。そのため、テクストを読み解きながら、それを明らかにしていくことが重要である。その上で本章が「イデオロギーに着目した分析と考察」を通して目を向けるのは以下のものである。

・その主張が依拠するもの
・その談話主体が無視するもの
・そこから取り出せるイデオロギー
・読者に作用するヘゲモニー

　ヘゲモニーとは通常、国家の覇権や覇者の権力という意味で使われるが、ここではイタリアの社会運動家グラムシによって提唱され、現代の社会学において一般的に承認されている定義に従う。

　　広範な民衆から多少とも恒常的に同意を獲得して成立している一社会階級の全社会に対する指導機能(日本社会学会(編)2010: 42)

　そして、ヘゲモニーには「政治的強制力にもとづく『支配』」という政治的指導としてのヘゲモニーだけではなく、「国民からの自発的合意を調達するための『知的文化的指導』」という文化的知的ヘゲモニーがあるという(見田他(2012: 1145))[8]。つまり、自らの政治上の「主導権や支配権」を獲得し維持し強化する手段として「他の社会集団に対する政治的・文化的指導」が行われ、自発的な同意を得ることで支配を盤石にする、ということである。各種の社会学事典によると、グラムシは特に後者の知的文化的ヘゲモニーの重要性を主張しているということである。
　以上の分析観点をまとめると表1のようになる。

3.　言語形式に着目した分析と考察

3.1　段落数と文字数の比較
　まず、談話の全体的な形を考察する。どちらの新聞社の社説も Web 版を見ると、1文か2文を1つのまとまりとして段落構造を有していると見なせ

8章　社説に見る「反・脱原発」のイデオロギーとヘゲモニー　229

表1　言語形式とイデオロギーに着目した分析観点

言語形式に着目した分析	イデオロギーに着目した分析
段落数と文字数	依拠するもの
話題展開	無視するもの
叙述態度	イデオロギー
叙述の偏り	ヘゲモニー
主題(テーマ)	
前提(議論の土台)	
論理の整合性	
興味深い表現	

た。社説の行頭1字下げ部分を視覚的な弁別基準とみなして、段落を構成する単位を数えると、段落数と文字数は表2のようになった。段落数も文字数も読売新聞の方が多いが、77文字という文字数の差は、本章論文のような体裁のWord文書にした場合2行程度の差であり、ほぼ同じ文字数であると見てよいであろう。一段落あたりの平均文字数は、読売新聞67文字強、産経新聞72文字強であり、産経新聞の方が5文字ほど平均段落文字数が多いが大きな差ではない。

表2　段落数と文字数

	段落数	文字数	1段落平均文字数
読売新聞	14	945	67.5
産経新聞	12	868	72.3

　新聞社は異なっても社説に割く紙面スペースに大きな違いはないということであろう。したがって、文字数に関して言えば、どちらの新聞社もその言説にあたえる影響は差がないと考えられる。

3.2　話題展開と談話の連鎖構造の比較

　段落ごとではなく、意味に着目して全体を通した話題展開を見てみると、内容の細かな連鎖順序は多少異なる部分もあり、最後の主張には差が見られるが、両紙ともほぼ同じトピックが、ほぼ同じ内容で、ほぼ同じ連鎖となっ

て展開し、社説全体の談話が構成されていることが明らかになった。

表3　読売新聞の社説と産経新聞の社説の話題展開

	読売新聞	産経新聞
話題1	鹿児島地裁の川内原発に関する仮処分申請却下について	鹿児島地裁の川内原発に関する仮処分申請却下について
話題2	それに関する詳細説明と評価	それに関する詳細説明と評価
話題3	日本の電力事情を取り巻く状況の説明と意見表明	日本の電力事情を取り巻く状況の説明と意見表明
話題4	福井地裁の高浜原発稼働差し止め決定について	福井地裁の高浜原発稼働差し止め決定について
話題5	それに関する説明と評価、要求	それに関する説明と評価、要求
話題6	問題提起と審査迅速化を主張	問題提起と原発の活用を主張

　どちらの社説も、前半で「川内原発に関する鹿児島地裁の決定」について述べ、それを肯定的に評価する。中間部に「日本の電力事情を取り巻く状況の説明と意見表明」を挟み、後半部では「高浜原発に関する福井地裁の決定」を述べ、それを否定的・懐疑的に評価する。そして最後「再稼働審査の迅速な進展と原発の積極的活用」を主張している。前半と後半で「川内原発／高浜原発」・「鹿児島地裁／福井地裁」・「運転差し止め申請却下／再稼働差し止め」という対象・主体・内容の対比構造が形作られている。前半と後半とを構造的に連結している中間部は「日本の電力事情を取り巻く状況の説明と意見表明」をしているのであるが、内容をみると、どちらの社説も原発を再稼働する方向の内容となっている。その点で、社説の最後に配置された各紙の主張と呼応する内容となっている。

　次に、各段落ごとに述べられている内容と主な具体的なトピックを整理して、表4にまとめる。段落内容に付している番号は段落の番号である。談話の上から採番している。表4の事象1は川内原発をめぐる鹿児島地裁の判断に関するできごと、事象2は高浜原発をめぐる福井地裁の判断に関するできごとを指している。既定の事象も1と2があるが、日本社会における電力事情が談話構成上2つに分けられているため、それに対応しての分割である。段落内容に付している番号は段落の番号である。談話の上から採番している。

8章 社説に見る「反・脱原発」のイデオロギーとヘゲモニー 231

表4 読売新聞と産経新聞の段落内容と具体的なトピックの比較

読売新聞		産経新聞	
段落内容	概要・トピック	段落内容	概要・トピック
①事象1の提示	川内原発、鹿児島地裁、反対派住民、仮処分、却下	①事象1の提示	川内原発、鹿児島地裁、周辺住民、仮処分、却下
②事象1に対する評価	事故の教訓、原子力規制委員会、新規制基準、妥当な判断	②事象1の詳細、それに対する評価	原子力規制委員会、新規制基準、適合性、不合理な点なし、再稼働近づけた
③事象1の詳細	新規制基準、最新の調査・研究、専門的知見、不合理ない	③事象1の詳細	争点（地震、火山、避難計画）、鹿児島地裁、住民らの主張退けた
④事象1の詳細	九州電力の対応、人格権、侵害なし	④事象1の詳細	人格権の侵害やそのおそれはない
⑤事象1に対する評価の詳細	司法は科学技術論に踏み込まない、審査過程の合理性を判断すべき	⑤事象1に対する評価、既定の事象1	極めて理性的、規制委審査最終段階、1号機の再稼働・運転スケジュール
⑥事象1に対する評価の詳細	司法の役割抑制的、最高裁判例に沿ったもの	⑥既定の事象1	2号機の状況、平成25年9月以来の原発ゼロに終止符
⑦事象1に対する評価の詳細	避難計画、現時点では合理性あり、不断の努力を	⑦既定の事象1の評価	立地地域の経済活性化、国のエネルギー安定供給、国富流出抑制、地球温暖化防止、道筋見えたこと評価
⑧既定の事象1	川内原発、安全審査合格第1号、鹿児島県と薩摩川内市の合意、再稼働を目指している	⑧事象2の提示	高浜原発、福井地裁の仮処分判断、根拠は新規制基準の合理性欠如
⑨既定の事象1、主張	使用前検査、規制委の立ち会い、万全を期してほしい	⑨事象2の評価	鹿児島地裁と正反対、規制委・地震学者の事実誤認という論評、関電は取り消しを目指した保全異議申し立て
⑩事象2の提示	高浜原発、福井地裁の仮処分判断、特異性を浮き彫り	⑩事象2に関する主張	事実誤認なら論外、福井地裁に速やかな対応を求めたい

⑪事象2の評価	ゼロリスク、非科学的、規制委委員長、事実誤認という論評	⑪既定の事象2、主張	福島第一原発事故以来、原発に対する否定低評価が根づいている、原発に背を向け続けるだけでよいのか
⑫事象2に関する主張	関電、福井地裁、異議申し立て、現実的な判断求めたい	⑫主張	エネルギー貧国の日本、現実を忘れると解決遠ざかる、原発の適正活用、世界のエネルギー安全保障、鹿児島地裁の決定を確かな第一歩に
⑬既定の事象2、主張	14原発20基が未だ「合格」せず、厳しい電力事情、原発停止を長引かせてはいけない		
⑭主張	安全確保最優先、規制委は迅速に審査進めるべき		

　主題よりも小さなトピックを見ても、両社説とも同じトピックを取り上げ、同じような構成で談話が構築されていることがわかる。異なる新聞社の異なる著者による社説であるにも関わらず、主題・話題構成に共通性が見られるということは、ここで見られる話題の連鎖が、原発推進姿勢を明らかにしているメディアによる言説の1つの類型的特徴であると考えることもできる。

3.3　肯定的／否定的という叙述態度の比較

　ではそこで描かれている内容に対する叙述態度はどうであろうか。肯定的に叙述しているか否定的に叙述しているかに着目して分析を行った。まず2つの原発をめぐる地方裁判所の決定をどう描いているかをみると、表5のようになった。運転差し止め申請を却下した鹿児島地裁の判断には肯定的である一方で、再稼働差し止めを判断した福井地裁の判断に対しては否定的であるという対比的な叙述姿勢が確認できた。そしてその姿勢は両新聞社とも同じであった。

表5　裁判所判断に関する叙述態度

	川内原発に関する 鹿児島地裁判断	高浜原発に関する 福井地裁判断
読売新聞	肯定的	否定的
産経新聞	肯定的	否定的

次に再稼働に関する叙述態度を確認する。表6である。

表6　原発の運用に関する叙述態度

	原発停止の状況	再稼働・原発利用について
読売新聞	否定的	肯定的
産経新聞	否定的	肯定的

　これについても両新聞社の叙述態度は同じであり、再稼働が進まないこと
を否定的に捉え、逆に再稼働が進み原発の利用が促進されることは肯定的に
叙述している。産経新聞の社説においては、国内の原発再稼働のみならず、
世界のエネルギー安全保障にも資することを主張し、「原発の適正活用」の
必要性を主張している。
　ここまでの分析をまとめると、両紙には、話題・展開・叙述態度に共通す
る特徴が観察された。仮処分申し立て却下の裁判所判断を肯定的に叙述し
（川内原発）、仮処分決定に関する裁判所判断を否定し（高浜原発）、その対比
で原発再稼働の必要性を主張していた。また川内原発の話に留まらず、他の
国内の原発、産経新聞はさらに世界のエネルギー事情とその中での日本の状
況へと話を拡張し、明確な強い態度で再稼働を主張していた。「速やかに」
や「迅速に」ということばで再稼働を迫る論調も両紙に共通しているし、再
稼働を必要とする根拠も、経済・エネルギー安定供給・環境問題など両紙に
共通していた。

3.4　2つの話題間の叙述量の偏り

　上で見たような、原発・裁判所の違いに対応した叙述態度の差は、叙述量
の差にもなって現れていた。川内原発に関する記述部分の文字数と高浜原発
に関する記述部分の文字数とを比べてみる。社説全体の文字数は読売新聞が

945 字、産経新聞が 868 字である。（　）内は全体に占める割合である。

表7　川内原発に関する叙述量と高浜原発に関する叙述量の比較

	川内原発に関する記述	高浜原発に関する記述
読売新聞	636 字(67.3%)	202 字(21.4%)
産経新聞	495 字(57.0%)	199 字(22.9%)

　両紙とも、川内原発に関する記述が高浜原発に関する記述の 2.5 倍程度～3 倍強の字数であることがわかる。そして 3.3 節で見たように、その川内原発のことを両紙は肯定的に叙述していることも併せて考えなければならない。つまり、原発推進側にとって好都合な川内原発に関することは多く記述し、原発推進側にとって不都合な高浜原発に関することは少なく記述しているということである。質的にも量的にも、川内原発の話題が偏向している状態にあるということである。

3.5　ここまでの分析から主題を取り出す

　ここまでをまとめると主題を取り出すことができる。社説の主題は「原発推進」であり、これは両紙の社説に共通している。主題を側面から支える副次的な主題として、「原発をめぐる裁判所の判断」がある。その「判断」に対して、読売新聞は「技術論に踏み込まない裁判所の姿勢」という観点、産経新聞は「理性的な裁判所の判断」という観点を提示して、原発推進というテーマに沿った方向で扱うことができる川内原発・鹿児島地裁に関する内容は肯定的に叙述している。一方、原発推進というテーマとは逆方向である高浜原発・福井地裁に関する内容は否定的に叙述している。判断内容か判断姿勢かという点で違いはあるものの、原発の運転を容認した裁判所の判断を肯定的に評価するという両紙に共通の談話実践である。原発の運転を容認しない裁判所の判断については同じ観点から否定的に評価するというこちらも共通の談話実践が行われている。

3.6　それぞれの社説が前提視しているもの

　そのような主題を支えるものとして、それぞれの社説が前提としている事柄がある。それは「電力事情」である。既定とされる事実(厳しい電力事情)

を前もって提示することで「前提」を作り出し、その前提のもとでいくつかの事例を挙げ、主題に沿ったいくつかの主張を行い、それでもって主題に「焦点」を当てるという構造になっている。両紙とも、主題は、談話のはじめに提示されているのではなく、論理性を高める意図に基づいて選択された構成の談話を読む過程で最終的に提示される。つまり、両社説の主題は、談話冒頭に提示されているのではなく、論理性を高める意図に基づき、事前に前提を設定するという構成を選択した上で、提示されていると考えられる。2回に分けて提示される裁判所をめぐる事例は客観的な事実であり、それに続いて提示される電力事情も1つの事実として読み進んでしまうものである。そして「わたしたち」は最後の主張にたどり着く。

　しかしここで注意しなければならない点がある。前提というものは言語化されなかったり言語化されていても否定されたり疑念をいだいたりする対象にはなりにくい形で提示される。議論の焦点は主張であって前提ではなく、前提は主張へとつなげていくための共通理解的な情報でしかない。もし前提のところで「果たしてそうだろうか」と疑問を持ったり立ち止まって考えたりすれば、最後の主張についても批判的な検討が可能であるが、そのまま読み進めれば、知らない間に論理的に納得させられ誘導される怖れがあるという点に注意が必要である。

3.7　論理の破綻

　とはいえ、前提と主張とが並んで提示されていても、両命題間の論理性が自動的に保証されるわけではない。また1つの談話の中で複数の主張がなされていて、それぞれの主張には論理的な根拠が示されてひとつひとつは妥当な主張だとしても、全体を通してみると論理的な整合性が感じられず、矛盾が生じるということもある。そこでそれぞれの社説について、論理的に破綻している箇所がないか見てみたい。

　まず読売新聞である。川内原発をめぐる鹿児島地裁の判断について、技術論に踏み込まないという点で裁判所の姿勢を評価する一方で、高浜原発に関する裁判所の判断については「非科学的」であると批判している。「技術論に踏み込まない」という点は「非科学的である」と考えてよいが、高浜原発に関する裁判所の判断についてはその非科学的であることを批判している。「科学的であること」をあるときは肯定的に根拠として利用し、あるときに

は否定的に根拠として利用している。つまり、都合良く利用していると言える。

　産経新聞についても同じような論理の破綻箇所が散見される。川内原発に関する鹿児島地裁の判断については「理性的な裁判所の判断」と述べて肯定的に評価する一方で、産経新聞記者自らがその裁判所の判断を「理性的」であると判断する根拠は示されず、裁判所の判断をそのまま受け入れているだけであって社説独自の合理的な根拠に基づく主張ではないという点が問題である。高浜原発に関する叙述部分では、規制委や地震学者の「事実誤認」という意見を根拠に「事実誤認に基づく仮処分であれば論外だ」という批判を展開している。しかし事実誤認かどうかは充分に検討されておらず、「であれば」という仮定を前提として仮処分が論外だと断じている。事実誤認でない可能性も否定できないにもかかわらず、独断的な仮定に立って論を展開するのは一定の解釈への誘導だと言えよう。

　両紙の社説には、主題と叙述姿勢との不整合さや矛盾点、主張における論理性の弱さが存在するという共通の特徴があった。それらは、川内原発に関する叙述と高浜原発に関する叙述の非対称性と密接に関連している。その矛盾や論理性の破綻が、結果的に、肯定的に叙述されている川内原発・鹿児島地裁判断を擁護し、否定的に叙述されている高浜原発・福井地裁判断をさらに否定するものとなっている点を見逃してはならない。

3.8　興味深い表現

　ここまで見てきた談話の特徴を作り出す最も基礎となっているものは言語形式の持つ意味である。そこで特徴的な言語形式をいくつかの観点で分類してみると表8のようになった。

　「よい印象を与えるもの」に分類したものは、「新しいことはよいことだ」「説得力があるのはよいことだ」のように、「〜であることはよいことだ」というような命題の中に埋め込んで意味が通るものである。特定の文脈を考慮しなくても、概ねいつでもそのような肯定的評価が成り立つ。2番目の「よくない印象を与える語であるが、文脈上肯定的な印象を与える使い方をしているもの」は言語形式次第は否定的な意味を有しているが、それを否定されるべき内容を叙述する際に使うことで、いわば二重否定となり、結果的に「よい意味」になるものである。「仮処分申請を却下した」や「住民らの主張

8章 社説に見る「反・脱原発」のイデオロギーとヘゲモニー　237

表8　肯定的な印象を想起させる言語形式

	読売新聞	産経新聞
よい印象を与えるもの	教訓、尊重、新、妥当、最新、抑制的、第1号、同意、立ち会って、現実的な判断、最優先、迅速に、万全を期して	説得力、理性的、安全、新、極めて当然、経済活性化、安定供給、回復、流出抑制、温暖化防止、適正活用、資する、確かな一歩
よくない印象を与える語であるが、文脈上肯定的な印象を与える使い方をしているもの	特になし	却下、不合理、退けた、エネルギー資源の貧国
事態進展を前提としているもの	後押し、目指している、〜に向けた、使用前検査、詰めの作業、進める	大きく近づけた、最終段階、使用前検査、順調に進めば、続く途上、終止符が打たれる見通し、道筋、見えてきた、将来
権威を感じさせるもの	調査、研究、規制委、専門的知見、最高裁、安全審査、合格、使用前検査、原子力規制庁、検査官、重要設備、点検、世界、最も厳しいレベル、安全確保	原子力規制委員会、適合性、安全対策、使用前検査、国富、取り組み促進、学者、日本に限らず、世界、エネルギー安全保障

を退けた」のような例がそうである。すでに見てきたように、原発再稼働推進を意図する人々や集団にとって、差し止めの仮処分やそれを求める主張は「よくないもの」である。それを却下したり退けたりすることは、原発再稼働推進を意図する人々や集団にとっては「よいこと」となる。

　「事態進展を前提としている」に分類したものは、ある事象が今後も進展することを前提としている、または前提としていることを伝達するものである。たとえば「後押し」するという語は、「誰かが前に進もうと思っていること」や「少しずつ前に進んでいること」を前提とし、その応援をしたり動きを加速させようとする行動を意味している。「使用前検査」という語は「再稼働させて発電に使用する」ことを前提としている。こういう語句が使用されると、読者は「再稼働が既定路線である」という解釈を、賛成するかどうかは別として、受け止めざるを得ない。

　最後の「権威を感じさせる」ものは、学術的・国際的・手続き的・制度

的・科学的・レベル的などの点において、権威性を感じさせる表現である。人には権威づけされたものをされていないものよりも信用したり肯定的に評価したりする面がある。そのため、ある主張やその根拠がこれらの語句で権威づけられていると、納得する度合いが高まるわけである。たとえば、「世界最高レベルの安全審査に合格した」というと安全性にお墨付きが与えられたように思い、無批判に安心してしまう面があるということである。

次に、否定的な印象を読み手に与える言語形式を確認する。表9である。

表9　否定的な印象を想起させる言語形式

	読売新聞	産経新聞
よくない印象を与えるもの	反対派住民、特異性、ゼロリスク、厳しい、全原発、事実誤認、不服、異議申し立て	周辺住民、正反対、論外、事実関係の誤り、欠如、指摘、取り消し、保全異議、事実誤認、否定的な評価、現実を忘れる
事態進展を前提としているもの	未だに、至っていない、これ以上、長引かせて	根を張っている、背を向け続ける、問題の解決は遠ざかる
非権威性を感じさせるもの	非科学的	特になし

たとえば原発に反対することは個々人の考え方に基づく行為であって善悪では計れない。しかし「反対派住民」という表現で描けば、読んだ人の解釈には多少の差こそあれ否定的な意味合いが付随してくるであろう。産経新聞に使われている「現実を忘れる」も、社会の一般的な考えとして「現実を踏まえることはよいことだ」というものがあるため、否定的な意味で解釈をされることとなる。

「事態進展を前提としている」表現にあるものは、「本来であれば事態が進展しているべきなのに、現実にはそうではない」という否定的な意味を想起させるものである。組み合わせて表現を作ってみるとそれがよくわかる。「未だに～に至っていない」、「これ以上長引かせては問題の解決は遠ざかる」などである。「根を張っている」や「背を向け続ける」は好ましくない状態が継続している状況を想起させる表現である。

最後の「非権威性を感じさせる」ものは、読売新聞に「非科学的」という

語が確認できただけであった。権威性の弱さを主張するということが今回の
ような内容にはそぐわなかったということであろう。「非科学的」だという
批判は、「科学」というものの権威を利用して対象となるものがその権威を
持つことを否定していることになる。

　最後に、人に働きかけて意識の変化や行動を促す表現を取り出す。

表 10　人を動かす力を持つ表現

読売新聞	～てほしい、～たい、～てはならない、～べきだ
産経新聞	～たい、～としたい、～だけでよいのだろうか

　ここまで見てきた表現も人に働きかけて一定の方向に解釈を導いたり考え
方を変えさせたりする力を持っていると言えるが、表 10 に挙げた表現はみ
な他者に対する働きかけ性を強く持っている述語表現である。「わたした
ち」は社説を読み進めながらさまざま言語形式に接し、徐々に一定の解釈に
誘導され、ある程度のまとまりに達したところでこのような人を動かす力を
持った表現にたどり着く。それは人の思考や行動をコントロールしたり支配
したりされるということである。そのコントロールや支配が成功するか失敗
するか、またはそのコントロールや支配が意図的かどうかどうかはここでは
問題ではない。見失ってはいけないことは、談話がそのような特性を持って
いるということである。つまり、これらの社説にはイデオロギー性が存在し
ており、その社説が社会において広く流通し受け入れられているということ
を踏まえると、その働きかけ性はヘゲモニーとして位置づけるべきであると
いうことである。

　ここでもう一度本章が依って立つイデオロギーとヘゲモニーの定義を再掲
して次のセクションにつなげたい。

【イデオロギー】
　人々に一定の影響を与える人や一定の集団や制度などの「権力」は、他
者を支配しようとする「意図」を持ち、その意図を行動に移し、その実
践としての言説を作り出し、それらを通して「自らが持つ価値観や理
念、思考構造、行動様式など」を発信します。それを「イデオロギー」
と呼ぶことにしましょう。（名嶋(編)2017: 3）

240

【ヘゲモニー】
広範な民衆から多少とも恒常的に同意を獲得して成立している一社会階級の全社会に対する指導機能」(日本社会学会(編)2010: 42)。

4. イデオロギー性に着目した分析と考察

4.1 依拠するものと無視するもの

まずこれらの社説が、何について依拠し、何については無視しているかを整理する。ここまでの分析を踏まえると、依拠しているものは以下のような価値観や理念、思考構造、行動様式などになる。

- ・「科学」というものの権威
- ・「学問」というものの権威
- ・「新しさ」というものの権威
- ・「組織」というものの権威
- ・「世界」というものの権威
- ・「安全」というものの利益
- ・「経済活性化」というものの利益
- ・「理性的、合理性」というものの価値観
- ・「エネルギー安定供給」というものの安心感
- ・「エネルギー安全保障」というものの安心感
- ・「現実」というものの説得力
- ・「問題の解決」というものの必要性

- ・「厳しい電力事情」という不自由さ
- ・「国富の流出」という不利益
- ・「エネルギー貧国」という不安感
- ・「地球温暖化(防止)」という危機感(倫理感)

原発というものを維持するため、再稼働を推進するため、それによって得られる利益やそうしないことによって被る不利益などに言及し、それをさまざまな権威で補強し、理性や合理性に働きかけ、不自由さや不利益、不安な

どを生じさせて危機感を生じさせ、安全や安心という生き物が本能的に求める理念を揺さぶる。その一方で、原発の持つ根源的な危険性には一切言及していないし、そもそも今の電力事情をもたらす最大の原因である福島第一原発事故のこと、なぜ事故が起こったのか、何が問題だったのか、それらは解決されたのか、再稼動しても同じことにならないのかといったことにも一切言及していない。少なくとも社説執筆者はそれらについて書く選択肢もあったであろう。しかし書かれていない。したがってこの社説においては、原発の危険性を隠し、福島第一原発事故をなかったものにしようとしていると言えよう。

　もう1つ特徴的なことは、これらの社説がどちらの視点に立っているか、ということである。それは川内原発・鹿児島地裁側か高浜原発・福井地裁側か、ということである。すでに肯定的・否定的叙述のところである程度明らかになっているが、読売新聞の社説には、鹿児島地裁の判断から福井地裁の判断を見て「特異性が浮き彫りに」と叙述したり、福井地裁の判断を「ゼロリスクを求める非科学的」と否定的に叙述したりする一方で、鹿児島地裁の判断は「詳細な技術論に踏み込まず」「抑制的」と肯定的に叙述するところがある。また、産経新聞には、鹿児島地裁の判断を「極めて当然で理性的」と肯定的に評価をするが、福井地裁の判断は「事実誤認に基づく仮処分であれば論外」と手厳しく断ずる文章がある。これらから分かることは、2つの原発・2つの裁判所を対等な関係で公平に論じているのではなく、片方に基準を置いてそちら側を普通(無標)と位置づけ、そちら側に視点をおいて他方を眺め、その他方を異状(有標)として叙述しているという新聞社の姿勢である。簡単に言えば、両社説は再稼働推進側に立って書かれているということである。

4.2　イデオロギーとヘゲモニー

　そのように考えると、両社説には2つのイデオロギー性を認めることができる。1つは「脱原発」を否定するというイデオロギー性である。もう1つは「再稼働」や「原発推進」を肯定するというイデオロギー性である。この2つのイデオロギー性は以下に挙げる種々の手段や事象と結びついて、つまりヘゲモニー装置となって、「わたしたち」を説得したり納得させたり諦めさせたり従わせたりする指導機能、つまり知的文化的ヘゲモニーとなる[9]。

・科学や学問を利用したヘゲモニー
・価値観を利用したヘゲモニー
・権威的な社会階層を利用したヘゲモニー
・経済を利用したヘゲモニー
・エネルギー問題を利用したヘゲモニー
・環境問題を利用したヘゲモニー
・国家の安全保障を利用したヘゲモニー

　まとめると、他者の持つ「脱原発」というイデオロギーへの攻撃性と自らの持つ「原発推進」というイデオロギーの強化・再生産という両面性が観察できる。そのような複層的なイデオロギー性が、種々の価値観や理念、思考構造、行動様式などと結びつき、科学・研究・教育・専門家・経済・環境・エネルギー・国家の安全保障といったさまざまな切り口や手段（ヘゲモニー装置）で私たちに働きかける。時には「わたしたち」にやさしく語りかけ、時にはトップダウンで詳しく教え込み、時には不安がらせ、時には強くその主張を押し付ける。

　そこには、「わたしたち」を納得させて自発的に受け入れさせようとする「知的文化的ヘゲモニー」と強引に力でもって従わせようとする「政治的ヘゲモニー」との複合的なヘゲモニーがあり、「わたしたち」はそれによって指導されている実態が確認できる。本章で分析してきた社説は、その手段であり媒体であるという点で１つのヘゲモニー装置であり、その支配・教化・指導機能というヘゲモニーの発露の場でもあるのである。それと同時にその支配・教化・指導が「ことば」を通して実践されているため、批判的な読み方を行うことでヘゲモニーを可視化してその場に留めることも可能である。これは「対抗するヘゲモニー」へと発展する出発点であり契機となる。

5. 「反・脱原発」の談話行動

　両社説は、これまで新聞紙上に掲載してきた記事を通して表明している「原発推進」という立場とは正反対の姿勢や実践、つまり、原発への依存を否定し原発からの脱却を目指す「脱・原発」という姿勢や実践を取り上げ、「それ否定することを通して」、改めて「原発推進という姿勢を明示」すると

いう談話実践を行っている。

この「反・脱原発」という姿勢と談話実践は「原発推進」と決して同義ではない。「原発推進」という姿勢や実践は、単純に言えば、「原発を推進する言説を実践する」だけである。一方、「反・脱原発」という姿勢や実践は、原発からの依存を否定し原発からの脱却を目指す「脱・原発」という姿勢や実践、言い換えれば自らが表明している「原発推進」という立場とは正反対の姿勢や実践を、「否定することを通して」改めて「原発推進」という姿勢を明確にし談話を通して実践を行うのである。

そこにはいくつかの特徴を見出すことができる。まず、手段としての、脱原発イデオロギーへの攻撃性である。それは、脱原発イデオロギーを弱体化させると同時に原発推進イデオロギーの強化・再生産を目的とするゆえである。一種のイデオロギー闘争の側面を見せていると言えよう。その複層的な目的を達成するため、談話主体はさまざまな語や表現を駆使し、権威性（科学、世界、学問、安全など）を利用したり、安全・安心に訴えたり、利益・不利益を天秤にかけさせたりする。そのような働きかけを行うことで、私たちを指導し、脱・脱原発世界、言い換えれば原発推進社会へと導いていく。そういう複合的なヘゲモニーも「反・脱原発」イデオロギーを帯びた言説の特徴である。

6. 「反・脱原発」の姿勢にどう対抗するか

6.1 「印象操作」から自由になる

社会に流通している談話において、客観的な談話など存在しない。いくつもの観点から分析を行い明らかにしたように、大手新聞社の社説であってもそれは同じことで、そこでは語の選択や構文の選択を通して誰かの意図が関与する[10]。また記者の主張や新聞社の主張というものも、なんらかのイデオロギー性を有している。そのため、読者はテクストを読むだけで無意識のうちに「印象操作」を受けている。「わたしたち」は常に一定の解釈に誘導される危険に接しているのである。

談話の中ではさまざまなな行為が行われている。読者に対して知識を与える説明を通して「わたしたち」を教化し、納得させることで「わたしたち」が自ら支配を引き受けるように仕向けている場合もある。「〜すべきであ

る」「～しなければならない」のような言い回しで、もっと直接的に読者を行動させるような働きかけが談話を通して発せられる場合もある。

　そのような主体の姿勢や意図は自然かつ複雑で実態が見えにくいことが多い。なぜならそれらの姿勢や意図を簡単に読み解くことができれば、それに反抗する人も出てきて、指導や支配が当初の目論見通りには成功しないことにもなるからである。しかしそこに「わたしたち」が主体的に生きる手がかりがある。批判的なリテラシーを身につけ、それを駆使して談話を読み解き、主体の姿勢や意図を見抜くことができれば、談話が受け入れさせようとしているイデオロギーとヘゲモニーから自由になることができるかもしれないからである。

6.2 「対抗する談話」を有機的に結びつけていく

　そのようなイデオロギーを受け入れたくないとしたら、そのようなヘゲモニーに抗おうとしたら、どうすればいいだろうか。まずなによりも、「わたしたち」に働きかけてくるテクストに向き合わなければならない。そのためには、テクストの中に自然を装い論理的な関係を装って組み込まれている主体の姿勢や意図、その自然さや論理性ゆえに複雑で実態が見えにくい主体の姿勢や意図を読み解く批判的なリテラシーが不可欠である。本章が分析してきた項目もその批判的読みのヒントとなるであろう。目を向ける箇所のリスト（一例）としてまとめておく。

・テクストの量や字数などのバランス
・叙述態度、叙述の偏り、叙述の視点
・主題、話題の連鎖、論理性、前提、根拠、主張
・言語形式（語・構文・表現）の意味
・言われていること、言われていないこと
・依って立つ根拠
・イデオロギーやヘゲモニー

　批判的な読みを実践し、批判的な主張を形成し、さまざまな機会やメディアを利用してその主張を展開していくことが、誰にでもできるヘゲモニーに抵抗する手段である。また、対抗する談話を補強するのは見せかけの権威や

価値観などではなく、揺るがないデータ、歴史に裏づけられた理念や価値観、思想や行動様式である。しかし、一人の人間でそれらを組み合わせて対抗する談話を作ることは困難かもしれない。残念ながら個々人の力は電力会社や政府に比べれば圧倒的に弱い。電力会社や政府はお金を使って TV の CM や新聞広告を出すこともできるが、「わたしたち」個人は言説を発しようと思ってもせいぜいソーシャルネットワークメディアを使って意見を発信することができる程度である。

そこでキーワードになるのが「多様性」を活かした「学際的」な「協働」であろう。一人一人の小さな「対抗する談話」を有機的に結びつけていけば大きな影響力をもつ談話となる。それは電力会社や政府に対する「対抗的ヘゲモニー」である。それを作りあげるために、一人一人がその知性をまとめつつ、越境して他の知性と有機的につながっていくことが求められている[11]。

異なる人々がつながっていくためにはある程度の共通理解が必要である。本章の主題で言えば、再稼働をめぐる状況や言説をしっかり読み解いて一定の意見を持つことが条件となる。自分たちが置かれた現状を確実に把握すること、それを支えるのが「批判的リテラシー」であり、その現状を出発点として、他者の考えを受け止め、話し合い協議し行動していくのが「民主的シティズンシップ」である。そのような市民的行動は個人レベルの取り組みでもあるが、一方でこの本を書いている私のような研究・教育に関わる人間が責任をもって取り組むべき仕事でもある[12]。その意味で、「わたしたち」は黙っていてはいけない。そのことを本章最後のメッセージとする。原発報道とヘゲモニーとの問題は最後の 9 章でも取り上げる。

付記：本章は、名嶋（2015）「社説に見る「反・脱原発」の談話行動―批判的談話分析の観点から―」、『日本科学者会議　第 25 回　東北地区シンポジウム予稿集』pp.38–40、と名嶋（2016）「「反・脱原発」の談話行動について―社説の分析を通して―」、延辺大学『日本語言文化研究』第四輯（下）、延吉大学出版社、pp.484–496、に新たな分析を加え発展させたものである。

注
1　事故が起こった後のコストの高さは次の記事からも知ることができる。毎日新聞

「東電　原発事故で支援額が 9 兆 5000 億円に」

〈https://mainichi.jp/articles/20170629/k00/00m/020/071000c〉(2017.6.28 配信)

2　最近では台湾や韓国が脱原発の姿勢を明確にした一方で、アメリカは中国やロシアに対する政治上の理由から原発回帰の姿勢を明確にしている。

3　2015 年 4 月 29–30 日に行われた共同通信社の世論調査では「原発再稼働には 58.4％が反対した。賛成は 31.6％」とのことである。

〈http://www.tokyo-np.co.jp/s/article/2015043001001562.html〉(2015.4.30 配信)　一方、ロイター通信によると、2015 年 3 月 4 日から 16 日にかけて行われた民間の世論調査では「再稼働に対して反対が 70.8％、賛成が 27.9％」という結果が出ているそうである。

〈http://jp.reuters.com/article/topNews/idJPKBN0MY0JX20150407〉(2017.6.9 リンク確認)

4　それは原発を保有する 8 つの電力会社の株主総会において、「脱原発」の株主提案が全て否決されたことからもわかる。朝日新聞「大手電力 8 社、「脱原発」提案すべて否決　株主総会」

〈http://digital.asahi.com/articles/ASK6X4WBDK6XULFA01H.html〉(2017.6.28 配信)

5　名嶋(2015)「無料配布の観光案内小冊子に見る関西電力の談話実践─批判的談話分析の観点から─」、『文化』79, 1・2、東北大学文学会、pp. 左 25–46. では東京駅構内の観光イベントで無料配布されていた北陸地方の観光冊子に巧妙に組み込まれた関西電力の原発推進の言説を分析している。

6　読売新聞と産経新聞の社会的位置づけに関しては新聞社自身によるアピールではない第三者のサイトでも確認することができる。株式会社タートルライド社 HP「各新聞ごとの媒体特性は？」

〈http://www.turtle-ride2.com/knowhow/04.html〉(2017.6.6 リンク確認)

7　〈http://www.sankei.com/column/news/170611/clm1706110002-n1.html〉(2017.6.11 配信)

8　見田他(2012: 1145)によると、この文化的ヘゲモニーは「市民社会(教会、学校、組合、結社、政党、マス・メディアなど)の領域での日常的合意形成と緊密に関連している」という。文献によっては「知的道徳的指導」とするものもある。

9　本章を一通り執筆した後、原発事故をグラムシ研究の視点から捉えている文章があることを知った。アントニオ・グラムシ(著)、松田博(編訳)(2013)の「あとがき」に再録されている。そこではいわゆる「原子力ムラ」や「3.11」の事態をグラムシの言う「知識人・ヘゲモニー」という論点で考えることの必要性を述べている。本章の主張の妥当性を補強するものとなろう。

10　今村(2017)にも同じ指摘がある。

11　グラムシ研究の見方でいえば、「陣地戦」や「歴史ブロック」、「均一化する」や「練り上げる」ということになるのかもしれないが、本章ではこれ以上グラムシ

8章　社説に見る「反・脱原発」のイデオロギーとヘゲモニー　247

との関連は追求しないこととする。
12　グラムシの言う「有機的知識人」である。

参考文献

アントニオ・グラムシ（著）、松田博（編訳）（2013）『グラムシ『獄中ノート』著作集Ⅲ　知識人とヘゲモニー「知識人論ノート」注解』、明石書店

今村和宏（2017）「平和と脱原発を考えるためのメディア・リテラシー」、名嶋義直（編）（2017）『メディアのことばを読み解く7つのこころみ』、ひつじ書房、pp.29-50.

片桐薫（2006）『グラムシ「獄中ノート」解読』、こぶし書房

神田靖子（2015）「新聞投稿と新聞社の姿勢―新聞社は意図的に投稿を選んでいるか―」、名嶋義直・神田靖子（編）（2015）『3.11原発事故後の公共メディアの言説を考える』、ひつじ書房、pp.157-198.

黒沢惟昭（2007）『現代に生きるグラムシ　市民的ヘゲモニーの思想と現実』、大月書店

名嶋義直（2015）「社説に見る「反・脱原発」の談話行動―批判的談話分析の観点から―」、『日本科学者会議　第25回　東北地区シンポジウム予稿集』、pp.38-40.

名嶋義直（2016）「「反・脱原発」の談話行動について―社説の分析を通して―」、延辺大学『日本語言文化研究』第四輯（下）、延吉大学出版社、pp.484-496.

名嶋義直（編）（2017）『メディアのことばを読み解く7つのこころみ』、ひつじ書房

名嶋義直・神田靖子（編）（2015）『3.11原発事故後の公共メディアの言説を考える』、ひつじ書房

日本社会学会社会学事典刊行委員会（編）（2010）『社会学事典』、丸善

野呂香代子（2014）「批判的談話分析」、渡辺学・山下仁（編）『講座ドイツ言語学　第3巻』第7章、ひつじ書房、pp.133-160.

テウン・A・ヴァン・デイク（2010）「学際的なCDA―多様性を求めて」、ルート・ヴォダック、ミヒャエル・マイヤー（編著）、野呂香代子（監訳）（2010）『批判的談話分析入門―クリティカル・ディスコース・アナリシスの方法』第5章、三元社、pp.133-165.

松田博（2007）『グラムシ思想の探求　ヘゲモニー・陣地戦・サバルタン』、新泉社

見田宗介（顧問）、大澤真幸・吉見俊哉・鷲田清一（編）（2012）『現代社会学事典』、弘文堂

【資料1】

読売新聞社説「川内原発仮処分　再稼働を後押しする地裁判断」

①九州電力川内原子力発電所1、2号機の再稼働を巡り、鹿児島地裁が、運転差し止めを求めた反対派住民側の仮処分の申し立てを却下した。

②東京電力福島第一原発事故を教訓に、原子力規制委員会が策定した新規制基準を尊重する妥当な司法判断である。

③決定は、新基準について、「最新の調査・研究を踏まえ、専門的知見を有する規制

委が定めた。不合理な点はない」と認定した。

④九電は、新基準が求める多重防護の考え方に基づき、耐震性の強化や火山対策などを講じているとも判断し、再稼働により、「住民の人格権が侵害される恐れはない」と結論付けた。

⑤決定で重要なのは、詳細な技術論に踏み込まず、「裁判所の判断は、規制委の審査の過程に不合理な点があるか否かとの観点で行うべきだ」と指摘したことだ。

⑥最高裁は、1992年の四国電力伊方原発訴訟で、行政の専門的判断を重視するとの判決を言い渡している。今回の決定は、司法の役割を抑制的に捉えた最高裁判例に沿ったものと言える。

⑦規制委の指針に基づき、周辺市町が策定した事故時の避難計画に関し、決定は「現時点では合理性を持つ」との見解を示した。政府と自治体、九電に不断の安全対策を求めたものだろう。

⑧川内原発は昨年9月、再稼働の前提となる安全審査の「合格第1号」となった。鹿児島県と立地自治体の薩摩川内市の同意を得て、7月の再稼働を目指している。

⑨3月から始まった使用前検査では、原子力規制庁の検査官が立ち会って重要設備を点検している。再稼働に向けた詰めの作業だけに、万全を期してほしい。

⑩今回の決定は、福井地裁による14日の仮処分の特異性を浮き彫りにした。新基準を「緩やかに過ぎ、安全性は確保されない」と断じ、関西電力高浜原発3、4号機の再稼働を差し止めたものだ。

⑪ゼロリスクを求める非科学的な主張である。規制委の田中俊一委員長も、「（新基準は）世界で最も厳しいレベルにある。多くの事実誤認がある」と論評した。

⑫関電は決定を不服として福井地裁に異議を申し立てた。異議審では現実的な判断を求めたい。

⑬規制委に安全審査が申請された14原発20基については、未（いま）だ「合格」に至っていない。厳しい電力事情の中、全原発の停止をこれ以上、長引かせてはならない。

⑭安全確保を最優先に、規制委は迅速に審査を進めるべきだ。

〈http://www.yomiuri.co.jp/editorial/20150422-OYT1T50174.html〉〈2015.4.23 配信〉

【資料2】

産経新聞社説「川内差し止め却下　説得力ある理性的判断だ」

①鹿児島地方裁判所は、九州電力川内原子力発電所1、2号機（鹿児島県薩摩川内市）の運転差し止めを求めて、周辺住民から出されていた仮処分の申請を却下した。

②原子力規制委員会が定めた原発安全のための新規制基準にも、またそれに照らして適合性が認められた川内原発の安全対策にも不合理な点はないという理由に基づく決定だ。再稼働を大きく近づけた。

③具体的な争点となっていた基準地震動や火山活動、避難計画のいずれについても鹿児島地裁は、住民らの主張を退けた。

④その上で、運転差し止めを求めた住民らの「人格権が侵害され又はそのおそれがあると認めることはできない」と述べている。

⑤極めて当然で理性的な決定である。現在、規制委による審査の最終段階に当たる使用前検査中の1号機は、順調に進めば、7月上旬の再稼働、8月の営業運転開始が可能になろう。

⑥2号機も約1カ月遅れで1号機に続く途上にあり、平成25年9月以来の「原発ゼロ」状態に終止符が打たれる見通しだ。

⑦立地地域の経済活性化にとどまらず、国のエネルギーの安定供給回復や、年間4兆円に迫る国富の流出抑制、地球温暖化防止への取り組み促進などの道筋が見えてきたことを評価したい。

⑧これに対し、福井地裁は先週、仮処分で関西電力高浜原発3、4号機（福井県高浜町）の再稼働差し止めを命じたが、その論拠として、新規制基準の合理性欠如を挙げていた。

⑨鹿児島地裁の判断と正反対であるだけでなく、規制委や地震学者から事実関係の誤りを指摘する声が出ている。関電も仮処分の取り消しを求めて福井地裁に保全異議を申し立てている。

⑩事実誤認に基づく仮処分であれば論外だ。福井地裁には速やかな対応を求めたい。

⑪東京電力福島第1原発の大事故以来、国内には原子力発電に否定的な評価が根を張っている。しかし、原発に背を向け続けるだけでよいのだろうか。

⑫日本がエネルギー資源の貧国である現実を忘れると問題の解決は遠ざかる。原発の適正活用は、日本に限らず、将来の世界のエネルギー安全保障に資する道でもある。鹿児島地裁の決定を確かな第一歩としたい。

〈http://www.sankei.com/column/news/150423/clm1504230002-n1.html〉（2015.4.23 配信）

9章 考えることを無効化する言説と
対抗ヘゲモニー

1. 原発事故が風化していくのはなぜか

1.1 確実に風化が進んでいる

　2016 年はチェルノブイリ原子力発電所事故から 30 年、福島第一原子力発電所事故から 5 年という年であった。東京新聞の記事によると、チェルノブイリ原発はこれから本当の意味での廃炉作業に入るという[1]。事故は全く終わっていないのであるが、もはや「わたしたち」は普段の生活の中でチェルノブイリのことを思い出すことはほとんどないであろう。日本から遠い国のことだからであろうか。決してそれだけではないことは「わたしたち」が体験した福島第一原発事故のことを考えてみればわかる。日本全国で言えば、日々の生活の中で福島第一原発事故のことをほとんど思い起こさない人の方が思い出す人よりずっと多いであろうと予想できるからである。

　2015 年 2 月 17 日付の朝日新聞デジタルに「福島の原発事故『関心薄れている』73％　朝日世論調査」という記事が配信された[2]。それによると、「国民の間で福島第一原発事故の被災者への関心が薄れ、風化しつつあると思うかについて尋ねると、『関心が薄れ、風化しつつある』73％が『そうは思わない』23％を上回った」という。また記事の中には、「同じ質問は、2013 年 2 月と 14 年 2 月の全国世論調査でも聞いており、『関心が薄れ、風化しつつある』は今回の調査までに 66％→ 69％→ 73％と増えた一方、『そうは思わない』は 29％→ 27％→ 23％と減った」という記述もある。確実に風化が進んでいると言えよう。

　何が原発事故を風化させているのであろうか。時間が経ったからだという答えは不充分である。なぜならその答えは、時間の経過が誰の何にどう作用して人々の意識がどう変わったのかを何も明らかにしていないからである。それを明らかにせず、3 月 11 日が近づくたびに世論調査をして「風化が進んでいる」と繰り返し述べることは、事故を思い出させているように見え

て、実質的には風化が進んでいるという読者の認識を強化させ、読者を考えることから遠ざけているに等しい。

1.2　メディアの報道も風化している

　そのメディアの報道自体も風化しているといってよい。名嶋（2014）は2012年9月20日から2014年4月28日にかけて、朝日新聞・産経新聞・毎日新聞・読売新聞・東京新聞のWeb版新着記事ページを閲覧して原発事故に関する記事を収集し（朝日新聞のみ主に2013年12月から閲覧と収集）、その中から「食」に関する記事325件を抽出して分析を行っている。そして、田植えや果物の収穫、漁の解禁といった特定の時期に記事が集中していること、事件・節目・旬といった非日常的な話題が多いこと、複数の新聞社が同じような記事を報道していること等を指摘し、「記事になっていることは『特別』なこと」であると述べている。原発事故当初の報道状況と比較してみると、メディアの意識自体が大きく風化し、メディア自身が報じることを停止し考えることを無効化していると言える。そのような姿勢のメディアから発せられる報道に接する「わたしたち」の意識において原発事故の風化が生じ、考えることが無効化されていくのはある意味で当然である。

1.3　「考えることを無効化する言説」にどう対抗するか

　メディア自らが考えることを無効化し、その姿勢を反映する言説が作られ、社会に拡散し、その言説に接する「わたしたち」も考えることを無効化していく。それが原発事故や原発再稼働への関心や関与を弱め、他者と対話する動機づけを低下させ、議論を無効化し、思考停止に導く。その結果、原発事故は風化し、「わたしたち」は事故を忘れていく。しかし、福島第一原発事故からまだ6年である。何も終わっていないし、忘れていいはずはない。

　そこで、本章では、メディアの言説の中にどのような「考えることを無効化する」意図と機能が介在しうるのか、それが「わたしたち」読者にどのように作用するのかについて考えたい。そして、それを考えることを通して、「考えることを無効化する言説」に対抗する方法を考えてみたい。つまり、考え続けるために「わたしたち」は何をすればいいかということである。以上のことを考えるために、まず「風化」について私がこれまで考えてきたこ

9章　考えることを無効化する言説と対抗ヘゲモニー　253

とを再確認し、続いて具体的な研究課題を設定する。

2.　風化のメカニズム

2.1　名嶋(2015a)─心理的分断と風化との関係

　名嶋 (2015a) は、そのメディアによる記事と読者との相互作用における風化のメカニズムについて考察している。そこでは、新聞記事に介在しうる権力の意図と談話行動の実践を論じ、それが心理的な分断を引き起こし、風化を推し進めて行くと述べている。

　　　種々の意図や談話行動の実践は、個別の効果を達成するが、それだけではなく、さらに大きな効果である「風化」や「忘却」を達成しようとする権力の意図のもと、1つの談話行動の実践として収斂され統合されていくと考えられる。そして、その統合を実践する根本的な動機づけと効果的な装置として機能するのが「心理的な分断」という手法であり、それによってもたらされた「風化」や「忘却」は、その心理的な距離の遠さから人をさらに無関心にし、「福島第一原発事故はもう終わった」という解釈に導く。それは、権力によって意図され実践された既成事実化・非存在化を強化する談話行動として、読み手の内部において権力の関わらない形で機能し続け、テクストを読むという実践を行なうたびに更なる「心理的な分断」を引き起こし、より一層の「風化」や「忘却」を押し進めていく。つまり、「心理的な分断」も「風化」や「忘却」も読み手の心内において再生産されるということである。(pp.234–235)

　その心理的分断と風化を推し進める「意図と談話行動の実践」には、大きく2つの対極的なものがあり、それぞれにさらに4つのより具体的な下位の意図・実践を見出している。多少長くなるが説明部分を引用する。

　　　全体的に言うと、8つの談話行動の実践が確認され、それらは4つずつがそれぞれ1つにまとめられ、2つのグループに大別される。ここではその概略を述べる。
　　　まず「前提化」・「権威化」・「低評価」・「負の側面の焦点化」という4

つの談話行動の実践が確認された。これらは当該事態について積極的に言及していくという点において「本来の事態を前景化する（見せる）」方向での実践という共通点を持ち、「事態の既成事実化（存在の容認）」という意図が関わるものとしてまとめることができる。

　残りの4つは「全体の中での部分化」・「焦点のすり替え」・「事態のすり替え」・「別事態の焦点化」という実践である。これらは「関連のある事態」を語ることによって当該事態について積極的な言及を避けるものである。その点において「本来の事態を背景化する（見えなくする）」方向での実践であるという点で共通性を持ち、「事態の非存在化（存在の非容認）」という意図が関わるものとしてまとめることができる。つまり、「事態の既成事実化（存在の容認）」と「事態の非存在化（存在の非容認）」という、表面的には対極的な2つの意図に動機づけられた8つの談話行動の実践が確認できたということである。

　これらの「事態の既成事実化（存在の容認）／事態の非存在化（存在の非容認）」という表面的には対極的な意図も本質的には1つの意図に収斂すると考えられる。それは「事態からの『心理的な分断』」という意図である。「事態の既成事実化（存在の容認）」によって当該事態は「当たり前のこと」となり、もはや話題に上がったり批判や疑問の対象になったりしなくなる。一方、「事態の非存在化（存在の非容認）」によって当該事態は「見えにくく」なり、やはり話題に上がったり批判や疑問の対象になったりしなくなる。「事態の既成事実化（存在の容認）」と「事態の非存在化（存在の非容認）」という対極的な2つの意図が、上で挙げた8つの個別の談話行動の実践を促し、それらの実践が事態に対する関心や興味を弱体化する効果を持つことで「事態からの『心理的な分断』」を促進し、結果的に読者を「風化」や「忘却」に誘導する効果を持ちうる［以下省略］(pp.203–204)

それらを簡単に整理すると表1のようになる。

表 1　見せ方と隠し方のストラテジー(名嶋(2015a: 231)表 1 を簡略化)

上位の意図・実践	下位の意図・実践
事態の既成事実化(存在の容認、見せる方向で)	前提化
	権威化
	負の側面の焦点化
	低評価
事態の非存在化(存在の非容認、見せない方向で)	焦点のすり替え
	事態のすり替え
	全体の中での部分化
	別事態の焦点化

2.2　風化のメカニズムは今も機能しているのか

　名嶋(2015a)が分析している新聞記事データはその配信日を見ると 2012 年 9 月から 2014 年 5 月くらいまでに配信された新聞記事がほとんどである。原発事故後 3 年という時期である。果たしてその後も、新聞記事見出しにはそれらの意図と実践が観察されるのだろうか。新聞記事と読者との間には同じような相互作用が今も存在し、それによって心理的な分断が生じ、結果として風化を推し進めているのだろうか。それとも時間の経過とともに、異なる意図や実践が存在し、異なる相互作用が生じているのだろうか。原発事故からさらに年月が経った現在、風化のメカニズムがどのように機能しているのかについて再考する必要がある。

　つまり本章の研究課題は 2 つである。名嶋(2015a)と同じ意図・実践が観察されるかどうかを確認すること、名嶋(2015a)では指摘されていない意図や実践が存在するのかどうかを明らかにすることである。これらの課題は表裏一体の関係である。課題への答えを探すためには、新たな談話資料を収集し、名嶋(2015a)の分類に基づいた分析を行い、異同を明らかにすればよい。そこで一旦表 1 の分類を踏まえ新聞記事の見出しを分析する。

　分析の対象とする用例は 2 回に分けて収集した。一回目は 2015 年 2 月 20 日から 2 月 26 日までの 7 日間に収集した。二回目は 2015 年 12 月 20 日から 2016 年 2 月 28 日までの約 2 ヶ月間に収集した。章末の付記に記したが、本章の一部は 2015 年 3 月 29 日に行われた講演内容(名嶋 2015b)を発展させたものである[3]。一回目の収集が 2015 年 2 月 20 日から 2 月 26 日の間にな

されているのはそのためである。福島第一原発事故から4年が経過する直前の時期である。

　その上で本章の執筆にあたり新たなデータを分析対象に加えることとした。本章の狙いは、なによりもまず「原発事故はまだ終わっていない」ということを示すことであり、そのためには一定の期間に一定の量や質の記事が配信されていることを確認する必要があるからである。しかし、名嶋(2014)の指摘した「特定の時期」に入るとその前後で急に記事が増えることが予想された。もしそのようなことになれば、その時期のデータからではそれ以外の時期の通常の状態がどのようなものであるかを考察することができず、「風化が進んでいるかどうか」について妥当な判断を下すことが難しくなる。そこでまず特定の時期ではない期間に収集したデータを扱うことで普通の「今の問題」を提示したいと考えた。とはいえ、福島第一原発事故から丸5年となる2016年3月11日を過ぎて6年目に入ると、原発関連の記事がさらに減少することも予想できた。5年という一般的に見てキリのいい時間の経過が人々に作用して「一区切り」を感じさせ、「一つの終わり」を宣告するからである。本章の言い方で言えば、5年を境にして一段と風化が進むことが懸念されるわけである。

　そのようなことを勘案し、福島第一原発事故から丸5年となる2016年3月11日の前後を避け、かつ他に季節的なイベントや行事がある期間に記事を収集することとした。二回目の収集時期が2015年から2016年にかけての年末年始の時期を経て2月末までとなっているのはそのためである。この時期はクリスマスに御用納めに大晦日にお正月と、1年で最もせわしない時期であり、さまざまな報道がメディア上を交錯する。その繁忙期の中でどのような原発事故関連の記事が出てくるかを見ることで、「今の問題」としての原発事故問題を考えてみたいと考えた。年末年始という時期は別の意味で特殊な時期であり、過去と未来とが交錯する。そのため1年を通して報じられたことを振り返る記事と新しい1年を予想する記事が増え、かつ同じメディア上に同居する。しかし、それは非常に重要な何かがあるから振り返って再度報じたり、何かを期待してあらかじめ報じるわけであり、そのような状況は「風化」について考えようとする本研究にとってもプラスになると考えた。

　また、一回目の収集も二回目の収集も2月末までの期間となっているが、

それは記事が急激に増える 3 月 11 日前後のデータをあえて除外すること
で、より普通の「(特別な時期ではない)今の問題」として見つめることがで
きると考えたためである。逆に言えば、普段からさまざまな「考えることを
無効化する」談話実践が確認できることを示し、「無効化を意図する実践が
現在も進行中であること」を提示したいと考えたということである。

　比較を容易にするため、データ収集のため閲覧対象する新聞や Web サイ
トなどは、名嶋 (2015a) と同じ範囲とする。東京を拠点とする大手全国紙、
読売新聞・朝日新聞・毎日新聞・産経新聞と、同じく東京に拠点を持ち関東
圏と中部圏に影響力のあるブロック紙として東京新聞を取り上げた[4]。それ
ぞれの新聞社 HP を 1 日に複数回閲覧して個々の記事を手作業で収集する
という方法も同じである。

3.　新聞記事見出しを分析する

3.1　事態を見せ存在を容認する方向での実践

3.1.1　あるできごとを前提化する

　あるできごとを前提化することで、それを既成事実として存在させること
が可能になる。自分にとって都合の悪いできごとであってもそれを前提とす
ることができれば、否定されることも疑念を抱かれることもなく、それを当
たり前のこととして語っていくことができる。当たり前のことは批判の対象
にはならない。原発事故や放射能汚染が前提になれば、それを受け入れたり
安心したり諦めたりして、話の焦点は「その次」に移る。この特性を巧妙に
利用すれば、知らず知らずのうちに原発事故を風化させることが可能にな
る。

　たとえば、(1)の「新たな受け皿」は「もんじゅ」が存続するからこそ必
要になるものであるので、この検討委員会は「もんじゅの存続」を前提とし
ていると言える。実際に(2)の記事もある(下線は引用者。以下同様)。

（1）　もんじゅ<u>新たな受け皿</u>探し　文科省検討会が初会合
　　　〈http://www.tokyo-np.co.jp/s/article/2015122801001174.html〉
　　　　　　　　　　　　　　　　　　　　　　　（東京新聞 2015.12.28 配信）
（2）　「もんじゅ<u>存続</u>探る」検討会初会合　受け皿、来夏報告

〈http://www.tokyonp.co.jp/article/politics/list/201512/CK2015122802000212.html〉

（東京新聞 2015.12.28 配信）

　(3) では再稼働を前提としてさまざまなできごとが進められていることを確認できる見出しとなっている。裏返せば、さまざまな報道に接する「わたしたち」もそれらの情報に接するたびに再稼働を前提として受け入れていると言えよう。再稼働が前提となり焦点から外され、焦点が再稼働後に移れば、再稼働の是非自体はもはや言及されることも少なくなる。つまり、人々から徐々に忘れられ風化していく。(4) では「常磐道が全線開通」「避難指示解除」という事実に言及しているが、その「復興ぶり」から人々は福島への関心を失っていくであろう。そう考えると、見出しにある「震災 5 年　風化させない」のキャッチコピーはある種の皮肉であると言わざるを得ない。

（3）　浜岡原発の防波壁、きょう完成　中部電、<u>再稼働へ着々</u>
　　　〈http://digital.asahi.com/articles/ASHDS7QCYHDSOIPE039.htm〉
（朝日新聞 2015.12.26 配信）
（4）　【震災 5 年　風化させない】原発事故被災地・福島で取材続ける記者
　　　が選ぶ重大ニュース「常磐道が全線開通」「避難指示解除」…
　　　〈http://www.sankei.com/premium/news/151226/prm1512260009-n1.html〉
（産経新聞 2015.12.26 配信）

3.1.2　さまざまなものを利用して権威化する

　科学というものが絶対的な真であるかのように語られることがある。また、高い地位を有していたり名声を博していたり名誉的地位にあったりする人物や組織が、原発事故報道に登場する例が見られる。一般に人は権威に影響を受けやすいので、それらによって権威づけられた記事に正当性を見出しやすくなる。あるできごとが正当化されるということはそのできごとが正しいものとしての動かない位置づけ(既成事実化)を与えられたりそれに安心したりすることにつながっていく。(5) や (6) の例がそれに該当する。なお (7) の「ダブルスタンダード解消」という表現、特に「解消」からは、記者や新

聞社が、ダブルスタンダードが存在していたこれまでの状況を望ましくないものとして捉えていて、今回そのダブルスタンダードが「解消」されたことを望ましいこととして前提視している態度が現れていることも指摘しておきたい。

（5）　「原発と科学的に向き合って」福島で櫻井よしこ氏講演
　　　　〈http://www.sankei.com/life/news/151222/lif1512220029-n1.html〉
　　　　　　　　　　　　　　　　　　　　　　（産経新聞 2015.12.22 配信）

（6）　高浜原発再稼働へ…福井地裁、差し止め取り消し
　　　　〈http://www.yomiuri.co.jp/national/20151224-OYT1T50110.html〉
　　　　　　　　　　　　　　　　　　　　　　（読売新聞 2015.12.24 配信）

（7）　【高浜原発再稼働】科学的見地を冷静に認める…司法判断、ダブルスタンダード解消
　　　　〈http://www.sankei.com/west/news/151225/wst1512250020-n1.html〉
　　　　　　　　　　　　　　　　　　　　　　（産経新聞 2015.12.25 配信）

　「わたしたち」は経済・お金にも権威を感じる。お金がなければ生きていけないため、お金が持つ力を権威としてみなすからである。そこをうまく刺激することで、経済のためなら仕方がない・原発も必要だという価値観を導き出し、再稼働を受け入れる方向に読者を仕向けることもできる。なお（9）の「〜動く」という表現が、原発再稼働が既定方針であり、それに向けて社会や企業が進んでいることを前提視していることにも注意を向けておきたい。

（8）　八木・関電社長「来年度のできるだけ早い時期に値下げしたい」
　　　　〈http://www.sankei.com/west/news/151225/wst1512250090-n1.html〉
　　　　　　　　　　　　　　　　　　　　　　（産経新聞 2015.12.25 配信）

（9）　【原発再考〜動く　高浜（中）】交付金は立地自治体の「生きる糧」原発必要も依存脱却へ新産業を模索
　　　　〈http://www.sankei.com/west/news/151227/wst1512270026-n1.html〉
　　　　　　　　　　　　　　　　　　　　　　（産経新聞 2015.12.27 配信）

3.1.3　負の側面を焦点化する

　ある事態の持つ「負の側面」に焦点を当てることで人々を妥協させたり諦めさせたり転向させたりする効果が期待できる。たとえば読者は、（10）を読めば「保障を受けるのは無理だ」、（11）（12）を読めば「復興は難しい。状況を受け入れるしかない」と思うかもしれない。それは、そこで叙述されている厳しい事態を既成事実化することである。

（10）　除染費負担応じず…13 年末以降の計画分
　　　　〈http://mainichi.jp/articles/20151228/k00/00m/040/074000c〉
　　　　　　　　　　　　　　　　　　　　　　　（毎日新聞 2015.12.28 配信）
（11）　「震災関連死」2000 人超える　原発避難長期化
　　　　〈http://mainichi.jp/articles/20151229/k00/00m/040/043000c〉
　　　　　　　　　　　　　　　　　　　　　　　（毎日新聞 2015.12.29 配信）
（12）　震災 5 年、終わる集中復興期間　避難者 18 万人
　　　　〈http://www.tokyo-np.co.jp/s/article/2015123101000687.html〉
　　　　　　　　　　　　　　　　　　　　　　　（東京新聞 2015.12.31 配信）

3.1.4　低く評価する

　自分たちに対抗する意見や組織に対し否定的な評価を与えたり、自分たちにとってマイナスの影響を与える事象に対してその影響を実際よりも低く見積もったりすることで、既成事実化を促進している例がある。たとえば、（13）では脱原発活動を蔑み茶化すような表現で描写したり、（14）では再生可能エネルギーの 1 つである地熱発電の問題を否定的な視点で取り上げたりすることで、原発推進とは反対の方向の活動や選択肢の社会的な評価を引き下げ、それによって原発推進の意義を高めていると言えよう。

（13）　【脱原発エレジー】撤去命令受けた経産省前の「脱原発テント」が美
　　　　術館に!?テントに絵を描き「芸術を冒涜させない」って…
　　　　〈http://www.sankei.com/premium/news/151231/prm1512310004-n1.
　　　　html〉
　　　　　　　　　　　　　　　　　　　　　　　（産経新聞 2015.12.31 配信）
（14）　地熱発電、出力大幅低下…想定より蒸気不足

〈http://www.yomiuri.co.jp/economy/20151231-OYT1T50069.html〉

（読売新聞 2015.12.31 配信）

　一方、(15) では原発汚染土の影響を低く見積もることで「最大で99.8％」再利用できるという、自分たちにとってプラスになる内容を受け入れやすくしている。(16) では予算が「最低限」であることを明示して承認されやすい環境を作り出している。

(15)　原発汚染土、最大で 99.8％再利用可能　環境省が試算
　　　〈http://digital.asahi.com/articles/ASHDP4WVCHDPULBJ00J.html〉

（朝日新聞 2015.12.22 配信）

(16)　来年度予算案は最低限の維持管理費 185 億円
　　　〈http://mainichi.jp/articles/20151225/k00/00m/010/027000c〉

（毎日新聞 2015.12.25 配信）

　低評価を与える対象と自分との関係性により、相手を否定することが目的になる場合もあれば、相手を否定することで結果的に自分を肯定することを目的にしている場合とがあると言えよう。

3.1.5　種々の「見せる実践」が存在する

　ここまで見てきたように、「前提」・「権威化」・「負の側面の焦点化」・「低評価」に分類したものは、当該事態そのものを「前景化」させて「見せる」意図で談話実践を行っている事例である。これらは「事態の既成事実化」としてまとめることができる。つまり、名嶋 (2015a) が指摘している「事態の既成事実化」に関わる 4 つの意図と実践が全て確認できたということになる。それだけでなく、他にも配信される記事が多くなる年末年始をまたいだ時期に配信された新聞記事の中からいくつもの実例を取り出すことができたということは、この「事態の既成事実化」という意図に基づく実践が活発に行われていると言えるのではないだろうか。

　では次に、「事態の非存在化」、見せない意図と実践例の分析を行う。

3.2　事態を見せず存在を容認しない方向での実践

3.2.1　全体の中での部分化する

　「全体の中での部分化」は、名嶋（2015a）によると、福島第一原発事故を関連のあるより大きな文脈の中に埋没させ、結果的に、当該事態を「部分化・矮小化」してしまう意図や談話行動の実践である。これに該当する見出しも多くあった。(17)は福井県の高浜原発についての記事であるが、それ以外にも鹿児島県の川内原発や静岡県の浜岡原発など他原発再稼働の記事が多くあった。「これから（未来）」のことに目が行けば、「これまで（福島第一原発事故）」のことは自然とあまり考えなくなるのではないだろうか。そして2017年6月の今確認しておきたいことは、この時点で描かれていた未来の中には現実になっているものがあるということである。福井県の高浜原発も鹿児島県の川内原発もすでに再稼動して核融合が臨界に達し、毎日電気を生み出している。静岡県の浜岡原発も再稼働に向けて懸命のようである[5]。

(17)　高浜原発3・4号機再稼働、3月20日に議会判断へ　町議会議長
　　　〈http://www.sankei.com/west/news/150226/wst1502260047-n1.html〉
　　　　　　　　　　　　　　　　　　　　　　　（産経新聞 2015.2.26 配信）

　一方で、記者または新聞社が、より大きなコンテクストの中に埋没させないための努力を行っていると感じられる記事もあった。(18)のように見出しに「今ここでの問題」として原発再稼働問題を組み込めば、前提に埋もれることはないし、むしろ活性化に効果があろう。

(18)　統一選まで1カ月　原発再稼働も争点
　　　〈http://www.tokyo-np.co.jp/article/politics/news/CK2015022602000128.
　　　html〉
　　　　　　　　　　　　　　　　　　　　　　　（東京新聞 2015.2.26 配信）

3.2.2　焦点をすり替える

　1つの事態の中で何に焦点を当てているかを分析することは大切である。焦点が当たっている部分が伝達の要だからである。しかしそれを逆の方向で利用すればどういう効果が見込めるだろうか。焦点をすり替えることによ

り、その事態をあたかも別の事態であるかのように解釈させることが可能になる。たとえば、原発問題や放射能汚染問題を、「美談」的側面に焦点を当てて報道したり「悲話」的側面に焦点を当てて報道したりすることは、焦点を本来当てるべき点から外すことにつながり、なぜそういうことが起こったのか、誰が起こしたのか、なぜ今も苦しんでいる人がいるのかといった、辛くてもきちんと考えなければならない側面を見えにくくする効果がある。たとえば(19)では、汚染を受け入れることを前提とすることで、ことの焦点が、汚染土を受け入れることの是非という本質的問題から、汚染されたものを「どうするか」という現実的な処理方法の問題にすり替えられていることを示している。

(19)　福島知事：汚染土搬入を容認　環境相らに伝達
　　　〈http://mainichi.jp/select/news/20150226k0000m040114000c.html〉
　　　　　　　　　　　　　　　　　　　　（毎日新聞 2015.2.26 配信）

　(20)では、高校生が一生懸命頑張ったことが美談仕立てになって報じられている。普通の人の感覚では、高校生が一生懸命頑張ったことに対しその努力を否定することはためらわれる。それによって「わたしたち」は「なぜ汚染地帯に子供が住み続けなければならないのか」というもっと大きな本質的問題に対して考えなくなり、批判の機会を放棄してしまうことになる。

(20)　【東京マラソン】震災被災地の高校生力走「福島の元気、伝えられた」
　　　〈http://www.sankei.com/life/news/150222/lif1502220039-n1.html〉
　　　　　　　　　　　　　　　　　　　　（産経新聞 2015.2.22 配信）

　「福島の元気」を伝えれば伝えるほど、「事故の影響はもうない」という命題が前提化されて福島への興味関心が薄れたり、事故そのものの深刻さについて考える動機が薄れたりして、その結果として心理的分断が進み、風化が進むということになるのではないだろうか。このような「美談」と、その逆方向から「福島の悲哀」を伝えるアプローチを取る「悲話」は、どちらも情緒に訴えることで巧妙に焦点をすり替えて叙述していると言える。
　風化が進むことは「忘れて欲しくない」「苦しんでいることを知ってほし

い」と願う被害者にとっては好ましくない状況であるが、一方で、「原発事故に苦しむ福島」ではなく「復興した福島」「安全な福島」というイメージが定着することを期待している人や集団や組織もあるであろう。そういう人たちにとっては風化が進み忘れられることの方が望ましい形であろう。

3.2.3　事態をすり替える

　「事態のすり替え」とは、1つの事態の中で焦点をすり替えるのではなく、本来の事態とは異なる別事態や別の問題にすり替え、あたかも当事者がすり替えられた事態に関わっていないかのような解釈を読み手に誘発させる意図や談話行動の実践である。たとえば、(21) では、安全面・倫理面・コスト面といった原発の持つさまざまな問題がCO_2（二酸化炭素）排出という環境の問題のみへとすり替えられている。

(21)　環境省：電力業界全体のCO_2排出量　新たな枠組み検討
　　　〈http://mainichi.jp/feature/news/20150224k0000e020178000c.html〉
　　　　　　　　　　　　　　　　　　　　　　　　（毎日新聞 2015.2.24 配信）

　(22) では、汚染水の流出という汚染そのものの環境や安全という点での問題が廃炉工程の遅れという作業の問題のみにすり替えられている。

(22)　福島汚染水流出：重要な廃炉工程、停滞は確実
　　　〈http://mainichi.jp/select/news/20150226k0000m040110000c.html〉
　　　　　　　　　　　　　　　　　　　　　　　　（毎日新聞 2015.2.26 配信）

　このような事態がすり替えられた記事を多数読むうちに、読者は徐々に本来何が問題であったかということを見失っていくのではないだろうか。(22)で言えば、汚染水の流出は深刻な環境問題であり、海の生物への影響を考えれば食や健康の問題でもある。しかし、それを廃炉作業の工程の問題に限定してしまうことで、「今ここにいるわたし」の問題ではなくなってしまう。そこに心理的な分断が生まれ、その分断と距離が風化を推し進めていく。しかし、風化が進んでも汚染水の流出がなくなったわけではない。「わたしたち」が考えなくなっただけである。それはリスク・マネージメントという点

から見ても、危機管理意識の低下であり、決して望ましいことではない。

3.2.4　別事態を焦点化する

　原発事故とは表面的に無関係に見える別事態を繰り返し報道していくことで、読み手に気づかせることなく、事故が収束して従来の生活が戻って来たという解釈や事故などなかったかのような印象を持たせることが可能である。例を3つ挙げる。

(23)　原発避難区域の常磐道 PA で<u>高校生の壁画除幕式　サッカー日本代表</u>
　　　<u>の足形も</u>
　　　〈http://www.sankei.com/affairs/news/150221/afr1502210008-n1.html〉
　　　　　　　　　　　　　　　　　　　　　　　　（産経新聞 2015.2.21 配信）

　「原発避難区域の常磐道 PA で」と書いてあるもののこの記事は原発事故を描いているのではない。(23)で焦点となっているのは「高校生の壁画除幕式」であり、そこに「サッカー日本代表の足形も」あることであって、それ自体は原発事故とは無関係である。その無関係な両者をつないでいるのは「原発避難区域の常磐道 PA」である。そしてこの常磐道は、(4)で示したように、この記事が配信されて数ヶ月すると開通する。それを人は復興が進んだと捉え、また別の「美談」にするかもしれない。しかし、それは「未だ汚染されていることには変わりない」という事実を隠してしまうだけである。
　2つめの例である(24)も併せて考えたい。

(24)　<u>いわきの海岸線に 53 キロ自転車道　白砂青松楽しみ走る</u>
　　　〈http://digital.asahi.com/articles/ASH260351H25UGTB01B.html〉
　　　　　　　　　　　　　　　　　　　　　　　　（朝日新聞 2015.2.26 配信）

　「いわき」という市は福島第1・第2原発の南に位置しており、原発事故による放射能汚染を避けて避難した人たちも多く住む街である。しかし本文では「東日本大震災の津波被害を受けた福島県いわき市の海岸線に」という説明はあるものの、原発事故の文言は一度も出て来ない。記事には海沿いを走る自転車乗りの写真も掲載されており、その記事からは事故や汚染の影響

などなかったかのような印象を受ける。原発事故があり放射能汚染があるからこそ「いわき」市に焦点が向けられて記事が書かれているにもかかわらず、記事は完全に原発事故や放射能汚染とは別の事態に焦点を当てているのである。(23) の見出しは「原発避難区域」とあるので福島県の地名をよく知らない人が読んだとしてもまだ原発事故との接点が読み取れる。しかし (24) の見出しはいわき市が福島県内にあることを知識として持っていない人が読めば、原発事故を想起することなく読めてしまうのである。

　3 番目の例は (25) である。これも原発事故との関連は見出しからは何も読み取れない。一般的に政府寄りの言説が多いと言われる読売新聞[6]であることを差し引いても、福島や郡山という地名によって原発事故のことを活性化されない人にとっては単なるスポーツ関連ニュースといってもよいであろう。とはいえ、活性化されたとしてもそこから何かが始まるだろうか。始まるとしたら、野球が見られる平和な日常であろう。それは原発事故そのものの風化ではないだろうか。

(25)　<u>福島・郡山の巨人戦チケット</u>、4 月 4 日から販売
　　　〈http://www.yomiuri.co.jp/sports/npb/20150225-OYT1T50083.html〉
　　　　　　　　　　　　　　　　　　　　　　　　（読売新聞 2015.2.25 配信）

　以上、3 つの実例を、原発事故との関係が少しではあるが読み取れるものと読み取りにくいものという観点で分析した。「別事態の焦点化」は「焦点のすり替え」や「事態のすり替え」に比べ原発事故との関連が、少なくとも表面上は、稀薄になるため、心理的な分断を誘発する効果がより高いと言えそうである。

3.2.5　種々の「見せない実践」が存在する

　当該事態とは異なるものを見せ、それによって当該事態そのものは「背景化」させて「見せない」ようにする意図で行動しているのが、「焦点のすり替え」・「事態のすり替え」・「全体の中での部分化」・「別事態の焦点化」に分類された事例である。これらは「事態の非存在化」としてまとめることができる。ここまで見てきたように、名嶋 (2015a) が指摘している「事態の非存在化」に関わる 4 つの意図と実践は全てその存在が確認できた。「事態の既

成事実化」と同様に、事故後 4 年、または 5 年が経とうとする時期に配信された新聞記事の中からいくつもの実例を取り出すことができたということは、この意図に基づく実践が日常生活において何年も前から、そして今も活発に行われていることの 1 つの証左となろう。

3.3　風化のメカニズムは今も機能し、かつ強化されている

「事態の既成事実化」と「事態の非存在化」のどちらもが、それぞれの下位カテゴリー全てにおいて観察された。したがって、課題 1 に対しては以下のような回答を与えることができる。名嶋 (2015a) で指摘した意図・実践は現在も存在し日々の報道の中で繰り返し行われていることが明らかになった。それはつまり、心理的な分断も推し進められ、風化を促進させていることに他ならない。

しかしことはそれだけでは終わらない。ここまでの分析を通して新しく見えてきたものがあった。心理的分断や風化を意図していると考えられる実践が確認されたのである。そこで 4 節ではそれについて考える。

4.　「あからさまに」という意図と実践

事故直後やその後の数年間は再稼働を要請したり主張したりしたくても直接言及することをためらわせる社会の雰囲気があった。しかし今や明示的でより大胆な、ある意味むき出しのあからさまな主張が頻繁に観察できるようになっている。もともと当初からそういうあからさまな主張が全くなかったとは断言できないが、圧倒的に多かったのは暗に主張するなどの抑制された言説であった。しかし時間の経過につれ、また民主党政権から自民党政権に交替してから、その種のあからさまな主張が増えてきているように思われる。マスコミや原発事業関係者の発言にも公然と社会的な要請や世論[7]に反論するような発言が出てきている。

(26)　経産相、高浜再稼働同意を要請　福井知事と会談
　　　〈http://www.tokyo-np.co.jp/s/article/2015122001001404.html〉
　　　　　　　　　　　　　　　　　　　　　　　　　（東京新聞 2015.12.21 閲覧）

(27)　【主張】高浜原発再稼働へ　差し止めの解除は当然だ

〈http://www.sankei.com/column/news/151226/clm1512260003-n1.
html〉

(産経新聞 2015.12.27 閲覧)

(28) 【もんじゅ運営見直し】「廃炉の可能性小さい」と座長　文科省検討会
初会合
〈http://www.sankei.com/west/news/151228/wst1512280077-n1.html〉

(産経新聞 2015.12.28 閲覧)

(29) 【原発再考〜動く　高浜（中）】交付金は立地自治体の「生きる糧」原
発必要も依存脱却へ新産業を模索
〈http://www.sankei.com/west/news/151227/wst1512270026-n1.html〉

(産経新聞 2015.12.28 閲覧)

　その一方で、逆方向の意図や実践もあると考えた方が良さそうに思われ
る。より巧妙に、より見えにくくしようとする意図とその実践である。たと
えば、次のようなものである。これは原発事故のことを報じている例ではな
いがここで問題としている実践を理解するために取り上げたい。

(30) 【西川農水相辞任】「安全でおいしい日本の農水産物を展開」首相、農
協改革、TPP に意欲　新たな投資促進策も表明
〈http://www.sankei.com/politics/news/150224/plt1502240030-n1.html〉

(産経新聞 2015.2.24 配信)

　そこでの実践は先に分析をしてきた「大きな事態の中に埋没される」や
「事態のすり替え」または「別事態の焦点化」と言ってもよい。どれか１つ
というより複数の特徴を兼ね備えているということである。日本の食品に対
しては、産地にもよるが、いくつもの国が輸入制限を掛けている。そういう
事実や汚染や検査に関する言及は見出しになく、「安全でおいしい日本の農
水産物」と言い切っている。原発事故以前、北関東や東北は日本の中で重要
な食材産地であった。(30) が地域を限定せず（または排除せず）「日本の農産
物」と言っているということは当然そこに北関東や東北も含まれているであ
ろう。しかしそこは今も放射能検査を実施している地域である[8]。にも関わ
らず検査のことは見出しにない。「安全」と言うためには「風評」を醸し出

9章　考えることを無効化する言説と対抗ヘゲモニー　269

すようなことは言わずに無視するということであろうか。

(31)　福島のトマト事業に 5 千万円　三菱商事財団が復興支援
　　　〈http://digital.asahi.com/articles/ASH2V3VRZH2VULFA00D.html〉
　　　　　　　　　　　　　　　　　　　　　　（朝日新聞 2015.2.26 配信）

　これは「美談」でもあろう。しかし思い出してみると、事故当初は多くの
人々が食品の汚染を気にして、検査されているか否かや、検査の結果、それ
も「(基準値以上を)検出せず」という曖昧な結果ではなく実数値を知りたい
と思ってきた。報道もある程度それに応じてきた。しかし、徐々に検査のこ
とは言及されなくなり、(31)のような全く言及がない記事が増えてきた。
(32)も同様の記事である。

(32)　福島の桃入りチューハイ　キリンビール
　　　〈http://digital.asahi.com/articles/DA3S11619246.html〉
　　　　　　　　　　　　　　　　　　　　　　（朝日新聞 2015.2.25 配信）

　企業の支援は生産者にとっては大きな助けであろう。苦しむ人に救いの手
が差し伸べられたことに対し「よかった」と情緒的に反応することを否定す
るつもりはない。しかし、それだけで終わってしまったら、汚染や食の安全
の問題は、事実として存在していても認識の中には存在しないものとなって
しまう。それで被害を被るのは圧倒的に多数の消費者である。
　ここまで見てきた例は、名嶋(2015a)の指摘した意図や実践のバリエー
ションや組み合わせであると考えるより、むしろ「むき出しのあからさまな
主張」と「むき出しのあからさまな無視」という別の意図と実践と考えた方
がよいと思われる。それは「見せない」ように意図されているが、報道態度
としては見せかけもすり替えもないという点で、「意図をむき出しであから
さまに見せる」実践である。つまり、事態の非存在化を意図しているといえ
るもので、両方が融合した新しい意図と実践と言えるのではないだろうか。
そして、それは確かに「風化」の形そのものである。
　以上の分析を踏まえ、表1にあげた名嶋(2015a)の分類に「むき出しのあ
からさまな主張／無視」加えて発展させると、表2のようになる[9]。

表 2　メディアの言説に見られる意図と実践

上位の意図・実践	下位の意図・実践	
事態の存在を容認 （見せる方向で叙述）	前提化	既成事実とする
		安心させる
		諦めさせる
	焦点化	あからさまに主張する
事態の存在を容認しない （見せない方向で叙述）	背景化	観点をすり替える
		より大きな事態の中に埋没させる
		関係する別事態に置き換える
		無関係な事態を取り上げる
	非存在化	あからさまに無視する

5.　風化はメデイアの報道と「わたしたち」との相互作用の産物

　原発事故関連報道の特徴について考えるため、事故から 4 年が経過しようとする 2015 年 2 月 20 日から 2 月 26 日までの 7 日間と、5 年が経過しようとする 2015 年 12 月 20 日から 2016 年 2 月 28 日までの間に収集した新聞記事の見出しを分析した結果、名嶋（2015a）で指摘した 8 つの意図と実践が確認できた。それによって、名嶋（2015a, b）で主張されていた風化のメカニズムは 2016 年 3 月直前においても基本的に同じように機能しており、充分に作用を及ぼしていると考えることができた。

　それに加えて、新たな意図と実践が生じていることも指摘できた。それは「むき出しの露骨な明示的主張」と「むき出しの露骨な無視」であった。前者はあからさまに報じることで力ずくで既成事実化を図っているといえる。後者は、あからさまに無視して一切報じないことで、事態をなきものにしてしまう意図と実践である。特に後者は風化そのものに直接つながる姿勢や実践に他ならず、メディア自体が原発事故の風化を促進していると言える。

　このように、主体的に考えるきっかけとなるはずの情報の中に、「わたしたち」を原発事故について考えることから遠ざけていく仕組みが組み込まれているのである。その仕組みに巻き込まれていく「わたしたち」は、徐々に「考えることを無効化」されたり、自ら「考えることを無効化」していく。

このようなメディアとの相互作用の結果、「わたしたち」の中で風化が生み出され、強化され、再生産されている結果が、本章冒頭の世論調査結果であると考えるべきである。

　今回の考察から明らかになったことは、新聞記事の見出しが新聞社や執筆担当の記者などの意図にかかわらず、読者に対し、時には暗示的にメッセージを発し、時には明示的にメッセージを発し、時にはそれらを複合させて複雑な形でメッセージを発していることになるということであった。これはことばや画像や動画などによって算出されるテクストというもの、それを広く発信する談話実践、そしてそれを解釈する人の認知行為、それらの特性上、避けようのないことである。メディアの報道と「わたしたち」読者が相互作用する結果、風化が促進され忘却が進んでいく。「考えることを無効化する言説」による支配の恐れが、新聞の見出しを見たり記事を読むという談話実践の中に常に存在しているわけである。そういう意味では、その支配は、場合によってはそこに介在する意図を、より自然な形に、より巧妙に装って立ち現れていると言える。

6. 「考えることを無効化する」支配

6.1　2つの支配のタイプ

　そのような「考えることを無効化する」支配行動において重要なキーワードとなるのが「ヘゲモニー」である。ヘゲモニーとは通常、国家の覇権や覇者の権力という意味で使われるが、イタリアの社会運動家グラムシは「広範な民衆から多少とも恒常的に同意を獲得して成立している一社会階級の全社会に対する指導機能」という意味で使っている（日本社会学会（編）2010: 42）。そして、ヘゲモニーには「政治的強制力にもとづく『支配』」という政治的指導としてのヘゲモニーだけではなく、「国民からの自発的合意を調達するための『知的文化的指導』」という文化的知的ヘゲモニーがあるという（見田他 2012: 1145）[10]。つまり、自らの政治上の「主導権や支配権」を獲得し維持し強化する手段として「他の社会集団に対する政治的・文化的指導」が行われ、自発的な同意を得ることで支配を盤石にする、ということである。各種の社会学事典によると、グラムシは特に後者の文化的ヘゲモニーの重要性を主張しているということである。

先の表2にこの支配のタイプを組み合わせると表3になる。

表3　メディアの言説に見られる意図と実践と支配のタイプ

上位の意図・実践	下位の意図・実践		支配作用のタイプ（ヘゲモニー）
事態の存在を容認（見せる方向で叙述）	前提化	既成事実とする	読者を納得させることにより、読者自らが進んで考えることを無効化する（文化的知的ヘゲモニー）
		安心させる	
		諦めさせる	
	焦点化	あからさまに主張する	強い主張で読者を支配し、考えることを無効化させる（政治的指導ヘゲモニー）
事態の存在を容認しない（見せない方向で叙述）	背景化	観点をすり替える	読者を納得させることにより、読者自らが進んで考えることを無効化する（文化的知的ヘゲモニー）
		より大きな事態の中に埋没させる	
		関係する別事態に置き換える	
		無関係な事態を取り上げる	
	非存在化	あからさまに無視する	強い主張で読者を支配し、考えることを無効化させる（政治的指導ヘゲモニー）

　見田他（2012: 1145）によれば、グラムシは「『支配階級のイデオロギー構造』の分析において『最も注目すべきでダイナミックな部分は（新聞・雑誌などの）出版分野全般である』」と述べているという。新聞はまさにその出版物である。今回の分析で明らかになったように、そこには「前提化」と「背景化」という、「市民社会の領域」において「指導と同意」という機能でもって支配の強化・維持を図ろうとする「文化的知的ヘゲモニー」が着実に組み込まれていた。また、「指導と同意」だけではなく、あからさまな主張とあからさまな無視という「支配と強制」による「政治的指導ヘゲモニー」も組み込まれていたことが明らかになった。それらの2つのヘゲモニーは、事態の存在を容認（見せる方向で叙述）する言説にも事態の存在を容認しない

（見せない方向で叙述）にもどちらにも存在する。つまり、見せる見せない、いずれの方向で叙述する場合でも、力による指導と情報の受け手を納得させて自発的に従わせていく柔軟な指導とが可能であり、権力は剛柔を組み合わせ、メディアを通していわば「あの手この手」で「わたしたち」を「考えることを無効化する」姿勢と実践へと導いていくことができ、そして実際にそれを行っているのである。

　グラムシは「国家の市民社会への再吸収」ということを述べており、「国家─強制の要素は自己規律的社会（あるいは倫理国家ないし市民社会）の要素が顕著になっていくにつれて、ますます衰退していく」という文章を残しているという（黒沢 2007: 115）。もし歴史的に見てそうであるならば、原発事故当初にはあまり見られなかった「あからさまに主張する」や「あからさまに無視する」という強制的に「考えることを無効化する」談話実践が、事故から時間が経つにつれて観察されるようになってきたということは、強制国家から倫理国家ないし市民社会への移行という史的発展の形に逆行する変化が起こっていることの現れであると考えることもできる。近年「反知性主義」ということが指摘されるが、それも同じことを別の側面から見ての特徴なのかもしれない。

　私はここに興味深い点を見る。それは萌えキャラに関して考察した5章において述べたこととの非対称性である。5章では以下のように書いた。

　　多くの自治体や企業が萌えキャラを利用し萌えキャラが社会にあふれている現代は、「トップダウン的支配」、すなわち「政治的指導」よりも、「わたし」による「ボトムアップ的受け入れ」すなわち「知的文化的指導」による支配がより好まれているということであり、「国家─強制」の側面が弱くなり、自己規律的社会の側面が強くなっていくという社会の史的変化のありさまを見せているのかもしれない。3.3 節で見たように、最も「国家─強制」の側面が強いと思われる自衛隊が、広報活動や隊員募集活動に萌えキャラを積極的に活用し、可愛さを利用してアピールをしていることはまさにその現れなのであろう。

　その指摘自体は的を射ていると思うが、一方で、原発再稼動をめぐる報道を分析すると、上で書いたように、原発事故当初にはあまり見られなかった

「あからさまに主張する」や「あからさまに無視する」という強制的に「考えることを無効化する」談話実践が、事故から時間が経つにつれて観察されるようになってきているという事実がある。それを踏まえると、強制国家から倫理国家ないし市民社会へという流れとは逆の変化も生じていると考えられる。つまり、社会のある領域では萌えキャラのような一種の洗練された言説を使って「ボトムアップ的受け入れ」「自発的な同意」を促す動きが盛んに行われ、別の領域では文字言語による非常に硬直した「トップダウン的支配」的な「強制」とも言える働きかけが行われているのである。グラムシはヘゲモニーがさまざまな装置を通して立ち現れ、複合化するという趣旨の言葉を残しているが、まさに「わたしたち」の生きる日本社会もその様相を呈していると言えるだろう。

　一方で順当な史的展開があり、その一方で歴史に逆行するかのような反転が行われているというように、相反する展開の過程にある複数の社会領域が1つの社会の中に同時代的に共存しているという点において、その社会におけるヘゲモニーは分断しつつも複合化し複雑化していると言える。そのような複合化かつ複雑化したヘゲモニーに晒され向き合う中で、当然のこととして一人の「わたし」も分断され複合化され複雑化することになる。完全に「考えることを無効化」して言われるがままに生きるのであればよいが、もし多少なりとも自分で考え判断し主体的に行動して生きていきたいと思うなら、「わたしたち」はどのようにしてその社会に向き合っていけばいいのだろうか。

6.2　「考えることを無効化する言説」に対抗するために

　見田他（2012: 1145）は「対抗勢力にとっても『社会的諸勢力の詳細で正確な評価』のためには、『支配階級のヘゲモニー（装置）』のリアルな認識が必要である」と述べている。これは8章でも述べたように「現状をしっかりと把握する」ことの重要性を述べているものと思われる。

　また黒沢（2007）は次のように述べている。

　　現状を肯定・放任し、自然発生性に任せるならば、それは現状維持ないし、その一層の強化に行きつく。グラムシは、この状況を「順応主義」という。

9章　考えることを無効化する言説と対抗ヘゲモニー　275

「順応主義」に陥りたくなければ、支配的なヘゲモニーに対抗する新しいヘゲモニーを創り出さなければならない。ただしその創生は市民社会の「外部」から持ち込むべきものとしてではなく、市民社会内部の関係の変革によるしかないのだ。(p.251)

　これらの点において、批判的談話研究を実践してきた本章の分析はその支配に対抗する個人レベルでの方向を明らかにすることができる。「納得させることにより、読者自らが進んで考えることを無効化する」という支配や積極的な同意取り付けに対しては、なによりもまず「当たり前のことだと単純に納得せずに、その前提とするものや、主張の内容や論理関係などについて一歩立ち止まって批判的な態度で考えること」が有効な対抗行動となる。一方、「強い主張で読者を支配し、考えることを無効化させる」という支配や「諦める」という意味での消極的な同意取り付けに対しては、「その勢いに押されずに、一歩立ち止まって批判的な態度で考えること」が必要であろう。

　どちらの対抗策でも重要な意味を持つのが「一歩立ち止まる」ということであり、それはさらに具体的に言えば、「批判的な態度」と「批判的な思考」と「批判的な実践」ということである。それらをここでは「批判的リテラシー」という言い方で一括する。リテラシーということばは一般的には「何かを受け入れ、理解し、活用する能力」のことを指す。それに準じると「批判的リテラシー」とは、「物事の本質をしっかり見極めるために、談話を探し、理解し、考え、活用する能力」とでも言うことができよう。

　ここではより具体的に4つの批判的リテラシーを挙げておく。まず1つ目は「当該情報を批判的に理解する」リテラシーである。ここまで見てきたように、さまざまな語や表現が時には明示的に時には暗示的に支配者の意図や実践を表象している。それに気づくことができるだけのリテラシーを持つことが抵抗の第一歩である。

　2つ目は、当該情報だけではなく「関連する情報を探し出す」リテラシーである。あるものを批判的に検討するためには多面的に見ることが不可欠である。関連する情報をうまく活用することで、多面的に見る能力を伸ばしたり、新しい切り口を探し出すヒントを得ることができたりする。たとえば、次の記事を見てみよう。(33)を読めば、東京電力が自己の責任を果たそうとしていることがよくわかる。しかし、(34)の記事と併せて考えるとどう

だろうか。不誠実とも思える行動から東京電力に対する別の見方が可能になり、それの方が優先されるであろう。記事の配信日はたった一週間しか空いていない。一週間後に急に考え方や態度を変えたというよりは、(34) の方が基本的な考え方や態度なのではないかと考えることができる。

(33)　東電、福島復興へ全社一丸　会長「一番の課題」
　　　〈http://www.tokyo-np.co.jp/s/article/2016010401000752.html〉
　　　　　　　　　　　　　　　　　　　　　　（東京新聞 2016.1.4 閲覧）
(34)　除染費負担応じず…13 年末以降の計画分（例文(10)再掲）
　　　〈http://mainichi.jp/articles/20151228/k00/00m/040/074000c〉
　　　　　　　　　　　　　　　　　　　　　　（毎日新聞 2015.12.28 閲覧）

　3 つ目は、そうやって多面的に検討したり集めたりしたものをもとに「総合的に考察して自分なりの考えをまとめる」リテラシーである。正しいとか間違いとかいうことではなく、自分の考えを論理的に説明できるようにまとめあげる能力である。この能力が必要なのは最後の 4 つ目のリテラシーに大きく関係するからである。ここまでは「個人内部での変革」である。
　最後の 4 つ目は、「他者と対話したり議論したりして調整する」リテラシーである。これは自分の考えと他者の考えとが異なった時に求められる能力であるが、社会というものが自分一人だけで成り立つのではなく、多数の他者との共存・分業・協働で成り立っている以上、必ず必要とされる能力である。2 人の人が会話をしているとき、そこには 1 つの社会が存在している。その 2 人の社会に意見の対立が起こったとき、それを民主的・平和的な手法で解決し、それによって社会をよりよいものに変えていく能力が、この「他者と対話したり議論したりして調整する」リテラシーである。顕在化した問題の大小にかかわらず、その問題解決プロセスは「政治的な行為」に他ならない。これは「わたし」と「他者」との関係性の調整であり、「市民社会内部の関係性の変革」(黒沢 2007: 251)の出発点である。
　ここに挙げた 4 つのリテラシーは、「言語的リテラシー」でもあり、「情報リテラシー」でもあり、「対人的リテラシー」でもあり、「政治とは、相異なる利益の創造的調停である」というクリック (2001: 58) の定義に即して考えれば「政治的リテラシー」でもあると言える。そしてそれらを統合したも

のは「社会的リテラシー」である。それらのリテラシーを発揮して生活していくことは、誰かの支配に対抗するための重要な道具となり、批判的な姿勢の実践者は権力に対する抵抗勢力となるだけではなく、ひいては社会の変革につながっていくということである。

7. 「考えることを無効化する言説」に向き合う

7.1 民主的なコミュニケーションと批判的リテラシーの重要性

　批判的リテラシーが重要なのは、私たちを支配しようとする言説に対抗するためだけではない。対話と議論という手段を通して調整を行い、社会の問題を少しずつでも解決し、よりよい社会の実現を目指し、実践し、それを継続していくためにも重要である。

　それは言い換えれば、「民主的なコミュニケーションが重要である」という主張でもある。沈黙や思考停止は「考えることの無効化」を受け入れることに他ならない。「考えることの無効化」は「民主的なコミュニケーション」を弱体化させ、社会の問題解決を遅らせ、場合によっては社会を望ましくない方向へ変化させていくことにもなりかねない。先に引用したグラムシの言葉で言うところの「順応主義」とそれによってもたらされる「現状の維持ないし一層の強化」(黒沢 2007: 251)はその望ましくない方向の1つである。そのようなことにならないように、「わたしたち」は批判的リテラシーを失わず、その能力を育て、伸ばし、語るべき思考とその思考に形を与える「ことば」を失ってはならない。そして理念だけに終わらせずに実践することが大切である。

7.2 2017年の「考えることを無効化する言説」

　本章の冒頭でも述べたように、2016年はチェルノブイリ原発事故から30年、福島第一原発事故から5年という年であった。原発事故・放射能汚染・被爆による健康問題・電力政策等々、「わたしたち」の社会には未だ解決されていない問題が山積している。何も終わっていないし、忘れていいはずはない。その一方で、「考えることを無効化する言説」はこれまで以上に増えてくるであろうことは想像に難くない。

　そして2016年3月からまた1年が過ぎ、福島第一原発事故から6年が経

過した。原発をめぐるニュースは数こそ減少すれ多様な話題で発信されている。たとえば、2017年6月1日から6月14日までの2週間に私が読売新聞・朝日新聞・毎日新聞・産経新聞・東京新聞の各新聞社Webサイトの新着記事欄を閲覧して収集した原発関連の記事の見出しからトピック取り出して内容別に分類すると、以下のような内訳となった[11]。

表4　新聞5紙の内容別記事数

記事の内容	記事数
研究所職員の被曝事故	72
被災地復興（業者不祥事含む）	41
再稼働（差し止め裁判含む）	38
廃炉	19
電力会社・電力（再生可能エネルギー含む）	19
規制委員会の審査	11
エネルギー政策	11
原発避難者いじめ	8
食の放射能汚染	6
甲状腺がん	3
節電	2
合計	230

　日本原子力研究開発機構「大洗研究開発センター」でプルトニウムによる被曝事故が発生したこと、福島県内の除染事業をめぐって準大手ゼネコン「安藤ハザマ」による領収書改竄が明らかになったこと、佐賀県の玄海原発3・4号機の再稼働差し止めを求めた住民の訴えが退けられたことなど大きな話題となる出来事が複数あり、それによって記事数が増えた面も否めないが、それでも2週間の間に5紙を合わせて230件の原発関連記事があった。これは計算上1日平均16本強の記事が5紙の中で継続して配信されていることになる。また1紙あたりで計算すると1日に3件強の記事が2週間通して紙面に出ている計算になる。福島第一原発事故から6年3ヶ月経ったことを考えるとその数は決して多くはないかもしれないが、継続して一定の報道があることもまた事実であり、単発的に起こった研究所内での被曝事故

や差し止め訴訟をめぐる裁判所判断などの報道を除いても、その話題は再稼働・復興・除染・廃炉・電力事情・規制委員会・健康問題などと多岐にわたっている。記事の収集時期も 3 月 11 日前後という特定の時期ではなく、事故から 6 年半経過という節目的な時期でもないということを考えると、原発事故はまだ続いているのだということがはっきりする。

　しかし、正直に言えば、もはや「わたしたち」はそれらの記事にそれほど興味を示さないのではないだろうか。情報はそこにあるにもかかわらず「わたしたち」はそれを見ていない、見ようとしないのではないだろうか。そういう「わたしたち」の心理に敏感なマスメディアは当然、見たくないものは見なくてよいような形で情報を提供するはずである。「復興」に分類した記事の中には 4 節で指摘し表 2 にもまとめた「あからさまに無視する」という実践が見られた。2017 年 6 月 10 日と 11 日に仙台市で開催された「東北　絆まつり」に関する新聞記事をみてみよう[12]。これは東北各県の大きな祭りを一ヶ所に集めて行うもので、2011 年 6 月に開催され 2016 年まで東北 6 県でそれぞれ 1 回ずつ開催されて終了した「東北　六魂祭」の発展形である。六魂祭は鎮魂や震災・原発事故からの復興祈願という目的で企画され福島県でも開催されたものである。その発展形である「東北　絆まつり」は福島県の祭りも組み込まれており原発事故と関連が深いイベントなのである。にもかかわらず、今回の報道にはどこにも「今も続いている原発事故のこと」は全く書かれていない。宮城県仙台市で開催されたという点を差し引く必要があるという意見もあろうが、宮城県も原発事故による放射能汚染を受けた被災地である。しかし、記事の焦点は賑やかなお祭りの様子と「復興を願って」や「絆」という情緒に訴える表現と色とりどりの美しい祭りの風景を捉えた写真である。

(35)　ねぶた・竿燈きらびやかに　復興願う東北絆まつりが開幕
　　　〈http://digital.asahi.com/articles/ASK6B5482K6BUQIP01Q.html〉
　　　　　　　　　　　　　　　　　　　　　　（朝日新聞 2017.6.10 配信）
(36)　東北絆まつり開幕、仙台　震災復興願い
　　　〈http://www.tokyo-np.co.jp/s/article/2017061001001190.html〉
　　　　　　　　　　　　　　　　　　　　　　（東京新聞 2017.6.10 配信）
(37)　仙台に夏祭り集結、想定超える来場者で演舞中止

〈http://www.yomiuri.co.jp/national/20170611-OYT1T50026.html〉
　　　　　　　　　　　　　　　　　　　　（読売新聞 2017.6.11 配信）
（38）　震災復興の東北絆まつりが最終日　仙台中心部をパレード
　　〈http://www.tokyo-np.co.jp/s/article/2017061101001358.html〉
　　　　　　　　　　　　　　　　　　　　（東京新聞 2017.6.11 配信）
（39）　「胸どきどき、命に感謝」東北絆まつりが最終日
　　〈http://www.sankei.com/life/news/170612/lif1706120007-n1.html〉
　　　　　　　　　　　　　　　　　　　　（産経新聞 2017.6.12 配信）

　私は被災地が祭りを楽しんではいけないと言っているのではない。また、明るいこと・楽しいことを報道する意義を否定しているわけでもない。ただ問題なのは、現実問題として、「考えることを無効化する言説」が広まっているように思われるということであり、それによって「わたしたち」もどんどん「考えることを無効化」されたり、自ら進んで「考えることを無効化」している面があるということである。その原因は時間の経過とともに社会情勢も変わり次々と新しいニュースが入ってくるということもあるが、情報を受け取る私たちの意識とリテラシーも低下しているからではないだろうか。いわゆるフェイク・ニュースが問題となっているのも、考えることを放棄して刺激的な情報や情緒に訴える情報に無批判に飛びつく人が増えていてそこを利用する人がいるからではないだろうか。その結果生じているのが社会全体の知性の低下や非寛容さの高まりであると考えられる。

7.3　「考えることを無効化する言説」に対抗し続けるために

　もう一度ヘゲモニーとの向き合い方を確認しておこう。見田他（2012: 1145）は「対抗勢力にとっても『社会的諸勢力の詳細で正確な評価』のためには、『支配階級のヘゲモニー（装置）』のリアルな認識が必要である」と述べている。原発事故や反原発についてあれこれ言う「わたしたち」を押さえ込んで黙らせよう諦めさせよう忘れさせようという政府や電力会社の意図と実践、それらの言説を社会に広めるマスメディア、そういう権力に向き合うためには、それらが何を行っているのかという実態をしっかりと把握して批判的に検討する必要がある、ということである。もっと平易な言い方をすれば、対策を考えるためには相手の手の内を研究して理解する必要がある、と

いうことである。

7.2 節で見たように、「考えることを無効化する言説」は特定の時期にだけ発せられるのではなく、常に社会に向けて発せられ、社会の中で流通し、存在している。「わたしたち」は常にそのヘゲモニーに晒されているのである。もし今そのような危機意識が希薄だとしたら、それはすでにかなりの程度で「考えることを無効化」されていると考えたほうがよいかもしれない。

したがって、批判的リテラシーというものは、なにか具体的な言説に向き合った時にのみ引き出しから取り出して使用するものではない。日々の生活の中で常にスイッチを入れた状態にしておいていつでも稼働できる状態にしておくものである。それは社会に対する向き合い方や姿勢であり、個々人の生き方を構成する基本的かつ重要な要素なのである。だからこそ今一度、「わたしたち」一人一人が「個としての自分（アイデンティティー）」と「自分の行動を規定する信念（イデオロギー）」とを見失わないためにも、「『考えることを無効化する言説』による強制や指導や教化（ヘゲモニー）」に向き合うことを意識化し、機会があるたびに、それらの言説を批判的に検討し、自然を装って支配や同意取り付けを試みる何かに対して、決して順応せずに抵抗していかなければならない。政府や大企業や多数派に対して常に反対しよう、というような陳腐なことを言っているのではない。主体的に生きるということはどういう姿勢で何を実践することなのか、ということを言っているのである。

そのための第一歩となるのが、現状把握のための冷徹な「批判的理解」であることを考えると、批判的談話研究は、強制国家から脱して市民社会へと成熟していく社会において不可欠の学際的学問であり、リテラシーの教育に貢献し、民主的シティズンシップを下支えするものであると言えよう。それは後の時代から見れば歴史的な回帰という大転回をしているかもしれない「いま、ここ」にある日本の社会においても言えることであり、今こそ批判的談話研究の存在を知り、その価値や意義を認め、研究・教育に限らず、日常生活の中でも実践していくことが求められていると言えるであろう。

付記：本章は、日本科学者会議創立 50 周年記念行事　国際シンポジウム「移行：原子力から再生可能エネルギーへ」（於横浜国立大学、2015 年 3 月 27 日 –29 日）において講演した内容を元に、分析する談話資料に新しいもの

を加え、さらに分析や考察部分に大幅な加筆修正を加えたものである。また、本章は、科学研究費補助金事業（学術研究助成基金助成金）挑戦的萌芽研究　課題番号：16K13218 代表者：名嶋義直、による研究成果の一部である。

注
1　東京新聞 Web「チェルノブイリは今　事故から来年 30 年」
　　〈http://www.tokyo-np.co.jp/article/national/list/201512/CK2015122902000127.html〉
　　（2015.12.29 配信）。
2　〈http://digital.asahi.com/articles/ASH2J4WBVH2JUZPS003.html〉（2015.2.17 配信）。
3　講演内容は名嶋（2015b）を参照願いたい。
4　東京新聞は、名古屋に本社がある中日新聞の関東圏版であるが、中日新聞とは別の新聞として発行されている。HP も東京新聞が独自のサイトを有している。本章のデータも東京新聞のサイトを閲覧して収集した。
5　浜岡原発の必死さはこのウェブサイトから読み取れるのではないだろうか。中部電力 HP、「浜岡原子力発電所の今、これから」
　　〈http://hamaoka.chuden.jp/〉（2017.6.12 リンク確認）。
6　読売新聞の社会的位置づけに関しては新聞社自身によるアピールではない第三者のサイトでも確認することができる。そこでは読売新聞について「紙面についても朝日新聞が政府に対してやや批判的な論調を用いる傾向があり、庶民からインテリ層にも通じるような紙面づくりを目指しているのに対して、読売新聞は政府寄りのスタンスに立つことが多いとみられ、より大衆的な紙面づくりを目指しているようである」と説明している。株式会社タートルライド社 HP「各新聞ごとの媒体特性は？」
　　〈http://www.turtle-ride2.com/knowhow/04.html〉（2017.6.6 リンク確認）。
7　日本世論調査会による調査（2015 年 9 月 12/13 日実施）では、再稼働に反対の人が 58％、賛成の人が 37％との結果が出ている。東京新聞 Web「全国世論調査　原発再稼働　反対が 58％ 74％「避難できない」」
　　〈http://www.tokyo-np.co.jp/article/feature/nucerror/list/CK2015092002100006.html〉
　　（2015.9.20 配信）、朝日新聞デジタル「原発再稼働「反対」57％　天下り規制「強化を」78％」
　　〈http://digital.asahi.com/articles/ASK2N4QG1K2NUZPS003.html〉（2017.2.21 配信）。朝日新聞記事を見ると、事故後丸 6 年直前の調査でも世論の過半数が再稼動に反対という調査結果である。この割合は先に挙げた 2 つの調査結果とほぼ同じ数字であり、1 年半前と比べても変化がない。再稼動反対という意見は世論の傾向として定着しているようにも見える。

8 厚生労働省 HP「出荷制限・摂取制限」「現在の出荷制限・摂取制限の指示の一覧」
〈http://www.mhlw.go.jp/stf/houdou/2r9852000001a3pj-att/2r9852000001a3rg.pdf〉
(2017.7.7 リンク確認)、「食品報道発表 (7 月分) 厚生労働省からの報道発表 7 月 3
日食品中の放射性物質の検査結果について (第 1040 報) (東京電力福島原子力発電
所事故関連)」
〈http://www.mhlw.go.jp/stf/houdou/0000169835.html〉(2017.7.7 リンク確認)。

9 ここで指摘した「あからさまに主張する」「あからさまに無視する」というむき
出しの意図については、より詳しい質的考察が必要であると考え、読売新聞と産
経新聞の社説を分析した。本書 8 章に収録している。

10 見田他 (2012: 1145) によると、この文化的ヘゲモニーは「市民社会 (教会、学校、
組合、結社、政党、マス・メディアなど) の領域での日常的合意形成と緊密に関
連している」という。

11 2015 年と 2016 年において二回に分けて行ったデータ収集と同じ手法で行った。1
つの記事見出しに複数の話題が含まれている場合はそれぞれ 1 つの話題として数
えたため、表 4 の記事数は厳密には実際に配信された記事数よりも多くなってい
る。

12 毎日新聞の新着記事欄では配信が確認できなかった。東北各県の地方版には記事
が確認できたが、他の記事とは収集の条件が異なるためここには掲載しない。

参考文献

アントニオ・グラムシ (著)、松田博 (編訳) (2013)『グラムシ『獄中ノート』著作集Ⅲ
知識人とヘゲモニー「知識人論ノート」注解』、明石書店

黒沢惟昭 (2007)『現代に生きるグラムシ　市民的ヘゲモニーの思想と現実』、大月書店

日本社会学会社会学事典刊行委員会 (編) (2010)『社会学事典』、丸善

名嶋義直 (2014)「食の放射能汚染に関する情報はいかに報道されたか―新たな安全神
話の構築―」、名嶋義直 (筆頭発表者)・高木佐知子・神田靖子「パネルセッショ
ン：日本研究と読解教育との橋渡し―社会的なテクストの潜在的可能性―」、
ICJLE 2014 日本語教育国際研究大会、2014.7.10–12、発表 2014.7.11、シドニー
工科大学

名嶋義直 (2015a)「福島第一原子力発電所に関する新聞記事報道が社会にもたらす効果
について」、名嶋義直・神田靖子 (編著)『3.11 原発事故後の公共メディアの言説を
考える』、ひつじ書房、pp.195–235.

名嶋義直 (2015b)「原発事故の風化とメディアとの関係―新聞記事が読者に与える影響
―」、日本科学者会議創立 50 周年記念行事　国際シンポジウム「移行：原子力か
ら再生可能エネルギーへ　要旨集」、pp.47–55.

バーナード・クリック (著)、関口正司 (監訳)、大河原伸夫・岡崎晴輝・施光恒・竹島
博之・大賀哲 (訳) (2011)『シティズンシップ教育論　政治哲学と市民』、法政大学
出版局

松田博(2007)『グラムシ思想の探求　ヘゲモニー・陣地戦・サバルタン』、新泉社

見田宗介(顧問)、大澤真幸・吉見俊哉・鷲田清一(編)(2012)『現代社会学事典』、弘文堂

ルート・ヴォダック、ミヒャエル・マイヤー(編著)、野呂香代子(監訳)(2010)『批判的談話分析入門―クリティカル・ディスコース・アナリシスの方法』、三元社

あとがき

　2011 年 3 月 11 日から 7 年が経った。東日本大震災に続いて起こった福島第一原子力発電所事故から私が学んだことは、権力は都合の悪いことを隠し、時には嘘をつき、弱い立場の人を守らずに見捨て、自分たちの責任逃れや保身を意図するということと、自分自身の批判的姿勢の欠如であった。

　見捨てられた怒り、騙されていた怒りが原動力となり、批判的談話研究の世界に入った。その流儀に則って自分の姿勢を明らかにし、「権力の意図や実践の可視化」を行ってきた。批判的談話研究の実践者は、社会問題の解決のために自らが行動することを最終的な目標としている。私もそれを目標にして研究や実践を行ってきた。原発・放射能汚染問題、沖縄・辺野古の問題、特定秘密保護法成立後や戦後 70 年を迎えた時に発せられた首相談話、教育の動向、憲法改正問題、などをめぐる言説を分析し、批判的リテラシーの重要性やメディアの発信する情報をどう読み解くかといったことに関して、国内外の学会や研究会などで発表や講演などをし、論文を書き、書籍を刊行し、時には路上にも立ち、SNS でも発言してきた。

　ではその間に世の中が少しは良くなったかというと、全体的に見れば、良くなるどころか逆にどんどん悪くなっているように思われる。今回、自分自身の批判的談話研究論文をまとめながら、改めて「このまま論文だけを書いていていいのだろうか」という気持ちになった。批判的談話研究をやめるつもりはないが、何か別のアプローチも考えなければ、「社会問題の解決」に効果のある実践にはならないのではないかと思い始めている。権力はメディアにアクセスする特権的な力を持っている。権力の言説はメディアに乗ってやってくる。私がテレビに出る話も政治家になる話も今のところないので、別の方法で権力に対抗する談話を広めたり批判的にものごとを考えて権力に対抗する姿勢をとることを促したりすることが必要だろう。

　原発事故から 7 年、短い時間ながらも自分で作り上げてきた自分なりの批判的談話研究の枠を越境する時が来ている気がする。

2018 年 10 月 7 日　沖縄にて

索引

あ

愛国　143, 144, 147
アイデンティティー　281
あからさまに主張する　273
あからさまに無視する　273, 279

い

イェーガー　28, 49, 78, 82, 111
生きる力　47
意思のオプティミズム　14
イデオロギー　6, 95, 227, 239, 281
イデオロギー性　95, 227
イデオロギー闘争　243
異文化間理解教育　47
因果関係　56
印象操作　243

う

ヴァン・デイク　1, 27, 48, 76, 110, 134
受身　61
受身形　61
受身文　59, 61
美しいことば　68

え

エンターテイメント　121

お

「横断的」なポリティクス　182

か

会話分析　3
仮想世界から現実世界への反転　156
価値の選択　9, 105, 127
考えることを無効化する　257, 270, 273
環境省　155, 158
関係性を逆転　157
「関連する情報を探し出す」リテラシー
　275
関連性理論　16

き

既成事実化　254
帰属　138
キャラクターの多様性・拡張性　182
教育姿勢　70
教化　64, 67, 68
強制　274
共同体・協働の民主的なポリティクス
　214

く

クールジャパン　131

け

権威　58, 237, 240
権威化　253
言語的リテラシー　276
謙譲語　55, 64, 66, 67, 68
権力　5, 48, 142, 159, 162, 221, 222, 223

こ

公共の場　208
攻撃性　242, 243
肯定的な印象を与える語句　54
行動力　9, 127
行動力、社会的能力　106
娯楽　121

さ

差別化　170, 172
産経新聞　34, 225
産経新聞社　30

し

CDS の姿勢　27, 48, 134
自衛隊　57, 144, 161
自衛隊地方協力本部　157, 158, 172
「姿勢を伴った」談話分析　2
事態からの「心理的な分断」　254
事態進展を前提　237
事態の既成事実化　254, 261, 267
事態のすり替え　254
事態の存在を容認　270, 272
事態の存在を容認しない　270, 272
事態の非存在化　254, 266, 267, 270, 272
シティズンシップ　7, 103, 104, 106
シティズンシップ教育　8, 103, 104
支配―被支配の権力的なポリティクス
　214
自発的従属　159, 160
自発的な同意　274
市民性教育　215
市民的協働　214
指名　88, 91
指名の対称性・非対称性　89
地元愛　142, 147
社会的・道徳的責任　8
社会的能力　9, 127

社会的リテラシー　277

社説　77
主権者教育　103
情緒　67
情緒的読解　71
焦点化　270, 272
焦点のすり替え　254
情動的能力　9, 105, 127
情報リテラシー　276
ショー　121
新聞　224
心理的な分断　264, 267

す

すり替え　90, 93, 122

せ

政治　106
政治教育　108
政治的指導　160, 184, 228, 271, 273
政治的指導ヘゲモニー　272
政治的リテラシー　276
政治リテラシー　8, 104
静的なポリティクス　176, 183, 184, 185
性的描写　204
世界の反転　147
前景化　254, 261
全体の中での部分化　254
前提化　253, 270, 272

そ

「総合的に考察して自分なりの考えをまと
　める」リテラシー　276
尊敬語　55

た

対抗する談話　209, 223

対抗するヘゲモニー　242, 245
対人的リテラシー　276
「他者と対話したり議論したりして調整する」リテラシー　276

ち

地域社会への関与　8
力を持っていない集団　158
力を持っている集団　158
知的文化的指導　160, 184, 228, 271, 273
知的文化的ヘゲモニー　72, 160, 161
知のペシミズム　14
地方協力本部　144, 145, 147
中立性　107
調整　209

て

抵抗する談話　70
低評価　253
デュースブルグ学派　28
転回　214
ドイツの政治教育　15

ど

同意　159, 160
「当該情報を批判的に理解する」リテラシー　275
動的なポリティクス　176, 183, 184, 185
トップダウン的支配　160, 273, 274

に

二重の支配性　162, 169
二重の誘導　42
日本会議　36
日本青年会議所　37
認知能力　9, 105, 118, 127

の

野呂香代子　4

は

媒介　135, 155, 156, 157, 159, 160, 161, 169, 212, 215
背景化　254, 270, 272
派生　170
反転　141, 142, 210, 211

ひ

美辞麗句　69
美談　263
否定的な語感を伴う語句　63
批判　3, 6, 7, 12, 13, 14
批判的言語学　1
批判的談話研究　1, 27, 48, 76, 134, 223, 281
批判的談話分析　1
批判的読解　71
批判的な思考　275
批判的な実践　275
批判的な態度　275
批判的リテラシー　72, 162, 214, 215, 245, 275, 277, 281
批判的リテラシー教育　47
悲話　263

ふ

風化　264, 267
複合化かつ複雑化したヘゲモニー　274
複合的なヘゲモニー　243
負の側面の焦点化　253
部分化・矮小化　262
文化的知的ヘゲモニー　184, 228, 272

へ

ヘゲモニー　184, 221, 228, 239, 240, 271
別事態の焦点化　254
偏向　234

ほ

ボイテルスバッハ・コンセンサス　15,
　108
防衛　144
ボトムアップ的受け入れ　160, 273, 274
ポリティクス　132, 147, 161, 162, 169, 213,
　214, 215
ポリティクスの網の目　183, 184, 185

み

民間憲法臨調　35
民主的シティズンシップ　9, 103, 105, 106,
　245, 281
民主的シティズンシップ教育　9, 105, 109,
　127, 128
民主的シティズンシップのための中核的能
　力と技能　9, 105
民主的市民性　210
民主的な市民性　71, 72

む

むき出しのあからさまな主張　269
むき出しのあからさまな無視　269
むき出しの露骨な無視　270
むき出しの露骨な明示的主張　270

ゆ

誘導　57, 61, 62, 72, 161, 169, 223

よ

よい印象　236
よい印象を与える語句　63
よくない印象　236
よくない印象を与える語句　63
読売新聞　79, 225

ろ

論理のすり替え　59

わ

矮小化　91, 200

【著者紹介】

名嶋義直（なじま　よしなお）

琉球大学グローバル教育支援機構　国際教育センター教授
〈主な著書〉
『3.11 原発事故後の公共メディアの言説を考える』（共編
ひつじ書房　2015）、『それって本当？　メディアで見聞
きする改憲の論理 Q & A』（改憲をめぐる言説を読み解く
研究者の会編　かもがわ出版　2016）、『メディアのこと
ばを読み解く 7 つのこころみ』（編　ひつじ書房　2017）

批判的談話研究をはじめる

Invitation to Critical Discourse Studies
NAJIMA Yoshinao

発行	2018 年 11 月 15 日　初版 1 刷
定価	3200 円＋税
著者	© 名嶋義直
発行者	松本功
装丁者	HTM
印刷・製本所	三美印刷株式会社
発行所	株式会社 ひつじ書房

〒 112-0011 東京都文京区千石 2-1-2　大和ビル 2 階
Tel.03-5319-4916　Fax.03-5319-4917
郵便振替 00120-8-142852
toiawase@hituzi.co.jp　http://www.hituzi.co.jp/

ISBN978-4-89476-927-4

造本には充分注意しておりますが、落丁・乱丁などがございましたら、
小社かお買上げ書店にておとりかえいたします。ご意見、ご感想など、
小社までお寄せ下されば幸いです。

[刊行書籍のご案内]

3.11 原発事故後の公共メディアの言説を考える

名嶋義直・神田靖子編　　定価 2,700 円＋税

本書は原発問題をテーマに言語学の立場からメディアを分析した本である。新聞・テレビ・インターネット
メディア・政府刊行物・書籍などのメディア言語を言語学的な論証を通して多角的に可視化する。新聞・イ
ンターネットメディア・政府刊行物などによる原発問題についての公共メディア言語を分析し、その問題点
を指摘。ドイツにおける脱原発の立役者「ドイツ脱原発倫理委員会」委員の一人であるベルリン自由大学ミ
ランダ・シュラーズ教授による巻頭言を掲載。社会的な課題について研究し、発言する批判的談話分析とい
う言語研究の方法に基づき、メディアの現在を鋭く追求する。

執筆者：庵功雄、大橋純、神田靖子、高木佐知子、名嶋義直、野呂香代子

メディアのことばを読み解く 7 つのこころみ

名嶋義直編　　定価 2,400 円＋税

2015 年 3 月 22 日に仙台にて開催された国際シンポジウムの講演内容に加筆修正を施して刊行。まず執筆者
たちは、言語学者・言語教育者がいまなぜメディア談話を批判的に分析するのか、その意義はどこにあるの
かについて自らの意見や立場を語った。そしてさまざまなアプローチでテレビ・新聞・記者会見・インター
ネット上の情報等のメディア談話を批判的に分析した。市民性教育においても重要な、批判的リテラシーを
得るための 1 冊。

執筆者：庵功雄、今村和宏、大橋純、神田靖子、名嶋義直、野呂香代子

[刊行書籍のご案内]

会話分析の基礎

高木智世・細田由利・森田笑著　　定価 3,500 円 + 税

会話分析は、日常会話の詳細な分析により、社会的な相互行為の秩序を明らかにすることを目的として社会学から生まれた学問分野である。近年その研究方法を言語学や言語教育学の分野で用いようとする試みも増えている。本書は、そうした状況を踏まえて、相互行為としての会話を分析する際の視点や会話分析が目指すものをわかりやすく解説し、豊富な事例と各章末の課題を通して会話分析の基礎を学べるようにした入門書である。

会話分析の広がり

平本毅・横森大輔・増田将伸・戸江哲理・城綾実編　　定価 3,600 円 + 税

会話分析は近年、幅広い分野にまたがって発展を遂げ、扱う研究主題は目覚ましい広がりをみせている。本書は、それら新たな研究主題——多様な連鎖組織、相互行為言語学、相互行為における身体、フィールドワークとの関係、行為の構成、認識的テリトリー、多言語比較など——の展開を具体的な分析事例とともに概説し、会話分析の向かう先を展望する。

執筆者：串田秀也、城綾実、戸江哲理、西阪仰、林誠、早野薫、平本毅、増田将伸、横森大輔

コミュニケーションテクスト分析　フランス学派による言説分析への招待

ドミニク・マングノー著　石丸久美子、髙馬京子訳　　定価 3,500 円 + 税

ソルボンヌ大学言語学教授によるベストセラー書籍の翻訳。本書では、広告、雑誌・新聞などメディアのテクストに焦点をあて、記号学的分析から一歩進んだ最新のフランスの言説分析の方法論を全 21 章で紹介。テクストの言説分析をより論理的に実践するための方法論とその事例研究が満載された、フランス言語学を専門にする学生、研究者のみならず、メディア研究に携わる研究者等幅広い読者を対象とする、学際的分野としてのメディア言説分析方法論の手引書である。

[刊行書籍のご案内]

シリーズ　話し合い学をつくる

村田和代編

1　市民参加の話し合いを考える

定価 2,400 円＋税

まちづくりの話し合いやサイエンスカフェ、裁判官と裁判員の模擬評議など、専門的知見を持たない市民と専門家が意見交換や意思決定をする「市民参加の話し合い」を考える。話し合いの場で行われる言語や相互行為に着目したミクロレベルの研究から、話し合いによる課題解決・まちづくりをめぐる話し合いの現場での実証研究や話し合い教育をめぐる研究まで、実証的研究論文 9 本と座談会を収録。
執筆者：福元和人、高梨克也、森本郁代、森篤嗣、唐木清志、馬場健司、高津宏明、井関崇博、三上直之、西芝雅美　座談会：村田和代、森本郁代、松本功、井関崇博、佐野亘

2　話し合い研究の多様性を考える

定価 3,200 円＋税

多領域からの研究・実践報告や議論を通して、「共創」を実現するための「話し合いのモデル」と、それを基調とする「社会・制度・政策のあり方」を探求する「話し合い学」の構築をめざす。
執筆者：村田和代、井関崇博、森篤嗣、杉山武志、青山公三、加納隆徳、田村哲樹、荒川歩、小宮友根、土山希美枝、篠藤明徳、坂野達郎、佐野亘